本书受“北京市教委高精尖学科金融安全工程”项目资助

·多层次资本市场系列课题丛书‖丛书总编：贺　强

多层次资本市场与企业创新

国际经验与中国实践

王汀汀　杜惠芬◎主　编
王瀚晨　高菲爽◎副主编

MULTI-LEVEL CAPITAL MARKET AND ENTERPRISE INNOVATION

INTERNATIONAL EXPERIENCE AND CHINESE PRACTICE

中国经济出版社
CHINA ECONOMIC PUBLISHING HOUSE
北京

图书在版编目（CIP）数据

多层次资本市场与企业创新：国际经验与中国实践/王汀汀，杜惠芬主编．--北京：中国经济出版社，2021.12

ISBN 978-7-5136-6764-7

Ⅰ.①多… Ⅱ.①王… ②杜… Ⅲ.①资本市场-影响-企业创新-研究-中国 Ⅳ.①F279.233.1

中国版本图书馆 CIP 数据核字（2021）第 261087 号

责任编辑　贺　静
责任印制　巢新强
封面设计　华子设计

出版发行　中国经济出版社
印 刷 者　北京艾普海德印刷有限公司
经 销 者　各地新华书店
开　　本　710mm×1000mm　1/16
印　　张　16.25
字　　数　250 千字
版　　次　2021 年 12 月第 1 版
印　　次　2021 年 12 月第 1 次
定　　价　78.00 元
广告经营许可证　京西工商广字第 8179 号

中国经济出版社　**网址** www.economyph.com　**社址** 北京市东城区安定门外大街 58 号　**邮编** 100011
本版图书如存在印装质量问题，请与本社销售中心联系调换（联系电话：010-57512564）

多层次资本市场系列课题
丛书编委会

《多层次资本市场与企业创新：国际经验与中国实践》
编委会

主　编　王汀汀　杜惠芬

副主编　王瀚晨　高菲爽

参　编　向依婷　裴　斌　胡传雨
王　烨　张云柯　阿丽娅
齐　雯

PREFACE

序

推动经济增长的因素主要包括劳动力、资本和技术进步。由于一个国家劳动力、资本等生产要素有限，由创新活动带来的技术进步便成为影响其经济增长的重要力量。

2018 年以来，国际政治和经济局势动荡加剧，伴随着逆全球化和保护主义迹象的频繁显现，西方对我国产业龙头的打压屡屡发生，美国商务部先后颁布禁止美企向中兴、华为、中芯国际等半导体厂商提供或采购技术、设备和产品的禁令。在此环境下，强化行业核心竞争力、依托内循环发展成为必然。这一方面要求企业承担起自主创新的时代重任，另一方面也需要在政府的引导下形成支持企业创新的大环境。

党的十九大确立了我国到 2035 年跻身创新型国家前列的战略目标。党的十九届五中全会提出坚持创新在我国现代化建设全局中的核心地位。2020 年中央经济工作会议指出，要发挥企业在科技创新中的主体作用，支持领军企业组建创新联合体，带动中小企业创新活动。2021 年 5 月 28 日，习近平总书记在两院院士大会上发表重要讲话强调，坚持把科技自立自强作为国家发展的战略支撑，要完善国家创新体系，加快建设科技强国，实现高水平科技自立自强。

企业是创新的主体，金融是经济的血脉，促进创新是金融促进实体经济发展的战略重点。2020 年中央经济工作会议指出："要加大对科技创新、小微企业、绿色发展的金融支持。"资本市场要充分发挥资金融通的枢纽功能，不断提升对实体经济发展的适配性，促进经济和金融的良性循环，更好地服务于经济高质量发展的大局。因此，研究资本市场发展、企业创新和经济增长的关系，有利于国家建设为创新型企业提供更大支持的资本市场，从而对实现经济和金融的良性循环以及我国创新驱动型的经济增长模式具有重要意义。

本书从金融供给侧结构性改革的大背景出发，尝试对资本市场在金融支持创新体系中的作用进行深入探讨。作为全球经济和创新强国，美国和日本在资本市场支持企业创新方面有很多成功的做法，但国际经验与中国实践相结合才能够最大化地发挥制度的优势。要构建完备的资本市场创新支持体系，首先应当明确资本市场支持创新的目标和方向；其次是选择资本市场支持创新的政策重点；最后是设计资本市场支持创新的有效机制。

多层次资本市场应在提升自身运行效率的同时提升其促进创新的效率。要在供给侧结构性改革的思路下，围绕多层次资本市场健康发展的基本要求，以注册制改革为基础，推进资本市场系列关键制度的改革。通过全面深化多层次资本市场改革，优化多层次资本市场结构，提升其促进企业创新的效率。

我国多层次资本市场由主板、创业板、科创板、全国中小企业股份转让系统以及区域股权交易中心构成。2021年9月2日，习近平主席在中国国际服务贸易交易会全球服务贸易峰会上宣布建立北京证券交易所，进一步深化新三板市场改革。多层次资本市场深化发展过程中的每一次重大变革都不断推动我国市场体系逐渐完善，为实体经济发展提供更加匹配的金融支持。目前，我国多层次资本市场的各个板块互为补充，以满足资本市场上企业的多样化融资需求，而在我们努力构建的企业创新支持体系中，每一层次市场的政策重点、针对创新的产品和服务都应有所差异，这也是未来理论研究与实践需要关注的核心问题。

资本市场促进企业创新的机制主要包括缓解企业融资约束、增加企业用于创新投资的储蓄量、减少公司的财务风险、改善公司内部治理、激发企业家精神、引进国外先进的技术和经验等六个方面。在本书中，我们探讨了资本市场通过缓解融资约束以及改善公司治理从而促进创新的中介机制，对其他机制的分析将成为后续研究的重要方向。

展望未来，随着直接融资所占比重的提升，中国多层次资本市场在促进企业创新方面将发挥越来越重要的作用，在国家创新体系中成为不可或缺的要素。而更多优质企业不断涌现，同样会为资本市场健康发展提供源头活水。这个过程也是中国从资本大国走向资本强国、从产业大国成为产业强国的过程。对此，我们充满信心！

CONTENTS

目录

第一篇

金融发展、企业创新与经济增长

第一章

研究背景与意义

第一节　研究背景

2008年国际金融危机爆发以来，全球经济增长放缓，复苏乏力。在这一大背景下，过去依靠劳动和资本投入拉动经济增长的模式受到了很大制约，包括中国在内的世界各国都在寻找一种新模式，以探索经济发展模式的转型，进而带动经济增长，其中大多数国家采用的方式是以创新和技术进步代替原有的劳动和资本投入。在当前的中国，受人力资本不足、资源环境约束的影响，推动创新驱动型经济增长模式取代传统的要素驱动型经济增长模式意义更为深远。在创新型经济增长模式下，企业的自主研发创新成为推动我国经济增长的新动力。党的十九大确立了我国到2035年跻身创新型国家前列的战略目标；党的十九届五中全会明确提出坚持创新在我国现代化建设全局中的核心地位，把科技自立自强作为国家发展的战略支撑。立足新发展阶段，贯彻新发展理念，构建新发展格局，推动高质量发展，必须深入实施科教兴国战略、人才强国战略、创新驱动发展战略，完善国家创新体系，加快建设科技强国，实现高水平科技自立自强。

2020年中央经济工作会议指出，要坚持稳中求进工作总基调，立足新发展阶段，贯彻新发展理念，构建新发展格局，以推动高质量发展为主题，以深化供给侧结构性改革为主线，以改革创新为根本动力，加大创新对我国经济增长的推动作用。在具体实施上，会议指出，要强化国家战略科技力量，充分发挥国家作为重大科技创新组织者的作用，坚持战略性需求导向，确定科技创新方向和重点，着力解决制约国家发展和安全的重大难题。要发挥企业在科技创新中的主体作用，支持领军企业组建创新联合体，带动中小企业创新活动。会议报告体现了我国政府对深化创新型经济增长模式的重视，反映了创新在我国经济增长中的重要作用。

伴随着我国创新型经济的发展，如何推动企业创新，进而带动我国经济增长，成为当前理论界和政府关注的重要课题。传统观点认为，一个国家发达的金融体系，包括金融市场和金融中介都可以为企业创新提供资金支持，进而促进企业创新。我国属于银行主导型的金融体系，但是由于银行体系中长期存在“信贷配给”现象，部分处于初创和成长阶段的创新型企业得不到所需的资金支持，在一定程度上抑制了企业的创新活动。因此，近年来我国开始重视金融市场尤其是多层次资本市场的建设，使其为创新型企业提供资金支持。下文梳理了党的十八大以来历次党代会、历年中央经济工作会议关于资本市场的论述，党的十八大以来资本市场发展取得的成就，以及党的十八大以来资本市场发展过程中对企业创新的支持。

一、历次党代会中关于资本市场的论述

党的十八大以来，历次党代会关于资本市场的论述主要包括以下三个方面：健全多层次资本市场体系，推进股票发行注册制改革，提高直接融资比重；加强资本市场基础制度建设，健全具有高度适应性、竞争力、普惠性的现代金融体系，有效防范化解金融风险；完善金融支持创新体系，促进新技术产业化、规模化应用。

2013 年 11 月 9 日至 12 日在北京召开的中国共产党第十八届中央委员会第三次全体会议提出，要建立公平开放透明的市场规则，完善主要由市场决定价格的机制，建立城乡统一的建设用地市场，完善金融市场体系，深化科技体制改革。会议审议通过了《中共中央关于全面深化改革若干重大问题的决定》，该决定指出，要完善金融市场体系，扩大金融业对内对外开放，在加强监管的前提下，允许具备条件的民间资本依法发起设立中小型银行等金融机构；推进政策性金融机构改革，健全多层次资本市场体

系，推进股票发行注册制改革，多渠道推动股权融资，发展并规范债券市场，提高直接融资比重；完善保险经济补偿机制，建立巨灾保险制度；发展普惠金融，鼓励金融创新，丰富金融市场层次和产品；推动资本市场双向开放，有序提高跨境资本和金融交易可兑换程度，建立健全宏观审慎管理框架下的外债和资本流动管理体系，加快实现人民币资本项目可兑换。

2015 年 10 月 26 日至 29 日在北京召开的中国共产党第十八届中央委员会第五次全体会议提出，改革并完善适应现代金融市场发展的金融监管框架。会议审议通过《中共中央关于制定国民经济和社会发展第十三个五年规划的建议》，该建议指出，加快金融体制改革，提高金融服务实体经济效率；积极培育公开透明、健康发展的资本市场，推进股票和债券发行交易制度改革，提高直接融资比重，降低杠杆率；开发符合创新需求的金融服务，推进高收益债券及股债相结合的融资方式；加强金融宏观审慎管理制度建设，加强统筹协调，改革并完善适应现代金融市场发展的金融监管框架，健全符合我国国情和国际标准的监管规则，实现金融风险监管全覆盖；推进资本市场双向开放，改进并逐步取消境内外投资额度限制。

2017 年 10 月 18 日，中国共产党第十九次全国代表大会在北京人民大会堂开幕，习近平总书记代表第十八届中央委员会向大会作了题为《决胜全面建成小康社会　夺取新时代中国特色社会主义伟大胜利》的报告。报告指出，要深化金融体制改革，增强金融服务实体经济能力，提高直接融资比重，促进多层次资本市场健康发展；健全货币政策和宏观审慎政策双支柱调控框架，深化利率和汇率市场化改革；健全金融监管体系，守住不发生系统性金融风险的底线。

2019 年 10 月 28 日至 31 日在北京召开的中国共产党第十九届中央委员会第四次全体会议审议通过了《中共中央关于坚持和完善中国特色社会主义制度、推进国家治理体系和治理能力现代化若干重大问题的决定》。该决定指出，要加强资本市场基础制度建设，健全具有高度适应性、竞争力、普惠性的现代金融体系，有效防范化解金融风险。

2020 年 10 月 26 日至 29 日在北京召开的中国共产党第十九届中央委员会第五次全体会议审议通过了《中共中央关于制定国民经济和社会发展

第十四个五年规划和二〇三五年远景目标的建议》，该建议指出，“十四五”期间要全面实行股票发行注册制，建立常态化退市机制，提高直接融资比重；推进金融双向开放；完善现代金融监管体系，提高金融监管透明度和法治化水平，完善存款保险制度，健全金融风险预防、预警、处置、问责制度体系，对违法违规行为零容忍；完善金融支持创新体系，促进新技术产业化、规模化应用。

二、历年中央经济工作会议中关于资本市场的论述

党的十八大以来，历年的中央经济工作会议中关于资本市场的表述主要包括以下几个方面：完善多层次资本市场建设，试点股票发行注册制，提高直接融资比重；完善资本市场法制，加大对科技创新、小微企业、绿色发展的金融支持；保持资本市场健康发展，提高上市公司质量，打击各种逃废债行为。

2013 年的中央经济工作会议指出，要保持货币信贷及社会融资规模合理增长，改善和优化融资结构和信贷结构，提高直接融资比重，推进利率市场化和人民币汇率形成机制改革，增强金融运行效率和服务实体经济能力。无论是实施积极财政政策和稳健货币政策，还是其他各项政策，都要同全面深化改革紧密结合，用改革的精神、思路、办法来改善宏观调控，寓改革于调控之中。

要着力抓好化解产能过剩和实施创新驱动发展。坚定不移化解产能过剩，不折不扣执行好中央化解产能过剩的决策部署。把使市场在资源配置中起决定性作用和更好发挥政府作用有机结合起来，坚持通过市场竞争实现优胜劣汰。政府要强化环保、安全等标准的硬约束，加大执法力度，对破坏生态环境的要严惩重罚。化解产能过剩的根本出路是创新，包括技术创新、产品创新、组织创新、商业模式创新、市场创新。大力发展战略性新兴产业，加快传统产业优化升级。创造环境，使企业真正成为创新主体。政府要做好加强知识产权保护、完善促进企业创新的税收政策等工作。强化激励，用好人才，使发明者、创新者能够合理分享创新收益，打破阻碍技术成果转化的瓶颈。

2014 年的中央经济工作会议指出，要加快推进改革开放。要加快行政审批、投资、价格、垄断行业、特许经营、政府购买服务、资本市场、民营银行准入、对外投资等领域改革，使改革举措有效转化成发展动力。

2015 年的中央经济工作会议强调，明年及今后一个时期，要在适度扩大总需求的同时，着力加强供给侧结构性改革，实施相互配合的五大政策支柱。稳健的货币政策要灵活适度，为结构性改革营造适宜的货币金融环境，降低融资成本，保持流动性合理充裕和社会融资总量适度增长，扩大直接融资比重，优化信贷结构，完善汇率形成机制。

要加快金融体制改革，尽快形成融资功能完备、基础制度扎实、市场监管有效、投资者合法权益得到充分保护的股票市场，抓紧研究提出金融监管体制改革方案；加快推进银行体系改革，深化国有商业银行改革，加快发展绿色金融。

积极稳妥化解产能过剩。要提出和落实财税支持、不良资产处置、失业人员再就业和生活保障以及专项奖补等政策，资本市场要配合企业兼并重组。要尽可能多兼并重组、少破产清算，做好职工安置工作。要严格控制增量，防止新的产能过剩。

2016 年的中央经济工作会议指出，我国经济运行面临的突出矛盾和问题虽然有周期性、总量性因素，但根源是重大结构性失衡，导致经济循环不畅，必须从供给侧结构性改革上想办法，努力实现供求关系新的动态均衡。根本途径是深化改革，就是要完善市场在资源配置中起决定性作用的体制机制，深化行政管理体制改革，打破垄断，健全要素市场，使价格机制真正引导资源配置。要加强激励、鼓励创新，增强微观主体内生动力，提高盈利能力，提高劳动生产率，提高全要素生产率，提高潜在增长率。

会议强调，要深入研究并积极稳妥推进金融监管体制改革，深化多层次资本市场体系改革，完善国有商业银行治理结构，有序推动民营银行发展。

2017 年的中央经济工作会议确定，按照党的十九大的要求，今后三年要重点抓好决胜全面建成小康社会的防范化解重大风险、精准脱贫、污染防治三大攻坚战。打好防范化解重大风险攻坚战，重点是防控金融风险，要服务于供给侧结构性改革这条主线，促进形成金融和实体经济、金融和房地产、金融体系内部的良性循环，做好重点领域风险防范和处置，坚决打击违法违规金融活动，加强薄弱环节监管制度建设。稳健的货币政策要保持中性，管住货币供给总闸门，保持货币信贷和社会融资规模合理增长，保持人民币汇率在合理均衡水平上的基本稳定，促进多层次资本市场健康发展，更好地为实体经济服务，守住不发生系统性金融风险的底线。

2018 年的中央经济工作会议指出，要畅通国民经济循环，加快建设统一开放、竞争有序的现代市场体系，提高金融体系服务实体经济能力，形成国内市场和生产主体、经济增长和就业扩大、金融和实体经济良性循环。

打好防范化解重大风险攻坚战，要坚持结构性去杠杆的基本思路，防范金融市场异常波动和共振，稳妥处理地方政府债务风险，做到坚定、可控、有序、适度。资本市场在金融运行中具有牵一发而动全身的作用，要通过深化改革，打造一个规范、透明、开放、有活力、有韧性的资本市场，提高上市公司质量，完善交易制度，引导更多中长期资金进入，推动在上交所设立科创板并试点注册制尽快落地。

2019 年的中央经济工作会议指出，要加快金融体制改革，完善资本市场基础制度，提高上市公司质量，健全退出机制，稳步推进创业板和新三板改革，引导大银行服务重心下沉，推动中小银行聚焦主责主业，深化农村信用社改革，引导保险公司回归保障功能。

2020 年的中央经济工作会议指出，要健全金融机构治理，促进资本市场健康发展，提高上市公司质量，打击各种逃废债行为；要规范发展第三支柱养老保险；要积极考虑加入全面与进步跨太平洋伙伴关系协定；要大力提升国内监管能力和水平，完善安全审查机制，重视运用国际通行规则维护国家安全。

稳健的货币政策要灵活精准、合理适度，保持货币供应量和社会融资规模增速同名义经济增速基本匹配，保持宏观杠杆率基本稳定，处理好恢复经济和防范风险关系，多渠道补充银行资本金，完善债券市场法制，加大对科技创新、小微企业、绿色发展的金融支持，深化利率汇率市场化改革，保持人民币汇率在合理均衡水平上的基本稳定。

三、党的十八大以来资本市场发展取得的成就

党的十八大以来，中国特色社会主义进入新时代，资本市场在砥砺奋进、攻坚克难中逐步迈向高质量发展。围绕“打造一个规范、透明、开放、有活力、有韧性的资本市场”总目标，一系列重要改革成功落地，以注册制为代表的关键性制度创新取得重大进展，市场制度日趋成熟，市场广度和深度进一步拓展，资本市场服务经济高质量发展的能力不断提升。

（一）多层次资本市场体系逐渐完善

笔者梳理了党的十八大以来我国资本市场各个板块的发展历程，如表 1-1 所示。

表 1-1　党的十八大以来我国多层次资本市场的发展历程

板块	时间	事件
设立科创板并试点注册制	2018 年 11 月 5 日	习近平主席在首届中国国际进口博览会开幕式上宣布在上海证券交易所设立科创板并试点注册制的重大决策
	2019 年 1 月 23 日	中央全面深化改革委员会第六次会议审议通过《在上海证券交易所设立科创板并试点注册制总体实施方案》《关于在上海证券交易所设立科创板并试点注册制的实施意见》，该意见指出，科创板主要服务于符合国家战略、突破关键核心技术、市场认可度高的科技创新企业
	2019 年 7 月 22 日	科创板正式开市交易，一批具有关键核心技术的“硬科技”企业在科创板上市，产业聚集和品牌效应逐步显现
改革创业板并推行注册制	2020 年 4 月 27 日	中央全面深化改革委员会第十三次会议审议通过《创业板改革并试点注册制总体实施方案》，确定深入贯彻创新驱动发展战略，适应发展更多依靠创新、创造、创意的大趋势，主要服务成长型创新创业企业，支持传统产业与新技术、新产业、新业态、新模式深度融合，与科创板等其他板块形成各有侧重、互相补充的适度竞争格局
	2020 年 8 月 24 日	创业板改革并试点注册制正式落地，首批 18 家企业上市交易，资本市场存量改革取得重大进展

续表

板块	时间	事件
全国中小企业股份转让系统正式设立并逐步完善	2013 年 1 月 16 日	全国中小企业股份转让系统正式揭牌
	2013 年 6 月	国务院常务会议决定加快发展多层次资本市场，将全国股转系统试点扩大到全国
	2016 年 6 月	对新三板市场实施分层管理，首批 953 家挂牌公司进入创新层
	2019 年 12 月	中国证监会对《非上市公众公司监督管理办法》进行修订并发布，对挂牌公司的发行机制、公司治理、差异化信息披露等做出了针对性调整。全国股转公司修订发布新三板分层管理办法，新设精选层
	2020 年 6 月	中国证监会发布转板上市指导意见，允许符合条件的精选层公司转板上市
	2020 年 7 月 27 日	首批 32 家精选层公司开市交易。新三板市场形成“基础层—创新层—精选层”梯次递进的结构
	2021 年 9 月 2 日	习近平主席在 2021 年中国国际服务贸易交易会全球服务贸易峰会上的致辞中宣布，将继续支持中小企业创新发展，深化新三板改革，设立北京证券交易所，打造服务创新型中小企业主阵地
区域性股权市场规范发展	2011 年以来	中国证监会负责牵头的清理整顿各类交易场所工作在全国范围内展开，一批严重违法违规的交易场所被取缔，市场秩序明显好转
	2013 年 8 月	国务院办公厅出台《关于金融支持小微企业发展的实施意见》，首次提出要在清理整顿的基础上，将区域性股权市场纳入多层次资本市场体系
	2019 年 6 月	中国证监会发布《关于规范发展区域性股权市场的指导意见》，区域性股权市场规范发展的制度基础进一步完善
	2020 年	中国证监会启动浙江省区域性股权市场制度创新和业务创新、北京区域性股权市场股权投资和创业投资份额转让、区块链建设等试点
交易所债券市场深化改革并持续发展	2015 年	中国证监会发布《公司债券发行与交易管理办法》，将发行主体范围扩大至全部公司制法人
	2020 年 3 月	落实新证券法与国务院有关注册制通知的决定，明确公开发行公司债券实行注册制
	2020 年 7 月	中国人民银行、中国证监会联合发布公告，同意银行间与交易所债券市场相关基础设施机构开展互联互通合作

资料来源：《中国资本市场三十年》(2021)。

（二）基础制度逐渐完善

（1）注册制改革全面推进。党的十八届三中全会通过的《中共中央关于全面深化改革若干重大问题的决定》中明确提出，要推进股票发行的注册制改革。2019 年 1 月，中央全面深化改革委第六次会议审议通过了在上交所设立科创板并试点注册制总体方案的实施意见。中国证监会把握尊重注册制基本内涵、借鉴国际最佳实践、体现中国特色和发展阶段三个原则，推动形成了从科创板到创业板，再到全市场“三步走”的改革布局，初步建立了“一个核心、两个环节、三项市场化安排”的注册制框架。2020 年 4 月，中央全面深化改革委第十三次会议审议通过了《创业板改革并试点注册制总体实施方案》，创业板试点存量市场注册制改革稳步进行。

（2）退市制度改革深入推进。2020 年 11 月，中央全面深化改革委第十六次会议审议通过了《健全上市公司退市机制实施方案》，强调要坚持市场化、法治化方向，完善退市标准，简化退市程序，拓宽多元退出渠道，严格退市监管，完善常态化退市机制。2019—2020 年，强制退市公司共 25 家，是之前 6 年退市数量总和的 2 倍多。

（3）交易制度逐渐完善。科创板和创业板的新股上市前 5 个交易日不设涨跌幅限制，此后日涨跌幅限制为 20%。新股上市首日即可纳入融资融券标的，改进转融通机制，促进多空平衡。引入盘中临时停牌、有效价格申报范围等机制，平滑市场波动。

（4）并购重组市场化改革不断深化。2014 年以来，中国证监会大幅取消和简化行政审批，完善分道制方案，动态调整支持行业类型，实施境外投资项目、经营者集中、外国投资者战略投资与并购重组并联审批，丰富并购重组支付工具，提高并购重组审核效率。2019 年，中国证监会修订《上市公司重大资产重组管理办法》，允许符合条件的企业在创业板重组上市。

（三）上市公司发展的制度环境日趋成熟

2014 年，中国证监会颁布《关于上市公司实施员工持股计划试点的指导意见》。2018 年 9 月，中国证监会颁布新修订的《上市公司治理准则》，进一步完善了上市公司治理的制度基础。2019 年以来，中国证监会制订并实施推动提高上市公司质量行动计划。2020 年 10 月，国务院发布《关于进一步提高上市公司质量的意见》，在提高上市公司治理水平、推动上市公司做优做强、健全上市公司退出机制、解决上市公司突出问题、提高上市公司及相关主体违法违规成本、形成提高上市公司质量的工作合力等方面做出了系统性部署安排，这些均为之后推动上市公司高质量发展的纲领性文件。

（四）产品种类不断丰富

（1）股票市场产品增加，推出优先股。2013 年 11 月 30 日，国务院发布《关于开展优先股试点的指导意见》，明确开展优先股试点。2014 年 3 月 21 日，中国证监会发布《优先股试点管理办法》，规范优先股的发行和交易。2014 年至今，我国已累计发行优先股融资 1. 1 万亿元。

（2）债券市场产品不断创新。交易所债券市场在 2012 年的国债、企业债和可转债等基础上，新增地方政府债、政策性金融债、资产证券化等品种。同时，债券市场积极响应和服务国家战略，试点发行创新企业债、绿色债、扶贫债、熊猫债、“一带一路”债等新品种，开展信用保护工具业务试点。2020 年 4 月，境内基础设施领域公募 REITs 试点推出。

（3）衍生工具市场不断成熟和完善。2013 年以来，5 年期国债期货、铁矿石期货和期权、上证 50ETF① 期权、上证 50 股指期货、中证 500 股指期货、豆粕期权、白糖期权、沪深 300ETF 期权等期货和期权品种先后上市交易，覆盖国民经济主要领域的期货产品体系初步形成。2020 年 10 月，广州期货交易所筹备组成立。截至 2020 年末，期货市场共上市 90 个品种，包括 62 个商品期货、18 个商品期权、6 个金融期货、4 个金融期权。

（4）基金产品规模迅速扩大。在股票基金、债券基金、混合基金、货币市场基金等基础品种上，陆续推出债券、跨市场和跨境、商品期货等 ETF 基金。FOF 基金、养老目标基金分别于 2017 年和 2018 年顺利推出。2013 年 6 月，新修订的《中华人民共和国证券投资基金法》实施，将私募证券投资基金纳入监管。私募基金总管理规模从 2014 年末的 1. 49 万亿元增长至 2020 年末的 15. 97 万亿元。

---

① ETF，是指交易型开放式指数基金，通常又被称为交易所交易基金（Exchange Traded Fund，ETF），是一种在交易所上市交易的、基金份额可变的开放式基金。

（五）对外开放程度逐渐加深

（1）双向开放持续加强。2014年11月和2016年12月，沪港通、深港通相继开通，内地与香港市场互联互通不断深化。2015年5月，内地与香港基金互认制度落地。2019年6月，沪伦通正式开通，中日ETF互通推出。2020年10月深港ETF推出。

（2）境外投资者限制逐步放宽。2016年8月，沪港通总额度取消。2018年5月，沪港通、深港通每日额度扩大4倍。2019年1月，QFII[①]总额度由1500亿美元增至3000亿美元。2019年9月，取消QFII和RQFII[②]投资额度以及RQFII试点国家和地区的限制。2020年9月，中国证监会、中国人民银行和国家外汇管理局发布《合格境外机构投资者和人民币合格境外机构投资者境内证券期货投资管理办法》，进一步建立健全合格境外机构投资者制度，该办法自2020年11月1日起施行。

（3）A股被纳入多个国际指数。2017年6月，明晟公司宣布将A股纳入其新兴市场指数。2018年6月，A股被正式纳入MSCI新兴市场指数，纳入因子逐步提升至20%。2019年6月，富时罗素首次将A股纳入其全球股票指数系列，纳入因子逐步提升至25%。2019年9月，标普道琼斯将A股以25%因子纳入其全球宽基指数。

（4）期货市场开放开始进行。2018年3月，首个对外开放的期货品种原油期货上市。2018年5月，铁矿石期货正式实施引入境外交易者业务，成为首个对外开放的已上市期货品种。2020年10月，上海期货交易所与挪威浆纸交易所开展合作，在挪威挂牌上市基于上海纸浆期货价格结算的期货合约。

（5）证券期货经营机构加快开放步伐。从2020年1月1日起，期货公司外资股比限制正式取消。从2020年4月1日起，证券、基金公司外资股比限制正式取消。2020年7月，中国证监会和中国银保监会发布《证券投资基金托管业务管理办法》，允许符合条件的外国银行在华分行申请基金托管资格。

---

① QFII，是指合格的外国机构投资者（Qualified Foreign Institutional Investor，QFII）。

② RQFII，是指人民币合格境外机构投资者（RMB Qualified Foreign Institutional Investor，RQFII）。

（六）投资者权益得到保护

（1）投资者保护组织逐渐成熟。2011 年 12 月，中国证监会投资者保护局成立。2014 年 12 月，中证中小投资者服务中心有限责任公司成立。2019 年 3 月，中国证监会成立投资者保护工作领导小组，进一步加强对投资者保护工作的统一领导。2020 年 5 月，中证资本市场法律服务中心挂牌，成为首个全国性证券期货纠纷专业调解组织。

（2）投资者保护法律法规逐渐完善。2013 年 12 月，国务院办公厅颁布《关于进一步加强资本市场中小投资者合法权益保护工作的意见》，构建了保护中小投资者合法权益的政策体系。2016 年，中国证监会颁布《证券期货投资者适当性管理办法》，构建了全市场统一的适当性管理体系。2019 年修订的证券法中有一章规定了投资者保护制度，并探索了适应我国国情的证券民事诉讼制度。2019 年，我国首次设立"5 · 15 全国投资者保护宣传日"。

国家"十四五"规划指出，"十四五"期间要全面实行股票发行注册制，建立常态化退市机制，提高直接融资比重，体现了国家在未来发展资本市场的规划。随着科创板的设立，创业板注册制改革、新三板分层改革的完成，我国多层次资本市场体系逐渐建立和完善起来，为企业创新提供了资金支持。在这个过程中，我国多层次的资本市场究竟能在多大程度上促进企业创新进而带动我国经济增长，也成为当前学者关注的热点问题之一。

四、资本市场发展对企业创新的支持

（一）科创板的设立对企业创新的支持

为进一步落实创新驱动发展战略，增强资本市场对我国关键核心技术创新能力的服务水平，促进高新技术产业和战略性新兴产业发展，支持上海国际金融中心和科技创新中心建设，完善资本市场基础制度，推动高质量发展，科创板顺势而立。在上交所新设立的科创板，将坚持面向世界科技前沿、面向经济主战场、面向国家重大需求，主要服务于符合国家战略、突破关键核心技术、市场认可度高的科技创新企业，重点支持新一代信息技术、高端装备、新材料、新能源、节能环保以及生物医药等高新技术产业和战略性新兴产业，推动互联网、大数据、云计算、人工智能和制造业深度融合，引领中高端消费，推动质量变革、效率变革、动力变革。科创板制定了更具包容性的上市条件，更加注重企业科技创新能力，允许尚未盈利或存在累计未弥补亏损的企业在科创板上市，综合考虑了预计市值、收入、净利润、研发投入、现金流等多元因素。

科创板的设立及注册制的试点肩负着以科技创新推动经济高质量发展的使命，承载着全面深化资本市场改革的希望。科技是国之利器，国家赖之以强，企业赖之以赢，人民生活赖之以好。从经济学角度出发，在劳动和资本等要素投入既定的情况下，技术是长期经济增长的决定性因素。现实中，科技创新既要依靠实验室，也要依托生产线。三次工业革命的历史充分证明，科技创新离不开金融市场的桥梁作用，科技与金融结合是实现创新驱动的重要途径。在中国经济加速实现转型升级、推动经济迈向高质量发展的大背景下，科创板应运而生。

同时，科创板提出，达到一定规模的上市公司可以依据有关规定，分拆业务独立、符合条件的子公司在科创板上市。以往 A 股 IPO 排队时间较长，上市资源紧缺，分拆上市通常不被允许，主要是为了防止相关公司借此再造壳资源，而在注册制下，上市资源已不再稀缺，允许分拆上市将带来更多积极意义，比如促进上市公司的研发投入等。上市公司的产业资本是培育科技型企业的重要力量：一方面，投入研发或收购研发型企业是公司的战略行为；另一方面，科创型小企业能够借助上市公司平台的资本、管理、市场等优势快速成长。

科创板是以 2015 年上海同时推出的“战略新兴板”和“科技创新板”为原型的。“战略新兴板”定位于服务规模稍大、已越过成长期、相对成熟的战略新兴产业企业，设计了多套上市标准，淡化了盈利要求，承载着中概股回归使命，但由于种种条件限制未能如期落地。“科技创新板”定位于为处于快速成长期的科技创新企业提供融资服务的区域股权市场，由具有“新技术、新产业、新业态、新模式”特征的企业构成，故又被称为“新四板”。

与以往的各板块不同，此次科创板在一定程度上有望真正成为中国的“纳斯达克”。美国纳斯达克从初始至今，一直立足于服务科技型、创新型、反传统商业模式的新兴企业，定位为科创落地的实现板块。作为定向服务高成长新兴创新企业，特别是具有高科技附加的企业初始筹资及后续资本运作的市场，纳斯达克成功培育、孵化了一批以互联网股为主力，如微软、Facebook（现更名为 Meta）、苹果、英特尔等具有“硬核科技”的成功知名公司。

科创板的定位也在于此，2019 年 3 月 3 日，上交所发布《上海证券交易所科创板企业上市推荐指引》，表示保荐机构应准确把握科技创新的发展趋势，重点推荐下列领域的科技创新企业：

（1）新一代信息技术领域，主要包括半导体和集成电路、电子信息、下一代信息网络、人工智能、大数据、云计算、新兴软件、互联网、物联网和智能硬件等。

（2）高端装备领域，主要包括智能制造、航空航天、先进轨道交通、海洋工程装备及相关技术服务等。

（3）新材料领域，主要包括先进钢铁材料、先进有色金属材料、先进石化化工新材料、先进无机非金属材料、高性能复合材料、前沿新材料及相关技术服务等。

（4）新能源领域，主要包括先进核电、大型风电、高效光电光热、高效储能及相关技术服务等。

（5）节能环保领域，主要包括高效节能产品及设备、先进环保技术装备、先进环保产品、资源循环利用、新能源汽车整车、新能源汽车关键零部件、动力电池及相关技术服务等。

（6）生物医药领域，主要包括生物制品、高端化学药、高端医疗设备与器械及相关技术服务等。

以医药行业为例，生物医药将成为科创板的主要板块之一。医药创新企业前期研发投入高，是资金和技术密集型行业，医疗健康领域融资需求强劲，其中又以创新药、生物技术、医疗器械等领域为主，这些科创型企业往往面临长期亏损，在国内以往 IPO 制度下短期内无法上市。为了增加融资手段，以及方便 PE/VC 等投资机构到期退出，一些优秀的医药创新型企业会寻求在纳斯达克上市。一方面，优秀企业国外上市是给国外股东创造价值；另一方面，企业在国外上市缺乏认同感，无法实现价值最大化。科创板的推出有望解决这一尴尬局面，从上市要求来看，科创板总结了纳斯达克等市场的优秀经验，有望成为中国的“纳斯达克”。

实施创新驱动发展战略，推进以科技创新为核心的全面创新，让创新成为推动发展的第一动力，是适应和引领我国经济发展新常态的现实需要。近年来，中国资本市场一直力图为科技创新提供更多助力。设立科创板并试点注册制的一项重要使命，就是补齐资本市场服务科技创新的短板，支持有发展潜力的科创企业发展壮大。通过改革增强资本市场对科创企业的包容性，允许未盈利企业、同股不同权企业、红筹企业发行上市，有利于进一步畅通科技、资本和实体经济的循环机制，加速科技成果向现实生产力转化，引领经济发展向创新驱动转型。

（二）资本市场其他板块对企业创新的支持

首先，创业板的注册制改革，降低了企业上市门槛，有利于推动企业创新。2020 年 4 月 27 日，中央全面深化改革委员会第十三次会议审议通过《创业板改革并试点注册制总体实施方案》，确定深入贯彻创新驱动发展战略，适应发展更多依靠创新、创造、创意的大趋势，主要服务于成长型创新创业企业，支持传统产业与新技术、新产业、新业态、新模式深度融合，与科创板等其他板块形成各有侧重、互相补充的适度竞争格局。2020 年 8 月 24 日，创业板改革并试点注册制正式落地，首批 18 家企业上市交易，资本市场存量改革取得重大进展。

其次，新三板的改革和发展，为专精特新“小巨人”企业提供了资金支持。2021 年 7 月 19 日，工业和信息化部公布《关于第三批专精特新“小巨人”企业名单的公示》，2930 家企业中 424 家已在或曾在新三板挂牌，包括存量精选层 7 家、创新层 78 家、基础层 147 家、已在沪深上市 22 家和已摘牌公司 170 家。自 2018 年专精特新“小巨人”企业培育行动启动以来，累计有 4921 家企业获评“小巨人”，营收 5000 万元人民币以下“小巨人”集中在新三板。新三板培育“小巨人”功能突出。目前，232 家存量“小巨人”挂牌公司中，超七成分布在战略新兴产业、先进制造业，面对新冠肺炎疫情带来的严峻考验和复杂多变的国内外环境，其整体业绩延续高质量增长态势。

最后，区域性股权交易中心科技板块的试点以及相关政策的支持。2015 年 9 月 7 日，中共中央办公厅、国务院办公厅印发《关于在部分区域系统推进全面创新改革试验的总体方案》，确立了 8 个先试先行区域。此后，上海、安徽、四川根据国务院授权自主探索，相继推出了“科技创新板”“科技金融板”“创新创业板”等科创相关板块，在推动区域性股权市场与科技型企业对接等方面取得了初步成效。2018 年 12 月 5 日，李克强总理主持召开国务院常务会议，决定再推广一批促进创新的改革举措，更大激发创新创造活力，其中包括将原先在上海、安徽、四川等个别区域性股权市场设置科技创新专板的改革举措推广到京津冀、上海、广东（珠三角）、安徽（合芜蚌）、四川、湖北武汉、陕西西安、辽宁沈阳等 8 个先试先行区域。2019 年 1 月 8 日，国务院办公厅印发《关于推广第二批支持创新相关改革举措的通知》，该通知进一步明确了在区域性股权市场推广科技创新专板，由中国证监会负责指导。根据科技型中小企业的特点，在区域性股权市场推出“科技创新板”，提供挂牌展示、托管交易、投融资服务、培训辅导等服务，开拓融资渠道，缓解科技型中小企业融资难问题。2021 年 7 月 22 日，《中共中央 国务院关于新时代推动中部地区高质量发展的意见》指出，要积极培育区域性股权交易市场，支持鼓励类产业企业上市融资，支持符合条件的企业通过债券市场直接融资，引导各类金融机构加强对中部地区的支持，加大对重点领域和薄弱环节信贷支持力度，提升金融服务质效，增强金融普惠性。

（三）资本市场促进企业创新的相关支持政策

从党代会层面看，党中央非常重视资本市场对创新型企业的资金支持。2015 年 10 月，《中共中央关于制定国民经济和社会发展第十三个五年规划的建议》指出，要开发符合创新需求的金融服务，推进高收益债券及股债相结合的融资方式。2020 年 10 月，《中共中央关于制定国民经济和社会发展第十四个五年规划和二〇三五年远景目标的建议》指出，“十四五”期间要全面实行股票发行注册制，建立常态化退市机制，提高直接融资比重。要完善金融支持创新体系，促进新技术产业化、规模化应用。

从历年中央经济工作会议精神看，党中央通过各种手段深化资本市场改革，进而促进企业创新。2013 年的中央经济工作会议指出，要着力抓好化解产能过剩和实施创新驱动发展。化解产能过剩的根本出路是创新，包括技术创新、产品创新、组织创新、商业模式创新、市场创新。大力发展战略性新兴产业，加快传统产业优化升级。创造环境，使企业真正成为创新主体。政府要做好加强知识产权保护、完善促进企业创新的税收政策等工作。强化激励，用好人才，使发明者、创新者能够合理分享创新收益，打破阻碍技术成果转化的瓶颈。2016 年的中央经济工作会议指出，要加强激励、鼓励创新，增强微观主体内生动力，提高盈利能力、劳动生产率、全要素生产率、潜在增长率。要深入研究并积极稳妥推进金融监管体制改革，深化多层次资本市场体系改革。2020 年的中央经济工作会议指出，要完善债券市场法制，加大对科技创新、小微企业、绿色发展的金融支持力度，深化利率汇率市场化改革，保持人民币汇率在合理均衡水平上的基本稳定。

监管部门也采取了相应措施，助力资本市场支持创新型企业的发展。2020 年 10 月 30 日，中国证监会分别召开党委会和党委理论中心组扩大学习会，传达学习党的十九届五中全会精神，研究部署全系统学习宣传贯彻工作。其中提到，要把支持科技创新放在更加突出的位置，加快建成优质创新资本中心，完善市场化激励约束机制，引导各类创新要素集聚，助力打好关键核心技术攻坚战。具体来看：一是在引导各类创新要素聚集方面，通过加快科创板关键制度创新、强化创业板服务成长型创新创业企业能力、发挥新三板服务中小企业的平台作用，引导私募股权和创投基金投早、投小、投科技，有助于推动打造优质的创新资本中心；二是在更好发挥健全市场化激励约束机制作用方面，通过完善股权激励和员工持股制度，在对象、方式、定价等方面做出更加灵活的安排，最大限度地激发企业家精神，提升企业技术创新能力，激发人才创新活力；三是在更好发挥上市公司创新引领和带动产业升级作用方面，通过强化资本市场并购重组主渠道作用，鼓励上市公司盘活存量、提质增效、转型发展，带动产业链上中下游、全产业链企业融通创新，助力打造具有更强创新力、更高附加值、更安全可靠的产业链供应链。2021 年 7 月，为加快培育发展以专精特新“小巨人”企业、制造业单项冠军企业、产业链领航企业为代表的优质企业，工业和信息化部、科技部、财政部、商务部、国务院国资委、中国证监会等六部门联合印发《关于加快培育发展制造业优质企业的指导意见》（以下简称《指导意见》），对制造业优质企业发展提供支持。《指导意见》要求，加强企业融资能力建设和上市培育，支持符合条件的优质企业在资本市场上市融资和发行债券。2021 年 7 月 27 日，刘鹤副总理在全国“专精特新”中小企业高峰论坛上表示，中小企业好，中国经济才会好，“专精特新”的灵魂是创新，要为中小企业发展创造良好环境。企业家精神就像鱼一样，水温合适，鱼就会游过来。要真正提高服务意识和服务能力，创造良好的营商环境，培育和扶持“专精特新”企业。资本市场将为中小企业发展创造良好的条件。

2021 年 9 月 2 日，习近平主席在 2021 年中国国际服务贸易交易会全球服务贸易峰会上的致辞中宣布，将继续支持中小企业创新发展，深化新三板改革，设立北京证券交易所，打造服务创新型中小企业主阵地。北交所的定位是打造服务创新型中小企业主阵地，与沪深交易所的定位有所不同。设立北京证券交易所，形成北京证券交易所与沪深交易所、区域性股权市场错位发展和互联互通的格局，中国资本市场的多层次市场结构将进一步完善。深化新三板改革，设立北京证券交易所，是实施国家创新驱动发展战略、持续培育发展新动能的重要举措，也是深化金融供给侧结构性改革、完善多层次资本市场体系的重要内容，对于更好发挥资本市场功能作用、促进科技与资本融合、支持中小企业创新发展具有重要意义。

第二节 研究意义

2020 年 12 月举行的中央经济工作会议指出，要完善债券市场法制，加大对科技创新、小微企业、绿色发展的金融支持。要自觉站位新发展阶段，坚定贯彻新发展理念，主动融入新发展格局，准确把握市场发展面临的机遇和挑战，深刻认识资本市场的使命和责任，充分发挥资本市场的枢纽功能，不断提升对实体经济发展的适配性，促进经济和金融的良性循环，更好地服务于经济高质量发展大局。因此，研究金融发展、企业创新和经济增长之间的关系，尤其是资本市场发展、企业创新和经济增长的关系，有利于国家建设对创新型企业带来更大支持的资本市场，从而对于实现经济和金融的良性循环以及我国创新驱动型的经济增长模式具有重要意义。

一、有利于促进科技与资本融合

我国资本市场已经初步建立了与科技产业、风险投资衔接的价值发现和筛选机制，形成了多管齐下的创新融资支持体系，为不同类型、不同生命周期的企业提供多元化、差异化的金融工具和融资服务。因此，研究资本市场和企业创新的关系及传导机制，有利于增加多层次资本市场对企业创新的支持，促进科技与资本融合，进而有利于金融和实体经济的良性循环。

二、有利于促进社会资本形成和实体经济发展

“十三五”时期，新增直接融资 41.1 万亿元，占同期社会融资规模增量的 32%。大量新兴行业企业和中小企业通过资本市场筹集发展资金，促进能源、环保、高端装备、集成电路等重点行业和战略性新兴产业的创新，进而带动了我国经济持续稳定增长。因此，研究资本市场发展和创新的关系，有利于我们认识资本市场对于新兴产业的重要作用，从而有利于多层次资本市场的进一步完善和发展，进而促进社会资本形成和实体经济发展。

三、有利于拓宽居民投资渠道和服务居民财富管理

近年来，我国居民可支配收入和财富持续增长，居民扩大证券投资需求快速上升，但由于缺乏投资经验、追求资金安全的心理等因素，目前居民将大部分财富配置于房地产市场，配置于金融市场的财富也主要集中于银行存款、货币基金、理财等金融产品上，证券类资产的投资比重偏低。因此，研究资本市场发展和企业创新的关系，有利于投资者根据企业得到

的来自资本市场的资金支持来判断企业创新的程度，进而做出投资决策，从而有利于增加居民财富配置于资本市场的比例、拓宽居民的投资渠道。

四、有利于实现科技自立自强的国家发展战略

党的十九届五中全会强调要把科技自立自强作为国家发展的战略支撑，提出了“完善金额支持创新体系”的明确要求。当前，新产业、新业态、新模式的不断出现，为经济社会发展提供了新的动能，产生了更多创新企业和资金需求。因此，研究资本市场发展和企业创新的关系，有利于找到最大限度激发企业创新创造活动的资金支持点，从而推动科技创新企业成长壮大，助力实现科技、资本和实体经济高水平循环。

五、有利于缓解公司的代理问题

从企业层面来看，企业通过资本市场融资，一方面，可以增加公司的权益性资金来源，从而可以通过给予经理人更多股权的方式，解决股东和经理人之间的代理问题；另一方面，通过资本市场公开发行股票，可以稀释大股东对企业的控制权，从而在一定程度上缓解企业的第二类代理问题。因此，研究资本市场发展和创新的关系，可以帮助企业找到最佳的资本市场融资额，在这个融资额上，公司的两类代理问题之和最小。

第二章

相关研究综述

第一节 名词概念和含义

一、金融发展

金融发展属于历史范畴，这一概念会随着金融理论研究和实践研究的不断深入而发生变化。目前学界对于金融发展的概念并没有清晰、统一的界定，不同学者从不同角度对其进行了解释与衡量。一类学者认为，金融发展重视金融“量”的扩张以及金融结构的变化。“金融发展”一般表现为金融资产规模相对于国民财富的扩张。如戈德史密斯（Goldsmith，1969）主要用金融相关比率（FIR）即金融资产总量与 GNP 的比值来反映金融增长程度。随后戈德史密斯进一步对金融发展的概念进行了拓展与延伸，进一步提出金融发展包含了金融结构的变化，而金融结构就是金融工具和金融机构的相对规模。另一类学者认为，除了金融“量”的扩张以及金融结构的变化，金融发展还需要考虑制度和政策因素（Mckinnon，1973）。国内学者张杰（2017）则提出了“金融成长”的概念，他认为金融发展是指金融配置资源效率与使用效率的高低，而金融成长是对金融增长与金融发展概念的一种综合，内涵更为丰富。金融成长不但包括金融市场的完善与金融结构的变化，而且包含金融结构的空间差异、部门差异、金融制度的变革、金融观念的转变等。

随着金融发展理论研究的逐步深入，评价金融发展的量化指标也被逐步提出并得以完善，形成较为系统的金融发展衡量指标体系。该量化指标的形成主要包括三个阶段：第一阶段，20 世纪 60 年代，戈德史密斯在其《金融结构与金融发展》一书中采用了金融相关率指标（以下简称“FIR 指标”）；第二阶段，20 世纪 70—80 年代，麦金农和肖提出了金融中介发展指标体系，该体系融合了金融发展水平、金融结构和金融政策等标准；第三阶段，20 世纪 90 年代，在麦金农和肖学派的第二代扩展理论中，学者们在内生增长理论的基础上，将金融中介和金融市场融入“金融—经济”发展的模型中，因此该理论也将金融发展指标体系扩展到金融中介和金融市场，这进一步完善了金融发展指标体系，其主要内容如表 2-1 所示。

表 2-1　金融发展指标体系

金融中介发展指标体系	金融发展水平指标	货币深度	狭义货币深度；广义货币深度
		总金融深度	流动性负债/GDP
		非金融深度	准流动性负债/GDP
	金融发展结构指标	国内金融机构的相对地位	中央银行国内资产/GDP；存款银行国内资产/GDP；存款银行国内资产/存款银行及中央银行国内资产之和
		金融资产的配置情况	分配给非金融私人部门的信贷/国内信贷总量
		金融机构资产的相对规模	证券市场交易额/广义货币存量；金融资产/GDP 或总金融资产
	金融发展政策指标	金融压制指标	实际利率水平；金融压制综合指数
		银行效率指标	银行存贷利差
证券市场发展指标	证券市场规模指标	二级市场规模指标	国内股票市价总值/GDP；私人与公共债券/GDP
		初级证券规模指标	股票发行总额/GDP；私人长期债券发行总额/GDP
	证券市场效率指标	流动性指标	交易值/GDP；换手率
		集中性指标	最大的十种股票市值/总市值
		市场波动性指标	一定实践标准的移动标准差
	证券市场一体化指标	平行市场价格指标	平行市场与正式市场之间价格水平的差距
		资产价格总体水平指标	各种证券定价误差的绝对值的平均值
	证券市场发展的制度指标	管理与制度因素的影响	上市公司是否公布价格收益信息；会计标准；是否有证券和交易委员会；保护投资者法律的质量

资料来源：摘自兴业银行“赤道原则与银行可持续发展”课题组所著的《从绿到金》一书。

二、创新

西方经济学中的“创新”概念最早是由美籍奥地利经济学家约瑟夫·熊彼特在1912年《经济发展理论》（德文版）一书中提出的。在熊彼特看来，所谓创新，就是建立一种新的生产函数，也就是说，把一种从来没有过的关于生产要素和生产条件的“新组合”引入生产体系。这种新组合包括以下内容：①引入新产品；②引进新技术，即新的生产方法；③开辟新市场；④开拓并利用原材料新的供应来源；⑤实现工业的新组织。在熊彼特的创新理论中，创新是经济增长和发展的“主发动机”，创新导致经济增长与发展，创新的周期性决定了经济增长与发展的周期性循环。经合组织参照熊彼特的观点将狭义的创新定义为技术创新，即把一种设想变为一种投放到市场上的新的或改进的产品的转变过程；或把一种设想转变为用于工业中的新的或改进的工艺。德鲁克将“创新”概念推广延伸，提出了“社会创新”理论，认为创新就是赋予资源以新的创造财富能力的行为。欧盟1995年度《创新绿皮书》中认为，创新是“在经济和社会领域内成功地生产、吸收和应用新事物，它提供解决问题的新方法，并使得满足个人和社会的需求成为可能”。陈建青和扬甦华（2004）认为，经济领域内的创新包括微观和宏观两个层面。微观层面的创新主要是微观经济主体内部的技术创新、产品创新和管理创新；而宏观层面的创新主要是理念创新和制度环境创新。理念创新是创新体系的核心层次，主要包括价值观念、道德伦理、文化习俗等方面；制度创新主要包括法律制度、行为制度、管理制度等，它们构成创新体系的第二层次。行为创新是创新体系的第三个层次，属于运行层次和操作层次的创新，主要包括技术创新、产品创新和管理创新等。三个层次共同形成一个完整的创新体系，它们相互联系、相互作用、共同互动，促进社会创新的生成。

本书主要涉及的内容为企业创新，企业创新是企业管理的一项重要内容，是决定公司发展方向、发展规模、发展速度的关键要素。从整个公司管理到具体业务运行，企业的创新贯穿在每一个部门、每一个细节中。企业创新涉及组织创新、技术创新、管理创新、战略创新等方面的问题，各方面的问题并不是孤立地考虑某一方面的创新，而是要全盘考虑整个企业的发展，因为各方面创新是有较强的关联度的。考虑到数据的可获得性以及资本市场的实际情况，本书谈到的企业创新主要是指技术创新。

技术创新是以创造新技术为目的的创新或以科学技术知识及其创造的资源为基础的创新。前者如创造一种新的激光技术，后者如以现有的激光技术为基础开发一种新产品或新服务，在现实中两者常合二为一，统称为“技术创新”。技术创新是企业竞争优势的重要来源、企业可持续发展的重要保障，认识技术创新的本质、特点和规律是技术创新有效管理的重要前提。常见的技术创新衡量指标包括：专利申请数量，专利授权数量，专利存量，研发支出占 GDP 的比例和科技经费投入占 GDP 的比例，技术市场的发展（刘和东、施建军，2009），政府投入（贺青、葛翔宇，2014），产学研合作因素（吴友群、赵京波、王立勇，2014），企业、高校和科研机构的科技成果（郑琳琳，2016），每百人的科技论文数和每百人的专利数（葛鹏飞、黄秀路、韩先锋，2018）以及 FDI 技术外溢（陈柳、刘志彪，2006）。

三、经济增长

经济增长通常是指在一个较长的时间跨度上，一个国家人均产出（或人均收入）水平的持续增加。在较早的文献中，经济增长是指一个国家或地区在一定时期内的总产出与前期相比实现的增长。总产出通常用国内生产总值（GDP）来衡量。对一国经济增长速度的度量，通常用经济增长率来表示。经济增长率的高低体现了一个国家或地区在一定时期内经济总量的增长速度，也是衡量一个国家或地区总体经济实力增长速度的标志。

常见的经济增长衡量指标包括：GDP 增长率、人均 GDP 增长率、人均实际经济增长率、人均实际物质资本存量的增长率（经济增长中实物资本积累贡献之外的剩余，即“索洛剩余”）、国内投资占 GDP 的比率、经济效率指标。影响经济增长的因素主要包括要素积累率、资源禀赋、宏观经济的稳定性、国民教育程度、制度建设、法律体系的有效性、国际贸易、种族和宗教的多样性等。

第二节 金融发展与企业创新

根据表 2-1 中关于金融发展的指标体系，本节分别从资本市场发展和企业创新以及金融中介发展和企业创新两个方面来梳理金融发展和企业创新的相关文献。

一、资本市场发展和企业创新

作为金融体系的重要组成部分，资本市场可为企业创新提供资金支持。在我国银行体系目前存在的“信贷配给”的环境下，大力推进资本市场对创新型企业的资金支持，对于促进企业技术创新，进而带动我国经济增长意义深远。现有关于资本市场发展与创新的研究主要包括促进效应、抑制效应和传导机制研究三个方面。

（一）促进效应

现有研究的大部分观点认为，资本市场的发展有利于鼓励企业进行高风险的创新。关于资本市场发展促进企业创新的论述最早由熊彼特提出。熊彼特（Schumpeter，1911）认为，金融市场在调动储蓄、评估项目、管理风险、监测管理人员和促进交易方面发挥着关键作用。一般来说，金融市场中的股票市场赋予了企业更多的投资创新技术的自由裁量权，因此，企业有更大的动力去追求风险更高的创新。Brown、Fazzari 和 Petersen（2009），Brown、Martinsson 和 Petersen（2010）指出，相对于信贷市场，股票市场在激励企业创新方面有以下优势：第一，与债券持有人不同的是，股东在企业创新成功时可以分享创新带来的收益，因而企业选择股票市场融资更能鼓励企业创新。第二，股权融资不需要抵押品，这对于创新型公司来说非常有吸引力，因为创新型公司的普遍情况是无形资产较多，而这类无形资产往往抵押价值有限。第三，股票市场融资不会增加企业面临财务困境的风险敞口，这为公司进行研发创新提供了良好的财务环境。Hsu 和 Tian（2014）搜集了 34 个发达国家和发展中国家的数据，通过实证分析得出结论：一个国家股票市场的发展可以促进该国创新产出，而信贷市场的发展则会抑制该国创新产出。Hui He、Hanya Li 和 Jinfan Zhang（2017）选择了中国上市公司的数据，研究了 IPO 对企业创新活动的影响，结果表明 IPO 可以增加公司的创新活动，提高公司创新活动的质量，进一步表明资本市场的发展会对企业创新产生正向影响。Ostinelli（2016）采用准自然实验的方法，检验了公司的创新水平对伦敦“金融大爆炸”事件的反应，结果表明“金融大爆炸”监管改革带来的资本市场发展提升了企业的创新水平。

国内部分学者认为，资本市场发展带来的更多的外部资金与企业的研发活动显著正相关（李汇东、唐跃军、左晶晶，2013）。钟腾和汪昌云（2017）发现股票市场比银行业更有利于促进企业专利创新，特别是对创新含量较高的发明专利影响更为显著。股票市场促进创新的渠道是通过缓解外部融资约束，进而提高高科技企业的创新产出。夏冠军和陆根尧（2012）基于中国高新技术上市公司动态面板数据，用系统 GMM 方法实证检验了外部股权融资对企业研发投入的影响。结果表明，资本市场提供的外部股权融资促进了高新技术上市公司的研发投入，并且这种正向影响对规模小的企业更为明显。

（二）抑制效应

也有少部分研究认为，资本市场的发展会抑制企业创新。Bernstein（2015）认为，资本市场的发展使得更多公司通过上市募集资金，由此产生了更严重的代理问题，从而抑制了企业的创新活动。贾俊生等（2017）认为，中国不完善的资本市场对企业创新的影响有限。翟淑萍和顾群（2013）认为，金融发展能够缓解高新技术企业融资约束，进而促进高新技术企业研发投资效率的提高，但金融中介发展的作用显著大于股票市场发展。朱欢（2010）通过个体固定效应模型并采用对相关变量进行控制的做法，对我国 31 个省份 2000—2007 年反映企业技术创新投入和产出的数据进行研究，结果表明，我国银行贷款规模对企业技术创新的支持效果比较明显，而股票市场的融资对企业技术创新作用效果非常有限。

（三）传导机制研究

有部分学者研究了资本市场发展促进企业创新的传导机制。Bencivenga

和 Smith（1991）、Jappelli 和 Pagano（1993）认为，金融市场可以影响用于创新投资的储蓄量，进而扩大企业创新的规模；而 Greenwood 和 Jovannovic（1990）、King 和 Levine（1993a）认为，金融市场的发展可以提高创新投资的生产率，进而促进企业创新。还有学者认为，资本市场发展可以降低信息搜寻成本（Chowdhury and Maung，2012）、有效地管理和分散非系统性风险（King and Levine，1993b）、创造契约激励（Morales，2001），从而促进企业创新。

还有部分学者认为，资本市场由于具有分散风险、利益激励机制和投资退出机制等特征，企业更乐意从事期限长、风险高的投资，因而有助于企业技术创新（Levine，1991），发达的资本市场在支持企业创新方面比银行等金融中介更有效（Brown，Martinsson and Petersen，2017）。实证研究结果表明，资本市场发展带来的外部资金支持可以激励企业研发（Ilyina and Samaniego，2009）；外部融资依赖和科技密集度较高的行业在资本市场较发达的国家具有更高的创新能力（Hsu，Tiom and Xu，2014）；资本市场的融资水平与企业的研发支出呈正相关关系（Brown Martinsson and Petersen，2013）。同时，Hall 等（2010）认为，公司的 IPO 可以增加公司创新活动，因为公司通过 IPO 能以比债务融资更低的成本募集资金，进而增加了公司的创新活动。

二、金融中介和企业创新

金融中介是指在资金供给方与资金需求方之间起媒介作用的机构，一般是指银行。我国是银行主导型的金融体系，间接融资在我国社会融资总量中占主要地位，现有关于金融中介和企业创新的相关研究主要包括作用效果研究、影响因素研究和传导机制研究三个方面。

（一）作用效果研究

关于金融中介对企业创新的作用效果，大部分学者认为金融中介的发展能促进企业创新活动，极少数学者认为金融中介的发展会抑制企业创新活动。解维敏、方红星（2011）指出，银行业市场化改革的推进可以推动我国上市公司的 R&D 投入；唐清泉、巫岑（2015）认为，银行业竞争性的市场结构有助于缓解企业 R&D 投资的融资约束，进而增加企业的创新活动；鞠晓生（2013）将我国企业分为中央国有控股公司、地方国有控股公司和非国有控股公司，他认为银行贷款是中央国有控股公司创新投资的一种重要融资方式，但它对其他类型企业的贡献不大；马光荣等（2014）使用世界银行在中国 12000 余家企业的调查数据，用企业是否获得银行授信以及授信额度大小来衡量企业是否有稳定的外部融资渠道，考察了其对企业研发行为的影响，结果表明，企业获得银行授信，其研发概率提高 8.6 个百分点，研发强度提高 0.24 个百分点；蔡竞、董艳（2016）指出，银行业竞争性的市场结构对企业研发创新行为具有积极作用。少部分学者提出了相反的观点，钟腾、汪昌云（2017）指出，股票市场相比于银行业更有利于促进企业专利创新，特别是对创新含量较高的发明专利影响更为显著，银行业对企业创新的影响有限。徐飞（2019）指出，银行信贷最终增加了企业持续低创新频率，抑制了企业持续高创新频率。

（二）影响因素研究

金融中介对企业创新的促进或抑制作用受到许多因素的影响。解维敏、方红星（2011）认为，金融中介发展水平对企业 R&D 投入的正向影响受到企业规模、企业产权和政府干预的影响，小规模企业和私有产权控制的企业这种正向影响强，政府干预强的企业正向影响弱；周方召等（2014）认为，金融发展和外部融资对较小规模公司的技术创新有更为明显的正向影响；唐清泉、巫岑（2015）指出，银行业竞争性的市场结构对企业 R&D 投资的融资约束的影响在民营、高科技、小型企业中表现得更加显著；蔡竞、董艳（2016）在研究银行业竞争性的市场结构对企业研发创新行为的关系时发现，相比于国有商业银行和城市商业银行，股份制商业银行能更好地促进企业的研发创新行为；李后建、刘思亚（2015）指出，银行信贷对企业创新具有显著的积极影响，但是随着企业所有权中国有比例的增加，银行信贷对企业创新的积极影响会逐渐弱化。孙婷等（2011）认为，金融中介发展与企业技术创新之间存在显著的正向关系，较强的政府干预会削弱金融中介对企业技术创新的促进作用。

（三）传导机制研究

在传导机制的研究上，张杰等（2017）研究发现，当银行结构性竞争尚未超过临界值时，竞争对企业创新产生抑制效应，而当银行结构性竞争超过特定临界值时，竞争才会对企业创新产生促进效应，银行业自身结构性变化所蕴含的垄断特征是产生这种显著“U”形关系的内在动因；张璇等（2019）认为，银行业竞争通过缓解企业融资约束来促进企业创新，外部融资依赖度较高的企业，中小企业、民营企业，以及位于市场化水平高和法治环境较好地区的企业，银行业竞争通过缓解融资约束促进企业创新的效应更大；孙婷、温军（2012）认为，金融中介发展对企业技术创新具有显著的促进作用，金融中介发展水平的提高能够有效促使资本流向具有投资价值的创新项目，弱化经营年限对企业技术创新的影响，进而促进企业创新。

第三节　金融发展与经济增长

一、理论研究

有关金融发展与经济增长的理论研究可以追溯到熊彼特（1911），他说明了功能良好的银行通过甄别并向最有机会在创新产品和生产过程中成功的企业家提供融资而促进技术创新，这可以看作金融体系对经济增长发挥作用的两个基本渠道之一——技术创新。希克斯（1969）认为，英格兰的金融体系在为巨大工程筹集资本进而引发工业革命的过程中起了关键性作用，这是渠道之二——资本积聚。但这些都只是理论推测，并没有进行全面深入的理论与相应的实证研究。

在熊彼特等的思想基础上，格利和肖（1955）独辟蹊径，以分析金融部门的作用为切入点，讨论金融结构对经济增长的影响。这一思想开辟了金融结构比较研究的先河。麦金农和肖（1973）突破性地将发展中国家纳入研究范围。麦金农和肖的金融抑制和金融深化理论是专门研究发展中国家金融体制的理论。麦金农的金融抑制论揭示出发展中国家由于进行利率管制而长期存在金融抑制和通货膨胀现象；而肖的金融深化论则从分析发展中国家的金融中介机制关系角度出发，主张实行金融自由化。这些早期研究奠定了金融发展理论的基础，后人开始在此基础上添砖加瓦。由于前人的研究并未揭示金融发展与经济增长之间的因果关系，随后学界关于金融发展与经济增长作用机制的研究越来越多，主要理论包括：金融抑制论、金融深化论、金融结构论和金融功能论。其中，金融功能论的研究较为引人注目。

（一）金融抑制论 vs 金融深化论

1973 年，麦金农和肖先后出版了《经济发展中的货币与资本》和《经济发展中的金融深化》两本著作，系统阐述了“金融发展—经济增长”模型，这标志着金融发展理论的正式形成，并通过批判“金融抑制论”提出了金融深化论。

金融抑制论产生于二战之后，部分发展中国家开始快速发展经济，以追赶发达国家为目标，在金融领域实施干预和控制。具体措施包括：其一，名义利率限制；其二，设定高准备金率；其三，限制外源融资；其四，汇率限制；其五，设置特别的信贷机构。麦金农和肖（1973）认为，金融变量和金融制度对经济增长和经济发展来说是非中性的，其效果取决于政府的政策和制度的选择，但发展中国家往往会错误地选择金融政策和金融制度，进而造成金融体系与实体经济同时滞后，这便是“金融抑制”。

为了解决“金融抑制”这一问题，麦金农和肖提出了金融深化论。他们认为，政府部门应该放松对金融体系的管制，尤其应该废除在利率方面的诸多限制，使实际利率提高，充分反映资金供求状况，同时发挥汇率在外汇市场上的调节作用。随着利率的提高，社会公众的储蓄热情将被调动，金融存量将会得到进一步提升，从而使金融中介活动更为活跃，提升资产的平均收益。同时，可以进一步降低社会公众的信息搜索成本，改善信息不对称问题。针对“金融抑制”现象提出的解决措施便是“金融深化论”的主要思想和主要内容。

（二）金融结构论

戈德史密斯在《金融结构与金融发展》（1969）一书中对金融结构与经济增长的关系进行了开创性的研究。他提出，随着经济的发展和市场深化进程的推进，一个国家的金融结构是动态变化的，而且金融发展就是金融结构的变化。戈德史密斯的金融发展理论通过一系列的金融结构指标体系来评价某国的金融发展水平，并认为一国的金融发展水平可以从金融结构的发展路径来体现。一般情况下，一国的金融结构遵循由简单到复杂、由低级到高级的发展路径。这便是金融结构论的起源，戈德史密斯采用的是狭义的金融结构定义。

近年来，关于金融结构的比较研究成为新的热点内容。这里的金融结构采用广义的定义，即以市场为主的金融体系与以银行为主的金融体系哪一种更具优势，哪种体系更能促进经济的发展与增长。19 世纪时，诸多经济学家认为以银行为主的金融体系在揽储、促进投资、完善公司治理等方面更具优势，这些优势在经济发展初期以及法律制度环境不完备的情况下表现尤为突出。而以市场为主的金融体系则在资源优化配置、风险管理工具提供以及缓解银行的垄断势力方面更具优势。

一些学者认为，以银行为主导的金融制度结构能够更好地促进经济发展。Stiglitz 和 Weiss（1981）从投资效率角度考虑，认为与银行相比，资本市场存在严重的由信息不对称带来的逆向选择问题，使得个人投资者难以准确判断并进行投资决策。此外，银行通过筛选放贷企业、控制企业行为等方式为个人投资者提供“代理监督”服务，这种监督成本远低于个人投资者进行直接投资的成本。此外，一些学者认为，资本市场较高的流动性会使投资者过于关注眼前收益，不利于长远投资，进而减少了投资者对经理人行为的稳定监控，不利于经济的长远增长。此外，资本市场的投资回报和流动性机制会增加收入的替代效应，从而降低储蓄率，减缓经济增长速度（孔凡保，2003）。

也有一些学者认为，以资本市场为主导的金融制度结构更有助于促进经济增长。Berger 等（1993）认为资本市场相较于银行体系具有较高的配置效率。面对具有较大风险的技术进步，资本市场能够更好地发挥资源配置作用，从而促进产业结构转型和经济发展。与资本市场“流动”形式的风险相比，银行体系的风险是以“累积”或“沉淀”方式存在的，这种风险模式的不同使资本市场相较于银行体系能够为企业提供更多的风险资本，促进处于初创期的高新技术企业融资，从而有助于推动产业结构的调整（王巍、陶长高，2010）。

陈国进和林辉（2002）认为，金融制度结构应该与产业结构相匹配。当一个国家的产业结构以农业和传统产业为主时，银行体系更能够节约投资者的监督成本，提高效率；但是当一个国家的产业结构以高新技术产业为主时，以资本市场为主导的金融制度结构更能够促进技术创新、推动新兴产业的发展。

不同的金融制度结构是特定历史环境下的产物，同时金融制度结构并不是一成不变的，它会随着环境因素的变化而改变。目前世界大部分经济体的金融制度出现了相互融合的趋势（张宗新，2001）。金融创新活动的开展、大规模的国际资本流动以及金融业的混业经营模式使资本市场与货币市场的界限变得更加模糊，两者的融合发展将会成为未来的发展趋势（张留禄，2005）。

（三）金融功能论

随着研究的不断深入，学术界关于金融发展与经济增长作用机制的研究越来越多，于是便诞生了金融功能论。不管是以银行体系为主还是以市场体系为主，它们都属于金融安排，都为经济提供相应的服务，发挥自己特有的功能。

按照 Levine（1999）的分类，金融有五个基本功能：①风险管理；②信息揭示；③公司治理；④动员储蓄；⑤便利交换。通过五大金融功能的发挥，金融发展促进了资本积累和技术创新，从而影响了经济增长。五大金融功能对经济增长的影响如表 2-2 所示。

表 2-2　五大金融功能对经济增长的影响

功能	作用	对经济增长的影响
风险管理	聚集风险，交易风险，规避风险，分散风险	减少信息成本、交易成本，促进技术进步
信息揭示	获取信息，评估信息，发布信息	减少信息成本，提高资源配置效率，促进技术进步
公司治理	监督经理人，促进公司治理	减少信息成本、监督成本，提高资源配置效率
动员储蓄	聚集闲散资金，促进储蓄向投资转化	聚集生产要素，减少信息成本、交易成本，促进资源配置，推动技术创新
便利交换	提供交易媒介	促进专业化，降低交易成本

二、实证研究

实证研究部分采用与研究金融发展和企业创新时同样的分类方法，参照表 2-1 中金融发展的指标体系，分别从资本市场发展与经济增长以及金融中介发展与经济增长两个角度对现有文献进行梳理。

（一）资本市场发展与经济增长

资本市场发展与经济增长之间的研究，主要是关于传导机制的研究，即资本市场发展通过何种机制带动了经济增长。本书认为，资本市场发展对经济增长的传导机制主要有积累储蓄，促进储蓄向投资转化，提高资源配置效率、促进产业结构升级，以及促进技术创新四种渠道。

1. 积累储蓄

郑江淮等（2000）认为，随着股票市场规模的逐步扩大，股票市场吸引的储蓄越来越多，其对经济增长的作用效果将不断显现，贡献程度逐步提高。段鸿斌、杨光（2009）利用协整分析方法，对 1995—2007 年中国股票市场与经济增长的季度数据进行了实证检验，结果表明，提高储蓄动员水平和提供流动性是股票市场影响经济增长的两大基本途径。Greenwood 等（1997）认为，规模巨大的股票市场可以降低动员储蓄资金的成本，从而将社会投资引入技术创新和长期投资方面。也有少部分学者提出了相反的观点，Devereux 和 Smith（1994）强调全球性的股票市场带来了更多的风险共担，使股票市场实际上降低了储蓄，减缓了经济的增长速度。

2. 促进储蓄向投资转化

Levine（1991）指出，股票市场可以提供流动性、分散投资的风险，使个人有较高的意愿对企业进行投资，企业也可获得更多的资金，从而促进经济增长。刘伟、王汝芳（2006）指出，资本市场直接融资可以带来企业固定资产投资比率的提高，对经济有着积极的作用，且其积极作用越来越明显。刘建江、刘怀德（2000）认为，股票市场可以通过改变储蓄结构，加速储蓄向投资的转化，以弥补经济增长的资金缺口，提高资金利用效率，进而带动经济增长。白钦先、张志文（2008）认为，金融发展对中国经济增长的作用机制主要是通过促进投资规模扩张，进而驱动经济增长。王军（2002）指出，资本市场越发达，就会有越高比例的储蓄被转化为投资，经济增长率也将提高。也有少部分学者提出了相反的观点，De Long等（1989）认为，股票市场的发展带来了股价过度波动，在一定程度上阻碍了社会储蓄向投资的转化。

3. 提高资源配置效率，促进产业结构升级

关于资本市场可以提高资源配置效率，麦金农和肖（1973）的研究具有开创性，他们指出利率机制可以使金融市场化发挥促进福利的作用，通过市场化机制可以实现生产性资源有效率的配置。张梅（2006）认为，股票市场通过增量和存量两个方面影响产业升级，即通过企业上市为新兴产业募集资金，并通过并购等手段，促进朝阳行业的成长和夕阳产业的退出。谭雅玲（1999）认为，资本市场有利于刺激消费增长、提高资金利用效率、熨平经济的周期性波动，从而有利于促进经济增长。周方召等（2013）使用1994—2008年中国省级层面的面板数据，分别检验了股票市场发展、银行信贷规模对产业结构升级的影响，结果表明，股票市场发展对产业结构质量升级具有显著的正面效应。

4. 促进技术创新

易信、刘凤良（2015）指出，金融发展能通过技术创新的“水平效应”与“结构效应”加速产业结构转型与促进经济增长。殷醒民、谢洁（2001）认为，我国股票市场规模的扩大、交易率的提高增加了国有单位的固定资产投资，加快了企业的技术进步，推动了我国经济更快增长。邓乐平、孙从海（2001）指出，大力发展资本市场尤其是风险资本市场并以此推动科技创新及其产业化的发展，对于我国经济的持续、高速发展具有不可替代的作用。李悦（2008）基于银行与市场功能比较的视角，得出金融市场对于推动自主创新和技术进步，并有效管理经济体系的风险具有特别重要的意义，中国的金融改革应努力构建一个市场主导型的金融体系。公衍照（2009）提出，金融体系可以通过创新项目筛选、创新资本筹集、创新过程监控、创新风险的分散和投资人创新收益的实现等方式为技术创新提供资金支持，进而带动经济的持续增长。

（二）金融中介发展与经济增长

对金融中介发展与经济增长之间关系的研究，大部分也是关于传导机制的研究，即金融中介发展通过何种机制带动了经济增长。本书认为，金融中介发展对经济增长的传导机制主要有提高企业生产效率、促进企业投资规模的扩大和降低经济增长方式转变的门槛值三种渠道。

1. 提高企业生产效率

韩廷春（2001）指出，发达的金融中介有利于储蓄的增加、储蓄向投资的有效转化以及生产效率的提高，进而推动经济增长；庞晓波、赵玉龙（2003）指出，金融中介的发展可以通过改善金融服务、提高企业生产效率促进经济增长；姚耀军（2010）的研究表明，在控制了人力资本、外商直接投资、专利保护水平以及证券化水平之后，金融中介发展对技术进步具有非常显著的正向解释力，进而可以通过技术进步促进经济增长。张军、金煜（2005）指出，金融中介发展可以增加投资的流动性，提高金融资源的回报率，从而提高生产率，带动经济增长。

2. 促进企业投资规模的扩大

Wurgler（2000）使用行业层次数据，从投资变动率的角度研究金融发展与经济增长的关系，结果表明，金融发展与投资弹性之间有着正相关性，金融中介发展可以促进企业投资弹性增加，进而带来经济的增长；李广众、陈平（2002）指出，金融中介规模的扩大对经济的作用主要表现在促进投资规模的增长上；周好文、钟永红（2004）指出，金融中介机构的发展带来的对非国有企业的贷款增加，促进了企业投资，带来了经济增长；李广众（2002）指出，中国的银行、股票市场发展的主要作用在于促进投资规模的扩大，进而带动经济的增长；陆静（2012）指出，金融中介的发展可以带来固定资产投资的增加，进而促进经济的增长。

3. 降低经济增长方式转变的门槛值

赵勇、雷达（2010）认为，经济增长方式在由要素驱动向生产率驱动的转变过程中存在门槛效应，金融中介发展水平的提高可以通过降低增长方式转变的门槛值来推动经济增长；严太华、魏荣华（2009）认为，中国金融中介发展与经济增长之间存在“门槛效应”，需要为金融中介创造内生性环境，提高其效率，使得金融中介发展与经济增长之间的传导机制更加畅通。

第四节 企业创新与经济增长

一般来说，推动一个国家经济增长的因素主要包括劳动、资本和技术进步。由于一个国家的劳动、资本等生产要素有限，由创新活动带来的技术进步便成为影响经济增长的重要因素。现有关于创新与经济增长关系的研究主要包括理论研究和实证研究两个方面。

一、理论研究

现有关于创新与经济增长关系的理论研究主要包括古典经济增长理论、新古典经济增长理论、内生增长理论和熊彼特增长理论。

（一）古典经济增长理论

18 世纪，古典经济学家率先探讨经济增长问题，其中以斯密、李嘉图和马尔萨斯为主要代表的英国古典经济学家是研究经济增长理论的杰出先驱。在研究经济增长问题时，斯密着眼于劳动专业化分工对经济增长的作用，李嘉图着眼于国际贸易对经济增长的作用，马尔萨斯则着眼于人口对经济增长的作用。这些研究注重并局限于对经济增长影响因素的筛选和识别。

1939 年，哈罗德率先提出了经济增长理论模型，使经济增长问题研究由定性研究转变为定量研究。1947 年，美国经济学家多马对外发表了两篇有关经济增长的论文。按照哈罗德—多马模型，决定一国经济增长的最主要因素有两个：决定全社会投资水平的储蓄率和反映生产效率的资本—产出比率。由于假设前提的局限，在他们的模型中，资本和劳动同时实现充分就业的稳定状态的经济增长很难实现，即经济长期均衡增长呈现出“刀刃”特征。

哈罗德—多马模型的主要思想：资本是决定经济增长的唯一要素。这成为以后的经济增长理论研究经济增长率的起点。模型中有 4 个外生参数：

资本—产出比、储蓄率、技术进步速度和人口增长率。以后的经济增长理论模型的发展基本上就是围绕着将这 4 个外生变量内生化进行的。哈罗德和多马提出的经济增长模型既是对凯恩斯宏观理论的进一步扩展，又是现代经济增长理论研究的起点。

（二）新古典经济增长理论

现代经济增长理论模型的基准是由美国经济学家索洛和斯旺提出的 Solow-Swan 模型。Solow-Swan 模型就是要通过改变资本—产量比来考虑技术进步对经济增长的作用。该模型有三个假设：①总量生产函数像柯布—道格拉斯生产函数一样具有新古典性质；②劳动和资本这两种生产要素在任何时刻都处于供求均衡状态；③劳动和资本可以相互替代。Solow-Swan 模型下的经济体具有如下特征：①经济社会只有生产和消费两个部门，资本（K）、劳动（L）和知识（A）是生产的三大要素（其他要素都可以忽略），经济在任何时刻都处于充分就业的均衡状态，储蓄总是等于投资；②生产的规模报酬不变；③技术进步表现为劳动效率的提高，即技术进步属于哈罗德型（劳动密集型）；④生产函数的集约形式满足新古典假设；⑤人口增长率、知识增长率、储蓄率、资本折旧率都等于常数，人口和知识呈指数增长。

在 Solow-Swan 模型中，无论从哪一点出发，经济都向平衡增长路径收敛。在平衡增长路径上，每个变量的增长率都是常数，且是外生决定的。特别是在该路径上，人均产出的增长率仅取决于技术进步率。

新古典经济增长理论模型的假设自然引出结论。首先，当资本存量增长时，由于边际报酬递减，经济增长会减慢，最终经济增长将停止。在 Solow-Swan 模型中，稳态的人均资本存量和人均产量决定于储蓄率、人口增长率和生产函数等因素。新古典经济增长理论的这一结论并不符合世界各国经济增长的现实。在过去的 100 多年间，许多国家的人均产出保持了正的增长率，增长率并没有长期下降的趋势。对于 16 个统计数据比较完整的发达国家，经济增长率在 1970 年以来确实有所下降，但是近代的经济增长率仍明显地高于 1870 年以后早期的经济增长率。这一事实与理论的矛盾促使经济学家以假定外生的技术进步弥补 Solow-Swan 的缺陷。这种方法能用以说明长期的正的人均产出增长率，但并不能帮助新古典经济增长理论摆脱困境，因为这意味着经济增长的主要动力来自增长理论研究的范围之外，增长模型不能解释经济的持续增长。其次，新古典经济增长理论的另一个主要结论是穷国应该比富国增长更快，因为穷国的人均资本存量较低，每单位新增投资能得到较高的报酬率。然而根据118个国家在1960—1985年的统计数据，在1960年时较穷的国家并没有显示较高的经济增长率。实际情况是，穷国的经济增长往往更缓慢。

Solow-Swan模型通过假设资本和劳动之间的替代解决了哈罗德—多马模型中的"刀刃"问题，但它不能解决没有外生给定技术进步时产生人均产出的长期增长。此外，模型中的储蓄率也不是通过个人动态最优化行为内生决定的①，更为紧要的是，它能解决经济增长中的许多问题，却不能解决经济增长本身！Solow-Swan模型的缺陷激发了经济学家构造经济增长数学模型的冲动。

（三）内生增长理论

Solow-Swan模型在解释现实经济增长过程中之所以会出现一些问题，关键在于模型中的储蓄率、人口增长率、资本折旧率和技术进步都是外生变量。资本折旧率是外生常数容易理解，因为资本折旧速度不容易人为控制，不同经济的资本折旧率不会有明显差距。储蓄率、人口增长率和技术进步是由人们的行为决定的，也是可以通过政策等加以影响的，在不同的经济中其水平很不相同。因此，当新古典经济增长模型不能很好地解释增长时，我们自然就会想将储蓄率、人口增长率和技术进步等重要参数作为内生变量来考虑，从而可以由模型的内部来决定经济的长期增长率，这些模型被称作"内生经济增长模型"。这种以内生经济增长为主要特征的新经济增长理论的诞生，标志着现代经济增长理论进入了一个新的发展阶段。

第一代内生经济增长理论的发展过程可以分为两个阶段：第一阶段仍

---

① 新古典经济增长理论没有考虑消费者的最优化决策行为，而是假设储蓄是产出的固定比例，并且是外生给定的，从而使这个模型缺乏微观经济基础。于是新古典经济增长理论在将资本内生化的基础上进行了将储蓄率内生化。新古典经济增长理论的第二步内生化不仅导致了拉齐姆—卡斯库普曼斯模型的产生，而且导致了戴蒙德的世代交替模型的诞生。

然在新古典经济增长理论的完全竞争假设下考察经济增长，罗默（1986）和卢卡斯（1988）等经济学家将自己的研究工作建立在阿罗等的研究基础上，对资本规模报酬进行了重新审视。第一代内生经济增长理论强调各种形式的资本是经济增长的核心，资本的收益、从资本投资中获得的外部收益和技术扩散有效地避免了资本积累的规模报酬递减，从而成为经济长期增长的源泉。当经济增长理论的研究放弃完全竞争假设转向分析垄断竞争条件下的经济增长问题时，便进入了第二代内生经济增长理论阶段。第二阶段的经济增长理论认为，技术进步是企业有目的地进行研究与开发的结果，研究开发使企业获得某种程度的垄断利润。长期增长依赖于政府制定的有利于经济增长的一系列政策，因此，政府可以对长期经济增长产生极大的影响。为了使技术进步内生化，经济学家建立了描述技术进步的生产函数，其中包括假定知识是生产过程中的副产品的生产函数，这类学者有阿罗和罗默等，也有经济学家假设生产过程中存在外部性与非竞争性，比如罗默认为知识在不同的使用过程中是可以分离的，用于研究与开发过程中的知识具有完全的外部性，而用于产品生产过程中的知识则具有完全的排他性，外部性保证了经济的持续增长，而排他性保证了知识可以作为一个商品进行生产，因此，知识生产的内生性决定了经济增长也必定是内生性的。

目前，新经济增长理论研究的主要思路有：依靠资本投资的外部性、依靠对知识的直接研究积累技术、依靠生产和积累人力资本，将索罗模型中的知识（A）进行内生化。

（四）熊彼特增长理论

20 世纪 90 年代以来，熊彼特增长理论的兴起极大地丰富和发展了经济增长理论，为内生的技术进步和经济增长提供了一种新的解释。熊彼特增长理论的核心观点是内生的研发和创新是推动技术进步和经济增长的决定性因素。

熊彼特增长理论强调创新、研发和知识积累在推动技术进步和经济增长中的突出作用，因此，这类理论也被称为以研发为基础的增长理论（R&D-based Growth Theory）、以知识为基础的增长理论（Knowledge-based Growth Theory）、以创新为基础的增长理论（Innovation - based Growth

Theory）和以思想为基础的增长理论（Idea-based Growth Theory）。熊彼特增长理论强调的实现经济增长的作用机制是厂商为获得垄断利润不断增加R&D支出，这又增加了知识存量从而推动了技术创新，技术创新又进一步推动了新产品和新方法的实现，进而促进了经济增长。

熊彼特增长理论强调经济增长主要是通过水平创新和垂直创新两种模式实现的。水平创新是指通过研发使生产投入品的种类不断增加，这又进一步促进了专业化，进而促进了技术进步和经济增长。垂直创新是指通过研发使产品质量不断提高，质量高的产品逐步将质量低的产品排挤出市场，进而推动技术进步。水平创新模型也被称为种类扩张模型（Variety Expansion Model），而垂直创新模型也被称为质量梯子模型（Quality Ladder Model）。相对于水平创新框架而言，垂直创新框架具有以下两个特点：①垂直创新框架中有不确定性，通常我们假定创新发生率服从泊松过程，而这种不确定性使得理论与现实经济更相符。②垂直创新框架下的创新是一个创造性毁灭的过程，创新成功的企业会将原来的企业排挤出市场，成为新的垄断者。因此，企业在作投资决策时必须考虑到创新成功的概率以及将来被排挤出市场的概率，亦即企业具有完美预期。水平创新框架的优点在于简洁性，这使其成为分析一系列问题的重要框架，当然，也正因如此，使其在分析一些问题时受限。例如，相对于水平创新框架而言，垂直创新框架更适合分析经济增长过程中“领导者”与“追随者”的竞争问题等。

与新古典增长理论相比，熊彼特增长理论有如下突出特点：①强调经济增长的源泉不同，熊彼特增长理论认为内生研发推动的创新和知识积累是促进技术进步和经济增长的决定性因素；②突破了完全竞争市场的假设，假设中间物品部门的厂商具有一定的垄断权力，企业可以获得垄断利润；③不同于资本，知识具有非竞争性，即使经济中总的资源（资本、劳动等）是有限的，且没有外生技术进步，经济仍可以通过知识积累实现持续增长；④在模型设定上，熊彼特增长模型通常假定经济中存在最终物品生产部门、中间物品生产部门和研发部门三个生产部门，且各部门具有不同的特征；⑤更加强调实现经济增长的微观基础，在该框架下可以更好地研究一系列与产业组织理论紧密相连的问题。

二、实证研究

（一）作用机制研究

部分学者研究了创新对经济增长的作用机制，认为企业创新有利于社会资本积累，进而促进经济增长（Akcomak and Weel，2009）；有学者认为企业创新活动的增加带来了中期全要素生产率增加，进而带动经济增长（Kogan et al.，2017）。有学者通过实证研究证明了国家创新能力和创新驱动的生产率提升是驱动经济增长的重要来源（Fagerberg，Srholec and Knell，2007）。国内部分学者认为，创新能力的提升有利于调整产业结构，进而促进经济增长（丁云龙、李玉刚，2001），且该作用方向是单向的（赵新华、李晓欢，2009）。纪玉山、吴勇民（2007）认为，科技创新在微观层面上是通过规模效应、集聚效应和乘数效应促进经济的增长。严成樑、朱明亮（2016）采用我国30个省份1998—2012年的数据，通过面板数据模型考察了我国R&D投入强度和政府R&D投入对经济增长的影响和传导机制，结果表明，R&D投入强度通过提高全要素生产率和投资率促进经济增长，政府R&D投入对全要素生产率和投资率都有负向影响。

（二）影响因素研究

在创新对经济增长的影响上，大部分学者认为创新对经济增长的影响受地区经济发展程度的影响。朱勇、张宗益（2005）认为，我国欠发达地区的技术创新水平及其对经济增长的贡献度均低于发达地区，由此造成两者之间经济发展差距越来越大。白俊红、王林东（2016）认为，我国东部地区创新驱动能力最高，中、西部次之；创新驱动能够显著促进全国和东部地区经济增长质量的提升，但对中部地区经济增长质量的影响不显著，对西部地区经济增长质量则有显著的负向影响。杨莉莉等（2014）以1993—2010年我国31个省份的面板数据为研究样本，对资源产业依赖如何影响我国省域经济增长及其传导机制进行了实证考察，结果表明，资源产业依赖会抑制创新对经济增长的效应。董利红等（2015）利用30个省际面板数据，从制度质量和技术创新挤出效应的角度对其产生机理进行了基于门槛模型的实证检验，结果表明资源开发对技术创新具有挤出效应。

第三章

资本市场促进企业创新的机制分析

结合第二章关于资本市场发展促进企业创新的相关文献以及我国的实际情况，本章对资本市场促进企业创新的机制进行探讨，主要包括缓解企业融资约束、增加企业用于创新投资的储蓄量、减少公司的财务风险、改善公司内部治理、激发企业家精神、引进国外先进的技术和经验等六个方面。

第一节 缓解企业融资约束

资本市场可以拓宽企业的融资渠道，使企业可以通过发行股票或债券进行直接融资，有利于缓解企业特别是中小企业的融资约束，使企业获得更多用以研发创新活动的资金，扩大了企业的研发创新规模。在传统间接融资模式下，银行等金融机构对贷款审批较为严格，一般都要求企业提供相应抵押或者质押；而中小企业和创新型企业一般处于初创期或成长期，可用于抵押或者质押的资产较少或者不符合要求，在融资时会受到一定的约束，从而不能按需筹集生产经营以及创新活动所用的资金，限制了企业的创新活动。

多层次资本市场的发展拓宽了企业的资金来源，缓解了企业通过银行融资时受到的约束。我国资本市场自建立 30 年来，累计实现股权融资超过 21 万亿元。截至 2020 年底，直接融资存量规模 81.9 万亿元，约占社会融资规模存量的 29%。我国多层次资本市场的各个板块分别为不同规模的创新型企业提供资金支持，科创板定位于支持“硬科技”企业脱颖而出，创业板广泛服务于自主创新和其他成长型创业企业，新三板定位于服务中小企业，北京证券交易所牢牢坚持服务创新型中小企业的市场定位，尊重创新型中小企业发展规律和成长阶段，提升制度包容性和精准性，区域性股权市场对中小企业、创新型企业提供资金支持的主动性和创造性也在不断提高。由此可见，无论何种规模、处于何种阶段的创新型企业，均可通过我国多层次资本市场筹集资金，用于企业研发活动，多层次资本市场通过缓解企业融资约束，促进了企业创新。

就美国资本市场而言，自 20 世纪 30 年代起，美国证券市场就逐渐成为企业融资的主要阵地。目前已拥有 14 个交易所，90 多个另类交易系统，开设了 300 个上市股票交易场所，有 4000 多家证券交易商，可以提供场内和场外交易服务，这些机构为创业创新提供了各个阶段不同需求的融资服务。在这些机构中，纳斯达克、场外交易等成为创新型企业重要的融资市场。1971 年纳斯达克（美国证券交易商协会自动报价系表）的正式运行标志着美国资本与技术相结合时代的到来。纳斯达克分为三个不同的市场，包括电子公告板柜台市场（OTCBB）、粉单市场（Pink Sheets）、私募证券交易（PORTAL）在内的场外交易，为不能在交易所交易的企业提供了更加多元的融资渠道。企业根据自身实际情况和需求选择合适的板块上市。美国还拥有发达的债券市场，债券是美国企业重要的直接融资方式，企业发行债券相对自由，没有地域限制。据美国证券业和金融市场协会（SIFMA）统计，2018 年美国债券市场占 GDP 的比值为 202.28%；债券市场规模超过股票市场，达到 41.69 万亿美元。可见美国发达的资本市场体系可以为企业发展的各个阶段提供资金，从而缓解企业融资约束、促进企业创新。

第二节　增加企业用于创新投资的储蓄量

资本市场的发展改变了我国长期以来单纯依靠银行体系的融资格局，成为重要的货币政策传导渠道，在稳经济、稳金融、稳预期、防范化解金融风险等方面发挥了重要作用。对于企业创新来说，一方面，资本市场可以为企业提供更多用于研发投入的资金，在一定程度上增加了企业的创新活动；另一方面，资本市场也为各类金融机构提供了资金来源，支持国有大型商业银行股份制改革、引入战略投资者和上市融资，及时补充了银行体系的资本金，从而扩大了金融机构对创新型企业贷款的规模，增加了企业的创新活动。可见，资本市场可以直接和间接地为企业提供资金，增加企业用于创新投资的储蓄量，从而促进企业创新。

以微芯生物（股票代码：688321）为例，作为一家创新型生物医药企业，其一贯将创新与研发视为公司的核心竞争力，2016 年、2017 年、2018 年公司研发投入占营业收入的比例分别为 60.52%、62.01%和 55.85%，获得了多项国家、省、市级科研资金的支持。2019 年 8 月 12 日，微芯生物在上交所科创板上市，其是一家旨在为患者提供可承受的、临床急需的原创新分子实体药物，具备完整的从药物作用靶点发现与确证、先导分子的发现与评价到新药临床开发、产业化、学术推广及销售能力的国家级高新技术企业。本次公开发行 5000 万股人民币普通股，募集资金总额为 102150.00 万元，可见微芯生物在科创板挂牌为企业研发活动提供了大量资金，有利于企业未来的创新药物和创新医疗技术的研发。

通过在科创板上市，微芯生物获得了后续研发活动的资金，公司在继续完善核心技术的基础上，将不断获取、开发更多的新型研发技术，以形成持续的核心竞争力，不断提高新产品产业化能力，拓展、完善营销网络，提高信息化水平，加大人力资源管理和高水平人才的引进力度，不断提升微芯生物在国内生物医药行业的市场地位，进一步保持其业界影响力，使得微芯生物开发的原创新药逐步进入国际规范药政市场参与竞争，实现“引领‘中国智造’创新药物和创新医疗技术发展”的宏伟目标，这也体现了资本市场可以为企业提供资金，增加企业用于创新投资的储蓄量，从而促进企业创新的传导机制。

第三节 减少公司的财务风险

传统的银行信贷融资除第一节提到的贷款审批条件外，还严格规定了企业还本付息的年限和每期还款的金额。由于企业创新活动存在较大的风险，一旦企业创新活动失败，不能为企业带来盈利，企业将不能按期如数还款，被银行列入失信名单，严重时还可能破产。因此，传统的银行信贷融资会增加企业的财务风险，在一定程度上抑制了企业家冒高风险进行创新的动机，从而抑制了企业的创新活动。

资本市场可以为企业提供债务融资和权益融资两种新的融资方式。相较于传统的银行信贷融资，债务融资虽然也有还本付息的压力，但是一般融资年限较长，同时随着企业债券发行注册制的实行，审批手续简单，在一定程度上降低了企业的财务风险；权益融资没有还本付息的压力，不会给企业带来财务风险，可以为企业创新活动提供一个好的外部环境。因此，资本市场可以通过引入债务融资和权益融资两种新的融资方式，降低企业面临的财务风险，增加企业的创新活动。

以 360 公司为例，360 公司是一家互联网安全公司，于 2005 年 9 月成立，属于中国领先的互联网安全软件和互联网服务型企业。该公司围绕互联网服务有三个板块：互联网广告服务、互联网增值服务和互联网智能硬件服务。360 公司于 2011 年 3 月 30 日成功登陆纽约证券交易所，股票代码为“QIHU”，其首次公开发行价为 14.5 美元，总计 1.76 亿美元。由 UBS、花旗集团担任其首次公开发行的主承销商，共获得了 40 倍的超额认购。它被认为是 2011 年中国公司在美国市场上最成功的首次公开募股。但是 2015 年以来，受美国整体大环境的影响，360 公司股票出现严重低估，增加了公司再融资的难度，为公司经营带来了风险。同时，国外做空机构持续对 360 公司进行打击，增加了公司财务风险。面对以上情况，360 公司决定在美国退市，回归 A 股。360 公司于 2017 年 12 月 29 日成功通过借壳江南嘉捷（股票代码：601360）回归国内 A 股市场，回归之后 360 公司的 ROE 在 2016—2017 年也顺利回涨至和退市前差不多的数据，而此时正好是 360 公司借壳上市重回 A 股的时间，这间接表明 360 公司在借壳上市期间采取的财务风险控制措施有效降低了公司的各种财务风险，同时使公司获得了稳定的资金来源，有利于促进公司的创新活动。

第四节　改善公司内部治理

公司内部主要存在两类委托—代理问题：一类是股东和经理层之间的

委托—代理问题，被称为第一类代理问题；另一类是控股股东和中小股东之间的委托—代理问题，被称为第二类代理问题。资本市场的发展带来的融资方式，可以在一定程度上解决这两类代理问题。

资本市场可以为企业提供权益融资的平台，扩大企业权益的规模。为了激励管理层，股东一般为通过定向增发或者其他方式给予经理人股权激励，从而缓解公司的第一类代理问题。当经理人拿到公司股权后，其收入将与公司经营业绩挂钩，因而不会做出为了自己利益而损害公司利益的逆向选择和道德风险行为。这时，公司的创新活动会较股权激励之前增加。

资本市场可以通过公开发行股票引入更多中小股东，从而分散大股东的控制权，有利于减轻公司的第二类委托代理问题。《中华人民共和国证券法》第九十条规定："上市公司董事会、独立董事、持有百分之一以上有表决权股份的股东或者依据法律、行政法规或者国务院证券监督管理机构的规定设立的投资者保护机构，可以作为征集人，自行或者委托证券公司、证券服务机构，公开请求上市公司股东委托其代为出席股东大会，并代为行使提案权、表决权等股东权利。""征集投票权"条款体现了法律对企业中小投资者权利的保护。因此，资本市场可以通过引入更多的中小投资者，稀释控股股东权利，通过行使"征集投票权"减轻公司的第二类代理问题，进而促进企业创新活动。

以迈瑞公司为例，迈瑞公司全称为深圳迈瑞生物医疗电子股份有限公司，是国际著名的集研发、设备制造、销售于一体的医疗器械公司，被业内誉为中国医疗器械行业的"华为"。迈瑞公司于1991年成立，起步阶段以医疗器械代理商身份开展相关业务活动，随后自主创新研发了国内第一台血氧饱和监护仪，成功抢占国外医疗器械生产商份额，并开始进行技术和资本积累。2006年9月，迈瑞医疗作为第一家中国医疗器械行业的企业在美国纽约证券交易所成功上市。2018年10月，迈瑞医疗（股票代码：300760）在深市创业板IPO上市，标志着迈瑞成功完成从美国资本市场私有化退市并回归A股。迈瑞医疗上市首日股价上涨20%，超额收益率和累计超额收益率达到22.68%，体现出市场投资者对中概股迈瑞的回归行为持有积极态度，上市首日后的前4个交易日股价保持连续上涨趋势，截至窗口期的最后一个交易日，迈瑞的累计超额收益率达到 58.12%，表明迈瑞回归 A 股市场行为促进了企业的市场表现，企业自身价值和股东财富得到大幅度增长。

在公司回归 A 股之前，迈瑞管理层李西廷、成明和、徐航三人共同间接持有迈瑞境外上市主体即迈瑞国际仅 27.7%的股权。2015—2016 年，李西廷等三人发动管理层私有化协议收购，利用自有资金和借贷国内银行的境外资金完成股份收购，实现迈瑞的私有化退市目标。由于此次私有化收购行为由迈瑞管理层独自完成，没有引入其他股权投资机构，私有化退市后李西廷等三人 100%持有迈瑞股份，实现了对迈瑞的绝对控制，改善了美股上市时期股权分散、管理层和创始人持股过少的股权结构情况，从而改善了公司的代理问题，同时为企业研发活动提供了一个稳定的环境。由此可见，资本市场可以通过改善公司治理来促进企业创新。

第五节　激发企业家精神

党的十九届五中全会强调要把科技自立自强作为国家发展的战略支撑，提出了“完善金融支持创新体系”的明确要求。当前，新一轮科技和产业变革正在重构全球创新版图和全球经济结构，以现代信息技术、人工智能等为引领的数字经济不断改造经济发展模式，数字化将进一步降低供需对接成本，优化传统制造方式，引起生产、流通、分配和就业等领域的连锁反应。在当前的政策背景及国际大环境下，多层次资本市场带来的资金可以激发企业家的创业精神，激励企业进行创新活动。因为，一方面，通过研发创新取得的成果可以降低企业生产成本，为企业带来利益；另一方面，研发创新无论成功与否，都会得到国家的政策扶持，同时也顺应了全球科技和产业革命的趋势。因此，资本市场可以通过激发企业家精神带来企业创新活动的增加。

以英国为例，英国是金融发达国家，在资本市场上通过债务和股权融资为中小企业提供金融服务。但是与大企业相比，中小企业存在融资困难的难题，不利于激发企业家精神、企业开展创新活动。为了解决中小企业融资难的问题，1995 年，伦敦股票交易所推出了另类投资市场（AIM），这是为英国及其国外初创、高成长型的企业服务的市场，可以为这些企业的证券流通提供交易。这个交易所附属于伦敦证券交易所（LES），但相对独立。AIM 依托伦敦国际化金融中心的地位，截至 2017 年，在 AIM 上市的企业数量达到了 973 家，市值约 847 亿英镑。此外，英国还于 1995 年成立了未上市公司股票交易市场（OFEX），其成立的目的是为没有进入伦敦证券交易所主板市场，或者 AIM 挂牌交易的公司股票提供一个可出售股票、实现募集资金的市场，通过对这个市场的培育，使得企业只要达到标准就可以进入 AIM 的市场。通过这两个市场的设立，英国的资本市场体系得到完善，激发了中小企业主的创新精神，进而促进了企业创新。

第六节 引进国外先进的技术和经验

资本市场的发展和完善伴随着资本市场的开放，可以引入更多的外国企业进入国内资本市场，参与国内企业的经营和决策，这将为国内企业带来国外先进的技术和管理经验，在一定程度上促进了企业自身的创新。近年来，随着我国资本市场沪港通、深港通、沪伦通等互联互通机制的实行，QFII、RQFII 投资额度的逐步取消，外国投资者有更多机会参与我国资本市场，进行资产配置。在这个过程中，企业可以通过学习国外企业先进的技术和管理经验，并用于企业自身的研发创新活动，因而企业的创新活动会随之增加。

爱尔眼科（股票代码：300015）是一家以眼科疾病诊疗及视光医疗器械服务为主营业务的企业，于 2009 年在深交所创业板上市。2016 年 12 月，“深港通”交易制度正式启动，资本市场进一步开放，为爱尔眼科等先后被纳入深港通标的企业开辟了广阔的融资渠道。资本市场开放后，公司学习到了国外先进的技术和管理经验，并将其应用于企业研发活动中。截至 2019 年，爱尔眼科全资子公司已延伸至东南亚、欧美等地，全球化医疗网络的构建正在逐步成形。爱尔眼科 2019 年年报显示，2019 年爱尔眼科归属于上市公司股东的扣除非经常性损益的净利润同比增长 32.42%，并已保持多年超过 30%的高增长；其经营活动产生的现金流量净额比上年同期增长 48.47%。2015—2019 年，爱尔眼科经营活动产生的现金流量净额均高于归属于上市公司股东的扣除非经常性损益的净利润，这说明爱尔眼科经营活动具有较强的创造现金流的能力，加权平均净资产收益率较为平稳，盈利较为稳定。由此可见，资本市场的开放可以通过引进国外先进的技术和管理经验，促进企业创新。

第二篇

资本市场与企业创新：国际经验

第四章

多层次资本市场与企业创新：美国经验

第一节 前言

1783 年以前，美国还只是英国的一个殖民地，之后却在短短 200 多年的时间里，一跃成为世界创新技术的领跑者。

迄今为止的四次工业革命为美国科学技术的发展和产业结构的升级奠定了坚实的基础。在这几次工业革命中，引领社会发展的高新技术企业层出不穷，与美国资本市场的发展相辅相成、互相推动。

第一次工业革命诞生于英国，以棉纺织业和蒸汽机相关技术为主。在此之前，英国通过海外殖民地敛获了大量财富和资源，扩大了国内销售市场，积累了大量资本，为第一次工业革命提供了雄厚的经济基础。相较而言，美国起步虽然比英国晚了几十年，但其国土辽阔，拥有着极其丰富的自然资源，还有大量的移民。这些海外移民为刚独立不久的美国带来了大量劳动力，也带来了当时美国发展最为紧缺的先进技术和生产经验。这一系列因素促进了美国利用自身资源发展独立的工业体系，使美国经济得以迅速发展。到 19 世纪上半叶，美国这样一个曾经被英国殖民统治的国家，某些工业领域的发展甚至超越了英国。19 世纪后半叶，美国以其生产品和消费品方面的发明与创新闻名。到 19 世纪末，美国的钢铁产量已经位居全球第一，变成美国经济的支柱产业。至此，尽管绝大部分发明是欧洲人完成的，但美国在科技应用方面却已超越欧洲。到第一次世界大战时期，美国在大规模生产工业领域已经达到全球领先水平。

19 世纪末，在以电力和化学为核心的第二次工业革命中，美国紧随欧洲的步伐，设立了关于电气的首批实验室，成功占得先机。同时，美国远离旧大陆，避免了战争的波及，在南北战争以后，政治上统一，局势稳定，为其资本主义经济的蓬勃发展提供了良好条件。这一时期，美国进行了教育改革，重视义务教育，培育了一大批高级科技人才。不仅如此，由于第一次工业革命发展所带来的资本积累，在 1887—1897 年期间，资金在百万美元以上的美国企业达到 80 多家。其中，至少有 20 多家大型企业分别垄断了各自所在部门的生产和销售。这些垄断企业为了获得竞争优势，不断改进生产技术，对科技的发展起到了推进作用，并为第二次工业革命奠定了坚实的物质基础。这一系列条件，使得美国的电气工程在第二次工业革命时遥遥领先于其他国家。在此期间，美国的汽车产业成为重要的经济支柱，推动钢铁、石油、化工等一系列工业部门的发展，巩固了自己的产业领先地位。尽管美国化学工业在前期远没有德国发展迅速，但到 20 世纪上半叶，美国已经可以和德国比肩了。

在以信息技术为主的第三次工业革命中，美国不断推动科学技术的更替，使其一直保持领先地位。二战结束后，美国和苏联确立了各自的大国地位，并以各自为核心建立联盟，开启冷战时代。一直到 1991 年苏联解体、冷战结束，美国一跃成为全球第一超级强国。美国依靠它在两次世界大战中积累的大量财富，成为世界经济的中心，而大量资本的投入，使得美国在科技领域一路领先，从而巩固了其大国地位，同时为其经济发展注入了更强劲的动力。1946 年，世界上第一台电子数字计算机成功诞生于美国，取名为“ENIAC”。1947 年，贝尔实验室发明了晶体管，建立起美国半导体工业，促进了科技的进步。20 世纪 60 年代，由于美苏冷战持续升级，出于应对设想中受核打击下的指挥问题，美国国防部开始研究一种分散的指挥系统，1969 年 ARPANET 正式启用，又叫作“阿帕网”，而阿帕网正是当今互联网的前身。1981 年，IBM 公司推出了世界上第一台个人电脑。随着资本市场的发展，美国在多层次资本市场的助力下，加大科技创新支持力度，支持企业成长壮大，诞生了苹果、微软、谷歌、亚马逊等众多世界级的创新巨头企业。

目前，全球已进入第四次工业革命，聚焦信息化技术，推动产业变革。美国继续重视计算机领域相关技术的突破，包括大数据、人工智能和虚拟现实等，不断进行创新。美国在其雄厚国力和坚实经济基础的支撑下，继续维持世界创新中心的地位，其资本市场对创新企业的发展继续发挥着重大作用。

分析美国企业创新以及资本市场的发展，我们能看出资本市场对企业创新的影响巨大。同样，企业创新也反作用于美国的资本市场，为其注入了活力。

美国多层次资本市场为创新型企业提供了强大支持。根据市场数据，1980 年 12 月，苹果公司在纳斯达克上市，IPO 融资超 1 亿美元，当日市值达 17. 78 亿美元；1986 年 3 月，微软公司在纳斯达克公开上市，IPO 融资 0. 65 亿美元，当日收盘市值为 6. 92 亿美元；1997 年 5 月 15 日，亚马逊以每股 18 美元的价格，在纳斯达克进行了首次公开募股，IPO 融资 0. 3 亿美元，当日市值为 4. 38 亿美元。事实上，就在上市以前，苹果、微软、亚马逊这三家如今的科技巨头，各项业绩指标都达不到纽交所、美交所的上市标准，只能在纳斯达克 IPO 上市。而截至 2021 年 8 月，苹果、微软、亚马逊的市值分别为 2. 42 万亿美元、2. 12 万亿美元、1. 62 万亿美元，分别成长 1360 倍、3063 倍、3699 倍。倘若当时各交易所上市条件都像纽交所那样严格，那么美国也不会有如今这些市值万亿元级别的科技巨头公司。这些市值万亿元级别的科技公司的成功，离不开美国多层次资本市场的助力。

事实上，资本市场对这些创新型企业除了给予资金支持以外，也对其特殊的制度安排给予了充分包容。例如，AB 股权结构在传统的股票公开上市公司非常罕见，也受到不少人反对，他们认为将大量的权力集中于少部分人的手里是不民主的做法。但是对于科技创新型企业而言，同股不同权有助于科技企业保持创新性和革命性，创始人团队拥有更多的决定权，可以不用为了取悦股东而忽略长远的价值。美国资本市场，无论是现在的纽交所还是纳斯达克，都对科技企业施行双层股权制度的情况给予了支持，接受 AB 股权结构的公司上市。谷歌与 Facebook 都是 AB 股权结构的科技公司。2004 年 8 月，谷歌上市，IPO 融资近 17 亿美元，估值 230 亿美元。2012 年 5 月，Facebook 在纳斯达克上市，其 IPO 融资达到160亿美元，当日市值达到1152亿美元。截至2021年8月，谷歌和Facebook的市值分别达到1.82万亿美元和1万亿美元，分别成长了约80倍和9倍。

本章以美国为例，分析资本市场对企业创新的影响。一大批世界级的创新型、科技型企业在美国诞生，使得美国居于世界创新的中心，并推动了美国经济持续发展。在某种意义上说，美国资本市场在推动企业创新方面是功不可没的。美国高科技产业的腾飞、企业技术创新的进步，离不开美国强大的资本市场支持，它对促进美国经济持续增长发挥了重要作用。

第二节 股权市场与企业创新

一、美国多层次股权资本市场

美国多层次股权资本市场主要体现在不同的功能性分类上。不同的资本市场分类满足企业和投资者不同的需求。交易所市场以融资和上市为主，包括全国性交易所市场如纽交所和纳斯达克，以及区域交易所市场如芝加哥交易所、太平洋交易所、费城股票交易所等。

随着科学技术的发展，出现了新的另类交易系统，如电子通信网络（ECN）、黑池（Dark Pool）等也发挥着类似交易所的功能，它们既不属于交易所市场层次，也不属于场外市场层次，作为一种单独的资本市场层次，主要是自动匹配买方和卖方的交易系统。

场外交易市场（OTC Market）是美国资本市场一个非常重要的层次，场外交易市场由于其包容性、多样性、灵活性在中小型企业的发展历程中起到了至关重要的作用。此外，还有一些特殊市场，如私募证券市场PORTAL系统以及投资者之间直接交易所形成的第四市场等。因此，我们将美国股权资本市场体系大致分为4个层次，如图4-1所示。

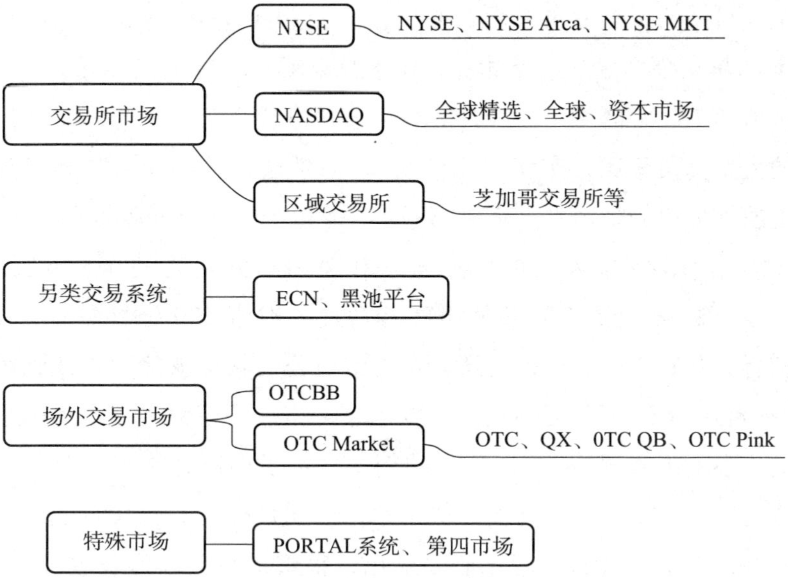

图 4-1　美国资本市场层次

（一）交易所市场

1. 纳斯达克市场

纳斯达克市场的发展经历了三个重要历程，从创建到划分为三个不同板块，历经 30 余年的时间（见表 4-1）。

表 4-1　纳斯达克市场的发展历程

1975—1982 年	1982—2006 年	2006 年至今
纳斯达克市场	纳斯达克全国市场	纳斯达克全球精选市场
		纳斯达克全球市场
	纳斯达克小型资本市场	纳斯达克资本市场

20 世纪 70 年代初，纳斯达克仅从事报价功能的独立系统，5 年后纳斯达克从报价系统转为具有上市功能的交易所市场，拥有自己特有的上市标准。

在纳斯达克建立之初，其上市标准依然是针对传统行业，由于其最初只是一个场外交易系统，大多数大型公司对其信心不足，其交易量相比纽交所有很大的差距。而后，纳斯达克采用了电子报价的方法，同时恰巧赶上美国高科技的迅猛发展阶段，吸引了大批中小企业和高科技企业挂牌。1980 年，苹果公司登陆纳斯达克，IPO 融资额略超过 1 亿美元，IPO 首日收盘市值达 17.78 亿美元，当时的苹果公司刚成立几年，与许多在纽交所上市的大型公司相比，实属“小朋友”，但是这位“小朋友”却成为美国历史上发展最快的公司。上市后第一年，苹果公司的营业收入达到 3.35 亿美元；第二年，苹果公司的营业收入和净利润分别达到 5.83 亿美元和 6100 亿美元；第三年，苹果公司就已经进入财富 500 强榜单，排第 411 位。拥有如此好成绩的苹果公司，在上市前公司状况依然远未达到纽交所“净有形资产 1600 万美元”的上市要求，上市后的市值规模也远远小于纽交所的许多上市公司。[①] 苹果公司的例子显示了纳斯达克市场对企业创新的促进作用。事实上，有许多类似于苹果公司这样的高科技企业，它们在上市之初，由于大量的费用化研发支出，很难具有较高的营收和净资产。这样的情况就会使得这些中小型的高科技企业很难达到交易所上市的苛刻条件。纳斯达克的出现为许多中小型高科技企业提供了融资渠道，解决了高科技企业融资难的问题，在一定程度上推动了美国高新技术产业的发展。纳斯达克在短时间内让大量高科技企业一飞冲天，巨大的财富效应让纳斯达克知名度大幅提高。纳斯达克开始将重心转移到中小企业和高科技企业。

到 1982 年，在包括苹果公司在内的部分高科技企业市值及交易占了整个纳斯达克市场相当大比例后，纳斯达克管理层开始思考一种更加高效的企业上市方法，以匹配不同企业的差异化条件和融资需求管理。纳斯达克市场在考虑到大型企业和中小型企业的不同情况后，将纳斯达克市场分为纳斯达克全国市场和纳斯达克小型资本市场。两个市场仍在一个报价系统中进行报价，都属于全国性市场，只是纳斯达克针对两个板块的上市标准不一样，小型资本市场的上市标准明显低于全国市场，主要是针对中小型企业融资上市，全国市场的上市标准较高，主要针对具有良好资产和营收的大型企业融资上市。这样的分层使得纳斯达克的服务范围更加广泛，不

① 上海证券交易所资本市场研究所．资本市场与企业创新——理论与国际经验［M］．上海：格致出版社，2020：194-195.

仅兼顾到中小企业，同时也为知名的大型企业开拓了融资渠道，这些大型企业不仅包括传统行业中的大型企业，也包括从小企业出身的已经初具规模的大型高科技企业。

表 4-2　纳斯达克 IPO 规模统计结果（1980—2005 年）

时间段	数量/家		筹资额/亿美元	
	总数	年均	总额	均值
1980—1990 年	1539	140	315	0.2
1991—1997 年	2612	373	1157	0.4
1998—2000 年	1040	347	1004	1.0
2001—2005 年	416	83	460	1.1
合计	3607	216	2936	0.5

资料来源：上海证券交易所。

从表 4-2 中可以看出，纳斯达克市场在经过分层之后，登陆纳斯达克的公司明显增多，这为许多高科技企业获得直接融资提供了更好的条件。纳斯达克的分层让许多中小企业和新兴高科技企业有机会获得融资支持，促进了社会高新技术企业的发展，吸引了很多高科技企业登陆纳斯达克市场，使其成为大量新兴高科技企业的上市首选之地。1986 年微软上市、1990 年思科上市、1996 年雅虎上市、1997 年亚马逊上市、2004 年谷歌上市，这些信息科技企业在纳斯达克市场获得融资支持之后的迅猛发展，也使纳斯达克市场在全球的知名度大幅提升。这些高科技企业上市后的高速成长吸引了全世界的投资者，这无形中为纳斯达克市场做了代言，使得纳斯达克迅速成为集聚创新型、高成长企业的资本市场。

20 世纪初，互联网泡沫破灭，许多高科技企业都面临破产，容纳大量高科技企业的纳斯达克也备受牵连，被迫关闭了欧洲与日本的子公司。同时，证券市场出现大量公司治理丑闻，其中 2001 年的安然公司财务造假以虚增利润之多、涉事人员之广、影响程度之恶劣为全世界所关注。一件件丑闻浮出水面，引发了美国最严重的一次资本市场信任危机。为了改变这一状况，美国国会颁布了《萨班斯—奥克斯利法案》(*Sarbanes-Oxley Act*)，通过对公司治理、会计职业监管、证券市场监管等多个方面做出许多新的规定，完善美国证券法治系统。这样的市场变化也让纳斯达克开始反思，是否在利用较低的上市标准吸收中小企业的同时加大了纳斯达克市场的不稳定性和风险。于是纳斯达克开始将重心向大型蓝筹股公司偏移，2004年，纳斯达克说服了即将在纽交所上市的大型高科技电脑公司——惠普登陆纳斯达克，成为美国首家在两个交易所上市的公司，打破企业只能选择一家交易所上市的历史行规。纳斯达克通过吸引大型蓝筹股公司上市，一方面提升了自身的稳定性，另一方面也为中小企业继续登陆纳斯达克提供了可靠的市场条件。同时，《萨班斯—奥克斯利法案》的颁布，也让纳斯达克对中小企业的管理更加严格，从而可以提升上市公司的质量，重建投资者信心。在这一时期，纳斯达克不断加强自身的自律监管，强化信息披露，小幅度修改上市标准，略微提升了上市门槛。

从表4-3中可以看出，2000年之后，纳斯达克市场IPO数量显著减少，但是在筹资总额大幅度下降的情况下，每家企业的筹资均值显著上升，这说明在2001—2005年，在纳斯达克市场上市的公司以大型蓝筹股为主，市场进一步由高速膨胀变为稳步向前。

表4-3　纳斯达克IPO规模统计结果

时间段	数量/家		筹资额/亿美元	
	总数	年均	总额	均值
2001—2005年	416	83	460	1.1

资料来源：上海证券交易所。

从2006年开始，全球开始出现大量企业之间的收购和兼并，伴随着2008年国际金融危机大爆发，监管政策和市场环境的改变促使以股票现货交易为主的传统交易所面临重大的转型升级压力。2012年，美国为了促使新经济发展、扶持新兴企业和中小企业，颁布了《创业企业促进法》，并对美国的证券法进行了大幅度修订，为中小企业融资提供了诸多便利。出于可持续性发展的考虑，纳斯达克开始进行新一轮改革和调整。首先，对纳斯达克进行再次分层，针对不同企业颁布差异化的上市标准，设立了针对大型优质公司的全球精选市场，将原全国市场改为面向中型企业的全球市场，将小型资本市场改称资本市场针对小微企业，并正式注册成为全国性证券交易所。纳斯达克多样化的上市标准和分层管理为不同类型的企业在纳斯达克上市提供了便利，有利于企业根据自身情况选择板块进行上市融资，为更多中小微企业提供了长期股权资金支持，可以促进这些企业加大创新投入。同时纳斯达克还设立了一套转板机制，使得全球市场板块和资本市场板块的中小企业在满足条件后，可以直接升板进入全球精选市场，简化了上市流程，减少了上市等待时间，为企业争取了更快的通道，加快了资本在板块中的流转速度。其次，转板机制中也规定纽交所主板企业可以直接进入纳斯达克，以加快资本在不同市场的流转速度。除了为纳斯达克市场的“小转大”提供了快速通道之外，该转板机制也为“大转小”提供了便利，使某些经营状况不佳的大型企业也能够先转入全球市场板块和资本市场板块，积蓄力量，再谋发展。这样灵活的转板机制，为企业提供了喘息的机会，对企业的长期发展有着良好的促进作用，也使企业能够更加关注长期发展，将更多的资源用于创新投入，而不是一味追求短期效益的增长。

（1）纳斯达克全球精选市场

这是全球首次上市标准最高的市场。对于首次公开发行，公司需要满足相应的财务条件（见表 4-4）、流动性要求（见表 4-5），同时还规定有维持上市资格的要求（见表 4-6）。这是纳斯达克最高级别层次的上市要求，不拘泥于收入和利润，只要符合其中一个标准就可以申请 IPO。

表 4-4　纳斯达克全球精选市场首次公开发行的财务条件

要求	标准一	标准二	标准三
税前利润/收入	前三个会计年度累计大于等于 1100 万美元，并且要两个会计年度每年大于等于 220 万美元，并且前三个会计年度每年的税前收入均为正值	无	无
现金流	无	前三个会计年度累计大于等于 2750 万美元，并且前三个会计年度每年现金流均为正值	无
公司市值	无	前 12 个月平均大于等于 55000 万美元	前 12 个月平均大于等于 85000 万美元

续表

要求	标准一	标准二	标准三
收益	无	前一个会计年度大于等于11000万美元	前一个会计年度大于等于9000万美元
股价	4美元	4美元	4美元
做市商	3个或4个	3个或4个	3个或4个
公司治理要求	符合	符合	符合

表4-5　纳斯达克全球精选市场首次公开发行的流动性要求

要求	首次公开发行和剥离公司	成熟公司：目前存在普通股或类似交易的公司
持有100股以上股份的股东数量/股东总数/股东总数，并且过去12个月里平均每月的交易量	450名以上/股东总数在2200名以上/无	450名以上/2200名以上/股东总数在550名以上，并且过去12个月里平均每月的交易量在110万美元以上
公众持股的股份数	1250000股	1250000股
公众持股股份的市场价值/公众持股股份的市场价值与股东利益	7000万美元以上/无	11000万美元以上/公众持股股份的市场价值在10000万美元以上，同时股东权益在11000万美元以上

表4-6　纳斯达克全球精选市场维持上市资格要求

要求	权益标准	市值标准	总资产/总收益标准
股东权益	1000万美元	无	无
已发行证券市值	无	5000万美元	无
总资产和总收益（最近一个会计年度，或最近三个会计年度中的两年）	无	无	5000万美元和5000万美元
公众持股数	75万股	110万股	110万股
公众持股股份市值	500万美元	1500万美元	1500万美元
发行价	1美元	1美元	1美元
总股东数/个	400名	400名	400名
做市商数量	2个	4个	4个
公司治理要求	要求	要求	要求

（2）纳斯达克全球市场

要想在纳斯达克全球市场首次发行，必须满足严格的财务、资本额和共同管理等指标的要求，公司在表 4-7 所示的四个标准中应至少满足一项。在该市场中有一些全球知名的大公司。

表 4-7　纳斯达克全球市场首次发行条件

要求	收入标准	权益标准	市值标准	总资产/总收益标准
缴纳所得税之前基于持续经营而产生的收入（最近一个会计年度或最近三个会计年度中的两年）	100 万美元	无	无	无
股东权益	1500 万美元	3000 万美元	无	无
上市证券市值	无	无	7500 万美元	无
总资产和总收益（最近一个会计年度或最近三个会计年度中的两年）	无	无	无	7500 万美元和 7500 万美元
公众持股数	110 万股	110 万股	110 万股	110 万股
公众持股的股票的市值	800 万美元	1800 万美元	2000 万美元	2000 万美元
发行价	4 美元	4 美元	4 美元	4 美元
股东数（持有 100 股以上股份的股东）/个	400 名	400 名	400 名	400 名
做市商数量/个	3 个	3 个	4 个	4 个
运营历史	无	2 年以上	无	无
公司治理要求	符合	符合	符合	符合

（3）纳斯达克资本市场

资本市场层是纳斯达克要求最宽松的层次。我们可以看到“所有者权益标准”和“市值标准”，但是没有利润和收入要求。虽然说几乎任何公司都可以在这里上市，但是为了满足纳斯达克这些严格监管的要求，实际上一家没有持续现金流的企业是难以为继的。如果企业主营业务不能持续地创造足够的现金流，即使登陆了纳斯达克，之后维持上市所需的费用以及时间成本也会给企业带来沉重的压力。纳斯达克资本市场首次发行条件及维持上市资格要求分别如表 4-8、表 4-9 所示。

表 4-8　纳斯达克资本市场首次发行条件

要求	权益标准	已发行证券市值标准	净收入标准
股东权益	500 万美元	400 万美元	400 万美元
公众持有股份的市值	1500 万美元	1500 万美元	500 万美元
运营历史	2 年	无	无
发行证券的市值	无	5000 万美元	无
基于持续经营而产生的净收入（最近一个会计年度或最近三个会计年度中的两年）	无	无	75 万美元
发行价	4 美元	4 美元	4 美元
公众持有股份数	100 万股	100 万股	100 万股
股东（持有 100 股以上股份的股东）	300 名	300 名	300 名
做市商	3 个	3 个	3 个
公司治理要求	要求	要求	要求

表 4-9　纳斯达克资本市场维持上市资格要求

要求	权益标准	已发行证券的市值标准	净收入标准
股东权益	250 万美元	无	无
已发行证券市值	无	3500 万美元	无
基于持续经营而产生的净收入（最近一个会计年度，或最近三个会计年度中的两年）	无	无	无
公众持股数	50 万股	50 万股	50 万股
公众持股股份市值	100 万美元	100 万美元	100 万美元
发行价	1 美元	1 美元	1 美元
总股东数	300 名	300 名	300 名
做市商数量	2 个	2 个	2 个
公司治理要求	要求	要求	要求

在纳斯达克实现了三级分层的制度之后，对中小型企业更加友好，对不同标准的企业有了不同的上市要求，建立了一个逐渐优化的企业动态成长路径，制造了更多的 IPO 及转板机会。

纳斯达克全球精选市场中企业数量从 2006 年的 1187 家增长到 2016 年

的1564家，保持稳定增长趋势，吸引了全球范围内的优质企业，提升了纳斯达克市场的竞争力与高端品牌形象，这也是纳斯达克能够与纽交所形成激烈竞争的关键。纳斯达克全球市场企业数量逐年递减，从2006年的1479家下降到2016年的817家，除了金融危机导致的企业退市外，还有部分企业上升至更高级市场的原因。纳斯达克资本市场则始终保持对中小企业的吸引力，挂牌企业数量较为稳定，2016年增长至823家，占比为25.5%。

从表4-10中可以看出，在进行三板分层制度之后，和2006年之前相比，纳斯达克IPO数量又有了一次显著的提升，说明此次改革对资本市场企业的上市形成了很大的推动作用。

表4-10 纳斯达克IPO规模统计结果

时间段	数量/家		筹资额/亿美元	
	总数	年均	总额	均值
2006—2015年	994	99	1517	1.5

资料来源：上海证券交易所。

资本市场的多层次性可以促进生产要素的自由流动。资本市场作为资金的供给场所，如果结构单一就很难满足不同发展阶段，特别是运用新技术、开发新产品、创新性管理的企业的需要，如果存在结构单一的缺失，市场就无法通过价格机制将资金导向收益较高的企业，而这些企业得不到需要的资金进行发展，科技创新就会随之减缓许多。

资本市场的优胜劣汰机制有利于甄选和识别最终有发展前景的高新技术产业，并为其提供融资支持，确保高新技术顺利实现产业化。尤其是多层次资本市场中的新兴市场，除了具备传统资本市场进行资源配置的基本功能包括融资、监督和规范、风险分担和激励约束外，还具有新兴产业培育、风险资本退出和扩大资本市场有效边界的特殊功能。

这正是多层次资本市场的优势所在，也是纳斯达克市场持续发展，并进行两次分层改革，包容更多企业的原因所在。正是资本市场的多层次发展，为高新企业和中小企业的发展添砖加瓦，在高新企业促进美国经济发展的过程中，资本市场不断发挥自身的催化作用，为每次技术革命中诞生的新兴企业注入了资本的活力。

将分层与退市、转板等制度相结合，也有利于保持资本市场的自我净化功能。纳斯达克将成交活跃、市值规模大的企业群独立起来形成专门的市场板块，单独对外推广，吸引了更多投资者的关注，以及更多优质企业的加入，大大提升了整个市场的影响力。实施“升板自愿、降板强制”的原则，不符合市场要求的企业更是被强制退市，通过这些制度设计，将好的企业纳入较高层次，把不符合要求的企业转入更低层次甚至剔除资本市场，从而保持了资本市场的自我净化功能。

2. 纽交所市场

长期以来，纽交所的定位一直是大型蓝筹股市场，其制定了较高的上市标准，主要服务对象为大型蓝筹公司，通常被认为是美国优质的“主板市场”。

20 世纪 80 年代，中小企业如雨后春笋般遍布美国，为支持中小企业发展，拓展其融资渠道，美国国会通过了《小企业投资促进法》（*Small Business Investment Incentive Act*），希望能帮助中小企业融资以扶持其各类技术创新的研发。在国家政策的推动作用下，美国资本市场开始大力支持新兴产业发展。新兴企业一般具有前期投入大、风险大、有形资产少、盈利少的“两大两少”的特点，与纽交所的服务对象并不是十分吻合。为协助国家政策的实施，同样保留纽交所“优质主板市场”的定位，纽交所主要通过调整上市标准、适当降低上市标准中的盈利指标等方式，吸引新兴高科技企业在纽交所上市，并在此后，持续推动上市条件多元化，不断降低对拟上市企业的盈利要求。纽交所市场首次公开发行的上市标准（1980—2000 年）如表 4-11 所示。

表 4-11　纽交所市场首次公开发行的上市标准（1980—2000 年）

项目	美国国内公司上市要求	非美国公司上市要求
税前利润/收入	公司最近一年的税前盈利不少于 250 万美元	上市前两年，每年税前收益为 200 万美元，最近一年税前收益为 250 万美元；或三年必须全部盈利，税前收益总计为 650 万美元，最近一年最低税前收益为 450 万美元；或上市前一个会计年度市值总额不低于 5 亿美元且收入达到 2 亿美元的公司；三年调整后净收益合计 2500 万美元（每年报告中必须是正数）

续表

项目	美国国内公司上市要求	非美国公司上市要求
公司市值	公司的有形资产净值不少于4000万美元	最低市值公众股市场价值为4000万美元，有形资产净值为4000万美元
流通股数	社会公众拥有该公司的股票不少于110万股	最低公众持股数量和业务记录公司最少要有2000名股东（每名股东拥有100股以上）；或2200名股东（上市前6个月月平均交易量为10万股）；或500名股东（上市前12个月月平均交易量为100万股）；至少有110万股的股数在市面上为投资者所拥有（公众股110万股）
公司治理要求	符合	符合

资料来源：上海证券交易所。

表4-12 纽交所IPO规模统计结果（1980—2005年）

时间段	数量/家		筹资额/亿美元	
	总数	年均	总额	均值
1980—1990年	494	45	809	1.6
1991—1997年	933	133	2157	2.3
1998—2000年	192	64	1019	5.3
2001—2005年	414	83	1976	4.8
合计	2033	78	5961	2.9

资料来源：上海证券交易所。

从表4-12中可以看出，纽交所一直是备受大型蓝筹股青睐的上市市场，其IPO公司的数量较纳斯达克少，但是筹资额和平均筹资额都较纳斯达克有很大的区别。在此之前，纽交所一直没有内部分层，直到进入21世纪后，纳斯达克通过分层成立了全球精选市场并不断吸收纽交所的上市公司，纽交所被迫推行内部分层改革以应对纳斯达克的猛烈攻势，并在2006年通过借壳方式收购群岛交易所成为上市公司。

收购后，纽交所首先是增加了一个高增长板（NYSE Arca）来抢占市场份额，该板块与主板的区别只是交易方式不同，在上市标准、投资者门槛方面并没有区别。但是此举可以说是老牌交易所初涉中小板的一次试水。

2008年，纽交所收购美国证券交易所（AMEX），增设NYSE Alternext US板块，并专注于中小企业的服务。鉴于NYSE Arca与NYSE Alternext US板块上市条件相似，2008年10月，纽交所终止NYSE Arca的股票上市服务，仅提供股票交易服务，2009 年，NYSE Alternext US 板块改名为 NYSE Amex；2012 年更名为 NYSE MKT；2017 年又更名为 NYSE America。分层改革之后，许多没有资格进入主板的企业可以先在 NYSE America 上市，待满足条件后直接转板 NYSE。目前，纽交所共有主板（NYSE）、中小板（NYSE America）和高增长板（NYSE Arca）。主板主要服务大中型企业，提供股票上市和交易服务；中小板主要服务市值规模较小、处于初创阶段的高成长企业，为其提供股票上市和交易服务；高增长板主要提供股票交易服务、交易所交易产品（ETPs）的上市和交易服务。纽交所市场主板首次公开发行的上市标准、财务指标、发行指标分别如表 4-13、表 4-14、表 4-15 所示。

表 4-13　纽交所市场主板首次公开发行的上市标准（截至 2020 年底）

指标	要求	非美国国内公司上市要求	美国公司上市要求
发行指标	整手（Round lot）股东	≥5000 名	≥400 名
	公众持股	≥250 万股	≥110 万股
	公众持股市值	其他形式上市≥1 亿美元 管理公司上市≥6000 万美元	≥4000 万美元
	发行价格	≥4 美元	≥4 美元
财务指标	利润标准（经调整税前净利润）	最近三个会计年度均为正，且累计≥1 亿美元；且最近两个会计年度均≥2500 万美元	最近三个会计年度均为正，且累计≥1000 万美元；且最近两个会计年度均≥200 万美元
	市值+收入标准	上市时市值≥7.5 亿美元	上市时市值≥2 亿美元
		最近一个会计年度总收入≥7500 万美元	
	市值+现金流标准	最近三个会计年度经调整现金流≥1 亿美元，最近两个会计年度调整现金流均≥2500 万美元	无
		上市时市值≥5 亿美元	
		最近一个会计年度总收入≥1 亿美元	
	管理公司上市标准	适用于纽交所已上市的关联公司市价总值≥5 亿美元	无
		公司经营年限≥12 月	

资料来源：纽约证券交易所官网。

表 4-14　纽交所市场首次公开发行的财务指标（截至 2020 年底）

分类	标准 1	标准 2	标准 3	标准 4a	标准 4b
税前利润	75 万美元				
市值			5000 万美元	7500 万美元	
总资产 & 总收入					7500 万美元
公众流通股市值	300 万美元	1500 万美元	1500 万美元	2000 万美元	2000 万美元
股东权益	400 万美元	400 万美元	400 万美元		
最低发行价	3 美元	3 美元	2 美元	3 美元	3 美元
经营历史		2 年			

资料来源：纽约证券交易所官网。

表 4-15　纽交所市场首次公开发行的发行指标（截至 2020 年底）

分类	标准 1	标准 2	标准 3
公众持股股东数量/名	800	400	400
公众持股量/股	50 万	100 万	50 万
日均交易量（前 6 个月）/股			2000 万

资料来源：纽约证券交易所官网。

表 4-16　纽交所 IPO 规模统计结果

时间段	数量/家		筹资额/亿美元	
	总数	年均	总额	均值
2006—2015 年	842	84	4081	4. 8

资料来源：上海证券交易所。

从表 4-16 中可以看出，纽交所在进行了分层改革之后，其 IPO 企业数量明显增加，与纳斯达克在上市条件与交易方式等方面的差距越来越小，形成了全面竞争关系。

作为美国的老牌证券交易所，纽交所在美国资本市场的地位是不可撼动的，但纽交所没有故步自封，而是跟随美国经济的发展，不断调整其上市制度和内部板块，以满足更多种类的企业融资需求，为企业技术创新提供了推动力，并成功通过调整转型升级，提升了自身服务实体经济的能力。

同时，除了纽交所对企业的融资支持外，资本市场上的股权激励制度也能够促进企业创新。股权激励制度将员工福利与企业的绩效联系在一起，为企业留住了更多的科研人员。这是由于股权激励所要求的服务期限较长，可以有效促使企业核心技术人员投身于技术工作。同时，大部分的股权激励计划除了有一定的服务期限条件外，还设定了一系列的市场条件，这样可以让企业的核心技术人员与公司未来发展联系在一起，使其投身于对公司未来可持续性发展具有促进作用的科研项目，与公司一同成长，从而推动企业创新。

另外，资本市场的资源配置功能有利于推动资源的流动，实现有效配置。首先，资本市场可以通过信息披露和信号传递将资本由低效率企业转向高效率企业，使具有高创新效率的部分能够获得更多的资本支持，提升资源的利用效率。其次，资本市场能够通过兼并收购，重组公司资源；公司之间的研发团队能够相互协同互补，通过合并提高整体的创新能力。经营稳定的大公司兼并高科技小公司，大公司能够获得高科技小公司的技术，高科技小公司能够得到大公司的资本支持，实现双赢，在提升大公司自身创新水平的同时也能够盘活小公司，使资本利用效率和创新产出效率都有所提高。

（二）区域交易所市场

美国的区域交易所可以说是全国性交易所的前身。当前还存续的只有芝加哥期权交易所（CBOE）。大部分区域交易所由于全国性交易所的诞生，其资本流动性差的劣势日渐凸显，多数区域交易所被迫关闭或者被收购。

以费城交易所为例，它是美国最早的交易所，也曾经有希望成为美国最大的交易所。1817 年，伊利运河的修建将纽约同五大湖连接起来，纽约逐步发展为美国的商业中心，纽交所也逐步超过费城交易所，成为全国性的交易所。

费城交易所作为区域交易所，因占有全美国证券成交金额一定比例的市场份额而维系下来。二战后它也面临纳斯达克市场的冲击，市场占有率不断下降。2007 年，费城交易所被刚成为交易所的纳斯达克收购，成为其子公司，终结了其作为独立区域交易所的历史（见表 4-17）。

表 4-17　美国区域交易所

地区交易所	城市	成立时间	结局
波士顿股票交易所	波士顿	1834 年	于 2007 年被纳斯达克并购
芝加哥期权交易所	芝加哥	1973 年	存续
国际交易所	泽西市	1885 年	于 2017 年被纽交所并购
太平洋交易所	加利福尼亚	1973 年	于 2006 年被纽交所并购
费城股票交易所	费城	1790 年	于 2007 年被纳斯达克并购

资料来源：纳斯达克官网、国联证券研究所。

虽然美国的区域交易所由于战争、交易系统的落后、资金流动性不足等原因难以维持其生存，但是在美国经济发展的初期，这些区域交易所作为后续出现的全国交易所的前身，为企业提供了最原始的资金支持，对美国产业升级和企业创新及发展有一定的奠基意义。

二、另类交易系统

另类交易系统（ATS）是指在交易所之外以匹配成交买卖双方委托指令为目的的交易平台。按照交易特点的不同，ATS 大致可以分为以持续公布价格信息及非持续公布价格信息两类自动配对系统，前者以电子通信网络（ECN）为代表，而后者以黑池（Dark Pool）最为显著。

早在 20 世纪 70 年代，ATS 就和纳斯达克几乎同时出现在美国资本市场上，两者都是利用先进的信息技术促进交易，但与纳斯达克最大的不同在于，ATS 只为投资者提供交易平台，而纳斯达克还具有融资和上市的功能。因此，ATS 在证券市场中扮演的是经纪商的角色。

（一）电子通信网络（ECN）

ECN 诞生于 20 世纪 70 年代，当时仅在机构投资者、经纪商与做市商间使用。另类交易系统可以根据客户需求进行设计，没有经纪商赚差价，不仅交易机制灵活、费用低，而且不受交易时间和地域限制，因而受到机构投资者的普遍欢迎，规模不断扩大。直到 1997 年，ECN 才被纳入监管。

ATS 交易的不透明性使得同一证券在不同交易系统可能存在价格差异，

进而造成投资者利益损失。1994 年，SEC 调查发现，纳斯达克的做市商会通过合谋损害投资者利益。1997 年，SEC 要求做市商将投资者的限价委托公布在纳斯达克市场或者某个 ECN 报价上，以减少暗箱操作空间，ECN 开始进入公众视野。1998 年，SEC 颁布了《ATS 条例》，把另类交易系统纳入监管范围。监管政策的明朗化促进了 ECN 的发展。据统计，纳斯达克有 30%~40%的成交金额是在 ECN 完成的，纽交所也有 4%。

根据《ATS 条例》，ECN 可以注册成为交易所，这样在办理结算、交割时所需资本金会大大减少。该条例颁布后，Island、Archipelago 等具有一定规模的 ECN 注册成了交易所，而有些 ECN 则转变为纯粹的经纪代理公司，以收取佣金为主。

（二）黑池（Dark Pool）

Dark Pool 于 2005 年诞生，其本质是一个主要为机构投资者从事大宗交易服务的匿名批发市场。交易所单笔交易规模较小，如果机构投资者想进行大宗股票交易，需要在一段时间内连续下多笔订单，对市场形成冲击，进而影响其自身买入或卖出策略。鉴于此，匿名交易平台应运而生，在平台上单笔交易规模可达到百万美元。2005 年，高盛推出 SIGMAX，成为世界首个 Dark Pool 交易平台，紧接着摩根士丹利和瑞银分别推出 MS Pool 和 PIN 自动交易系统。

鉴于 Dark Pool 的匿名性、低佣金以及大额交易等功能，其部分填补了交易所市场的空白。短短 10 年，Dark Pool 就成为美国证券市场的重要组成部分。2015 年 5 月，Dark Pool 交易占美国股票交易比例超过 17%。

如此大规模交易发生在交易所之外，使得交易所公开价格的真实性存疑，还可能发生损害中小投资者的内幕交易。此外，随着竞争的加剧，部分 Dark Pool 平台单笔交易规模降低至数千美元，与交易所正面竞争。因此，提高透明度、加大监管的呼声越来越高，Dark Pool 开始面临整顿。

另类交易系统有一个共同特点就是没有经纪商赚差价，交易机制灵活、费用低，而且不受交易时间和地域限制，因而受到机构投资者的普遍欢迎，规模不断扩大。虽然 ATS 只是提供交易平台，但是其自动化匹配订单的模式替代了传统经纪人交易模式，大幅提高了证券市场交易效率。虽然其交易透明度较低，但是该特点受到机构投资者的热烈欢迎。一些中小企业能够通过 ATS 进行快速交易，在一定程度上促进了中小企业的股票流通。

三、场外市场

20 世纪初，美国各地分布着众多的柜台交易市场。1904 年，一家从事印刷和出版业务的私人公司开始向投资者提供统一报价服务，涉及 5000 多种债券和 1 万多种股票，形成了最初的全国性场外交易市场。由于这家公司用粉红色纸张刊印数据，因此被称为粉单市场（Pink Sheet）。

1971 年，全美证券交易商协会从粉单市场上挑选出 2500 家相对优质的企业进行交易，形成场外市场的高端市场，并于 1990 年推出《廉价股票改革法》，其余则形成便士股票市场。1990 年美国推出《廉价股票改革法》，旨在提高场外市场的透明度。同时，美国证券交易委员会（SEC）要求美国纳斯达克市场创建和管理一个场外柜台交易系统，于是为了规范场外市场，也给予中小型企业一个更好的融资渠道。美国将便士股票市场进一步细分为公告板柜台市场（OTCBB）与粉单市场。

美国的第四层次市场由公告板柜台市场、粉单市场、OTC 灰色股票市场和场外大宗交易市场构成。公告板柜台市场、粉单市场和 OTC 灰色股票市场主要为中小企业提供股权融资服务。

与交易所相比，公告板柜台市场进入门槛低，对企业没有规模或盈利上的要求，只要有三名以上的做市商愿意为该证券做市，企业股票就可以在公告板柜台市场上交易了。这对很多达不到上市标准的中小企业提供了相当大的资金帮助。同时，从纳斯达克资本市场摘牌的股票，可以转到公告板柜台市场进行交易。

在公告板柜台市场上交易的公司并不需要向 SEC 提交任何财务信息报告，且公司的股票也无须满足任何条件。直至 1999 年 1 月，SEC 才允许纳斯达克要求在公告板柜台市场进行交易的公司提交审计后的季报和年报数据给美国政府。这样大大增加了 OTC 股票的透明度。2000 年初，互联网泡沫破灭，金融条例FD（*Regulation FD*）的发布和《塞班斯法案》（*Sarbanes-Oxley Act*）的推行，使得信息披露的标准越来越高，所需的成本也越来越大，尤其是对于一些小公司而言，信息披露的成本更是超过了其承受能力。2008年国际金融危机爆发，越来越多的股票从纳斯达克退至公告板柜台市场，又从公告板柜台市场离开，进入粉单市场。

粉单市场的功能就是为那些未在交易所挂牌上市、不满足挂牌上市条件的股票或者为避免“披露要求”而从公告板柜台市场退到粉单市场的证券等提供交易流通的报价服务。在粉单市场报价没有进入门槛，没有财务要求，不需要发行人进行定期和不定期的信息披露，只要做市商填写一份真实反映发行人当前最新状况的表格并提交市场审核即可。粉单市场要求的报价条件很低，且没有信息披露要求，投资风险很大，因此参与粉单市场的主要是那些喜欢冒险的激进投资者及风险投资人。但是这样的风险同样成了许多初创中小企业成长的摇篮，一方面，投资者可以对看好的当前发展不显著中小企业进行投资，在承担高风险的同时也拥有着高收益回报；另一方面，那些拥有良好前景的成长型中小科技企业也能够通过粉单市场获取一定的资金支持。但粉单市场也不是零监管，监管当局会对粉单市场上证券的所有做市商进行严格监管，并对投资者和投诉予以回应等。2007年，粉单市场更名为场外交易市场（OTC Market），并划分为三个层次，以适应市场需求，场外交易市场逐渐成为美国场外市场的代名词。

没有在纳斯达克、公告板柜台市场和场外交易市场中报价的场外交易股票，都被归为灰色股票市场（OTC Grey Market）。这样，中小企业都可以找到适合本企业的资本市场，以满足自身融资需求和股份流动需求，促进企业成长发展。

四、特殊场外市场

除了交易所市场、场外市场以及另类交易系统外，美国还存在大量的私募股权、限制性股权以及非标准化股权等交易，这些特殊市场是在满足多元化需求下形成的小范围交易，没有统一标准，缺乏透明度，且无规律可循。但是技术创新活动的高风险性使大多数企业难以通过传统的融资渠道获得充足资金用于技术创新投入。作为一种新型的直接融资方式，私募股权投资专注于高风险、高收益领域的投资，这种投资需求与企业技术创新活动的特性正好吻合。因此，私募股权投资的发展对于促进企业技术创新具有重要意义。

（一）纳斯达克私募门户市场

私募股权由于自身流动性不足和“144 规则”[①] 的限制，融资和转让难度都很大。而后 SEC 于 1990 年推出“144A 规则”[②]，为私募股权的自由流通与集中交易奠定了法律基础。

1990 年，纳斯达克设立了 PORTAL 系统，专门为私募股权持有者之间转售和交易提供便利。PORTAL 系统设立了特定投资者标准，只限三类人参与：持有纳斯达克交易牌照的经纪商、交易人，以及净资产超过 1 亿美元的合格投资者。这对私募股权的流动性起到了至关重要的作用，通过 PORTAL 系统，投资者可以找到有能力的投资者进行交易，减少了转让的信息成本。

（二）纳斯达克门户联盟

随着私募股权交易需求的不断增加，许多投资银行开始建立自己的私募股权电子交易平台，但是这些平台相对封闭，不向其他交易平台开放。

2007 年，为了规范和促进整个市场发展，纳斯达克与美国主要投资银行联合成立了纳斯达克门户联盟。该联盟整合了各交易平台资源，致力于将 PORTAL 系统打造成为公开、具有标准交易程序、股东追踪和清算的行业标准平台。至此，可以发现美国不同层次的市场不仅有明确的定位，并且实现了相互间的有效联通。

---

① 144 规则：允许存量股通过注册方式从“限制性证券”转换为流通股，对于符合规定条件的老股东，不需注册即可公开出售所持存量股，但对于有关联关系的老股东，则在数量、时间等方面有严格的出售限制。

② 144A 规则：授予合格的机构投资者（资产 100 万美元以上）私下交易“限制性证券”的权利，每笔交易的下限为 50 万美元；同时，证券商不得向个人或不符合规定的投资者出售此类“限制性证券”。因外国公司在美国发行大量“限制性证券”，“144A 规则”大大增加了此类外国公司“限制性证券”的流动性。

第三节 风险投资与企业创新

美国的风险投资可以追溯到19世纪末期，又被称为创业投资或创业风险投资，它为很多处于早期阶段的高新科技企业提供了必要的融资支持。企业的技术创新转化为技术资源，再转化为经济资源是一个漫长过程。在这个过程中，风险投资能够为企业提供长时间的资金支持。这种支持对于高科技初创企业而言意义重大。

在高科技企业成功登陆资本市场前的各个融资阶段，风险投资都扮演着重要的角色，是美国高科技企业最重要的融资渠道。风险投资与美国的资本市场相辅相成，形成了一套有效的发现和筛选机制，可以满足企业在不同阶段的融资需求，使技术创新能更快地产业化，形成现实的生产力。因此，风险投资被认为是美国经济体系中促进科学技术研究成果进行商业化转化的重要基石。它不仅在发展过程中形成了一套完备、成熟的运作体系，同时也推动美国高科技产业走向繁荣，带动美国经济从传统的工业经济时代迈入了知识经济时代。

美国斯坦福大学国际研究所的米勒指出，在科技研究初期，正是风险投资的推动，才使得科技研究转为生产力。风险投资是促进新兴产业出现的关键因素之一，而新兴产业的发展直接导致了社会的变革。

风险资本规模的不断扩大为美国新兴产业企业的快速崛起奠定了坚实的基础，曾任美国总统科技顾问的基沃斯博士（Dr. Kivos）认为，美国高技术企业至少有50%以上在发展过程中曾得到过风险投资的支持。据统计，1970—2000年，美国共投入创业资金2733亿美元，创造了超过760万个就业岗位，占就业人员总数的6%。2000—2013年，美国有创业资本背景的IPO共有1821家，占同期美国市场IPO总数的49.1%，共筹资1242.16亿美元。2011—2013年，共有866.3亿美元创业资本投向10008家新兴产业公司，其中仅硅谷就吸引了355亿美元的投资，较之前三年增长21.4%。

经济学家勒纳（Lerner）与科图姆（Kortum）通过对20个行业1965—

1992 年的行业技术创新进行实证研究发现，企业使用风险投资资金而取得的专利数目是使用同等金额传统研发费用所取得专利数的 3~4 倍。因此，可以看出风险投资资金在激励科技创新方面的效率比企业研发费用高得多；1983—1992 年，尽管风险投资总额低于公司传统研发投入的 3%，但是激发了美国 15%以上的创新专利；而自 1992 年以来美国风险投资快速发展，也激发了更多的创新专利，美国 20 世纪 90 年代中后期的创新浪潮即与此有关。美国 IPO 数量和价值（2004—2020 年）如图 4-2 所示。

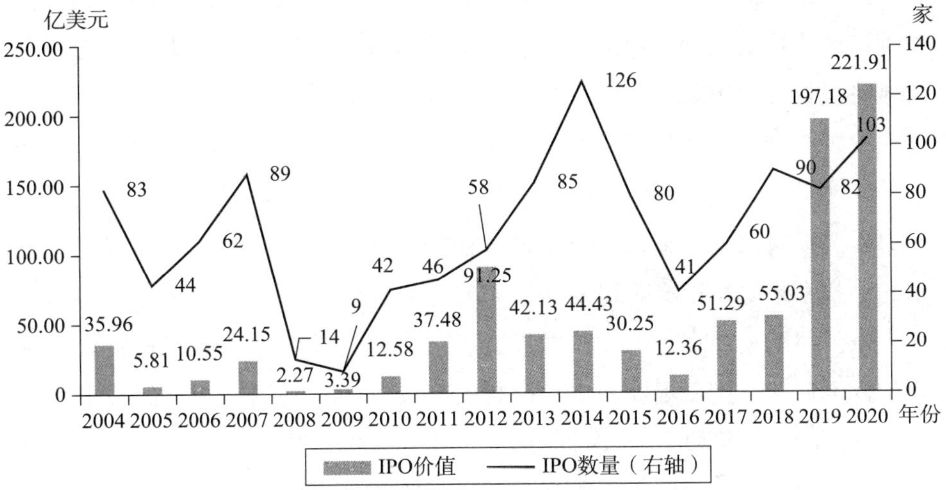

图 4-2　美国 IPO 数量和价值（2004—2020 年）

资料来源：美国风险投资协会。

一、美国风险投资的雏形

美国风险投资的起源可追溯到 19 世纪末，一些富人或者家庭选择将资金投资于油田开发、铁路建设、钢铁等工业生产，并从中获得高额的回报，构成了美国风险投资的雏形。但当时的投资规模小，且范围多限于投资者所熟悉的领域和企业。20 世纪初，一些金融公司和财团开始直接投资其他企业。但个人投资和企业投资均为分散进行，投资者根据自己的经验进行投资，各自为政，投资者之间没有建立联系，也没有形成有组织的创业投资形态。

二、美国风险投资的发展阶段

（一）第一家风险投资公司成立

美国真正意义上的风险投资始于 1946 年，以美国研究与发展公司（American Research and Development Corp.，AR&D）的创立为标志。它是由哈佛商学院教授乔治·多威特（Georges Doriot）和波士顿联邦储备银行主席拉尔夫·弗兰德斯（Ralph Flanders）共同组建，主要是为新成立的、处于快速成长期中的公司提供资金，美国研究与发展公司的出现标志着现代风险投资的产生。

美国研究与发展公司发现波士顿地区的大学，特别是麻省理工学院开发了许多具有良好发展前景的高新技术。但是，将科技成果转化为实际生产力需要投入大量资金，这对于处于初创期的高技术企业或只拥有先进技术的科学家来说，很难获得发展所需的巨额资金。

该公司汇集众多个人和机构投资者的资金，并由专家根据投资合同规定的投资目标、投资规模和规则进行资金管理。它是第一家专门投资于流动性较低的早期阶段企业发行的证券上市公司。投资宗旨是为新兴产业和企业提供权益性启动资金，打破了个人和机构分散从事创业投资的局面，使创业投资的发展进入专业化和组织化的新阶段。AR&D 向世界展示了传统风险投资战略可以带来巨大收益。

（二）小企业投资公司发展迅速

美国国会于 1958 年通过了《小企业投资法案》，允许建立小企业投资公司。这种小企业投资公司能够从公开市场募集资金，同时向小企业进行风险投资时受到政府的资助。根据这一法案，小企业投资公司的发起人每投资 1 美元，即可从小企业管理局（SBA）获得 4 美元的低息贷款，并可享受特定的税收优惠。可以说，《小企业投资法案》极大地刺激了小企业投资公司的发展。

经过一段时间的快速发展，小企业投资公司逐步陷入困境，在运转中面临较大难题。一是面临投资回收期长与短期偿还政府贷款利息的矛盾。

风险投资的回收期较长，小企业投资公司短期内不可能获得较大收益；但获得政府提供优惠贷款的小企业投资公司每年还要偿还贷款本息，短期内其收入不能弥补支出，面临资金缺乏的窘境。二是资金来源有限。小企业投资公司的资本除政府优惠贷款外，主要是个人投资者的投资，缺少机构投资者的大力支持。

总体来说，美国风险投资业在此期间已经初步显现，但由于资金供给不足，规模还十分有限，并且政府的主导性地位尤为突出。

三、调整阶段

经历了20世纪五六十年代的第一波风险投资浪潮后，美国国内经济在70年代发生衰退从而导致美国风险投资萎缩。美国开始出台相关财税优惠政策，恢复风险投资业的发展，从而促进了美国经济的复苏，美国风险投资业进入了调整期。

（一）经济衰退使风险投资出现萎缩

随着国内经济危机频发，美国财政赤字不断扩大，通货膨胀不断加剧，国际收支赤字多年，1973年美国爆发了严重的经济危机，以美元为中心的布雷顿森林体系崩溃。经济的衰退使得美国实体经济和虚拟经济双双萎靡，从而导致通过投资新兴科技型企业获利的风险投资也不断缩水。风险投资缺乏发展环境和动力，因此逐渐调整投资策略，从支持创业类企业转为投资非创业类企业，使得风险投资业增长乏力。

（二）国家通过法律和税收等政策促进风险投资的发展

1978年，美国劳工部修改了《雇员退休收入保障法》，对“谨慎人”条款进行修改，在不威胁投资组合安全的前提下，允许养老基金投资新兴企业发行的股票和风险投资业。该条款的修改迅速引起纳斯达克市场和风险投资业的反应，不仅让风险投资基金能够顺利退出而获得收益，也为养老基金进入风险投资铺平了道路，使得风险投资基金的资金规模不断扩大、资金来源更加多元化，更有动力投资于新兴科技企业。

同时，美国在税收方面也为风险投资提供了政策支持，资本收益税率由1969年35%的较高水平下调至1978年的28%。税收优惠政策为风险投资行业注入了新的动力，焕发出新的活力，摆脱了以往萎靡不振的状态。

四、快速增长阶段

经过了20世纪70年代的调整期，美国风险资本的规模扩大、纳斯达克市场的建立使退出渠道畅通、税额降低。同时，美国风险投资协会不断发挥作用，极大地促进了风险投资业的发展，于20世纪80年代形成了美国第二次风险投资的浪潮，使得美国风险投资进入快速发展阶段。根据美国风险投资协会（NVCA）统计，1980年，美国风险资本总额约为10亿美元，其中，合伙制风险投资基金的资本为6亿美元；1982年约为20亿美元，比1980年增加了一倍；1983年超过40亿美元，比上年又增加了一倍；1989年则高达334亿美元，是1980年的30多倍。这一时期，美国风险投资资本的快速扩张为新兴高科技企业提供了强有力的支持。

五、成熟阶段

20世纪90年代，美国经济进入了高速发展时期，新经济潮流势不可当。风险投资在美国信息技术革命中起了重大作用，推动了信息技术、生物科技、新能源、新材料等高新技术产业的迅猛发展。风险投资家抓住美国信息技术革命的机遇，将资本纷纷投资于高科技领域，在推动科技进步、加速科技成果转化的同时，获得了丰厚的利润。1986—1997年，风险投资的平均回报率高达41%。高额的回报进一步刺激了风险投资的加速增长，使得风险资本的规模大幅增加。2000年，美国风险投资额高达1052亿美元，创历史新高。20世纪90年代，养老基金依然是美国风险投资业的最大投资者，并且投资额不断增加。由于美国网络经济的不断崛起，风险投资业呈现出高额的回报率，一些养老基金甚至将原来投资于房地产业的长期投资抽离，转而投向风险投资业。

六、调整发展阶段

自2000年到达发展的黄金期后，美国的风险投资进入了一个相对低迷的调整期。2000 年，美国风险投资的势头减弱，投资额比上年下降 62%。2002 年，风险投资额进一步被压缩，比上年减少了 46%，这种下跌与当时科技股泡沫的破灭密不可分，可以说在互联网泡沫破灭后，美国风险投资业从顶峰逐渐下滑，与 IT 产业一起进入调整期。虽然此时美国风险投资行业的投资情况与 1999 年和 2000 年的兴盛时期相去甚远，但并没有完全陷入低谷。随着 2003 年美国相关税收和担保政策的出台，风险投资业开始复苏，2004 年开始回暖，逐步走上稳定的发展轨道。风险投资调整了投资策略，投资规模和方向发生了变化，投资变得更加谨慎。但是，在“次贷危机”和随后的国际金融危机的影响下，2008 年美国风险投资额上升趋势停止（见图 4-3）。

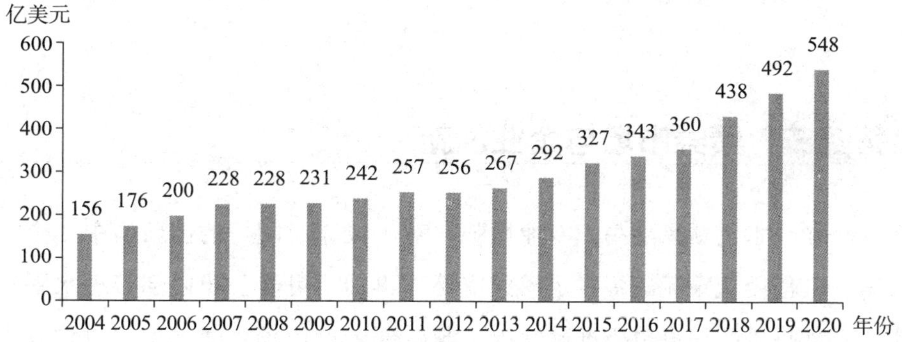

图 4-3　2004—2020 年美国风险投资额

资料来源：美国风险投资协会。

七、放缓阶段

国际金融危机使美国经济陷入萧条，国内各类投资趋于低迷。美国风险投资业受到较大影响，下滑迹象明显。2008 年是美国风险投资业下滑最严重的一年，风险投资额、筹资额、交易数等与 2007 年相比均有较大幅度的降低。此后，在经过金融危机的低谷后，风险投资逐步波动上升发展，风险投资支持企业进行 IPO 的数量逐步增多（见图 4-4）。

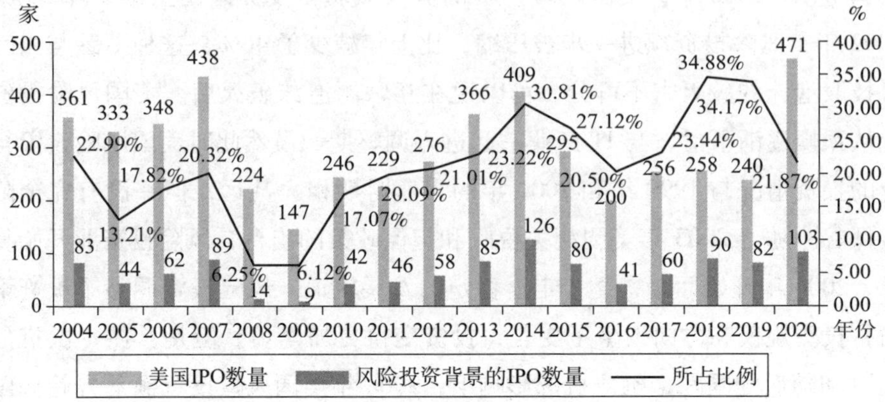

图 4-4 美国 IPO 数量和风险投资背景 IPO 数量及所占比例

资料来源：美国风险投资协会。

第四节 债券市场与企业创新

企业技术创新风险高、专业性强，对于成立时间短的创新型中小企业而言，其信用记录无法提供足够的支撑，再加上可能公司内部管理水平有限，对外提供的信息也不准确完善，与外部金融市场之间信息不对称程度较高。同时，间接融资因其风险厌恶的特点，对于普通的银行贷款而言，这些中小企业往往被要求用资产进行抵押以降低资金风险。但创新型中小企业可用于抵押的资产有限，且资产变现能力低，这导致它们很难从银行获得贷款，一般认为与科技创新不能有效结合。但在债券市场中涌现出了很多专为初创、小微企业打造的债务融资方式。其中，对科技创新起到有益补充的主要为私募债券和面向中小微企业的垃圾债券等。

一、私募债券

私募债券是指通过非银行或者公开市场进行的直接融资活动，一般来说，私募债券的融资收益率要高于普通债券。同时，私募债券内部也会根据风险等级进行划分，风险越高的私募债券，一般收益率越高。

私募债券从20世纪就已经存在于美国，但其主要是从2008年国际金融危机之后开始兴起的。一是由于著名的《多德—弗兰克法案》（*Dodd-Frank Wall Street Reform and Consumer Protection Act*）和《巴塞尔协议》（*Basel Accord*），大多数银行把重心放在了传统业务上，缩紧了对中小企业的杠杆融资和特别项目融资。这使得中小企业在国际金融危机后面临严重的资金紧缺，对需要长期资金支持的中小企业技术创新带来了较为强烈的打击，使中小企业不得不将目光转向私募债券。二是由于在国际金融危机后，中小企业需要大量资金以求生存和继续发展，但危机后利率的长期走低，大多数投资者无法通过传统的投资渠道获得较高的回报，而投资私募债券可以满足投资者对高回报率的要求，这也使得私募债券在国际金融危机后空前盛行，对中小企业起死回生起到了至关重要的作用。

由于国际金融危机后银行贷款业务的减少，中小企业无法通过银行借贷融入资金，只能通过私募债券融入资金。私募债券对中小企业的帮助，带动了美国在国际金融危机后的整体就业形势和经济发展复苏，同时也让中小企业能够进行技术创新，在一段时间内对中小企业的技术创新发展起到了促进作用。

总部位于得克萨斯州达拉斯的Studio Movie Grill是一家连锁电影院，在美国10个州拥有24家电影院，这些电影院都配有餐厅，观众可以一边看电影，一边就餐。Studio Movie Grill计划在未来两年内再开7家电影院，为此，其需要融资3000万美元，高盛和Apollo购买了其发行的私募债券，为其提供了贷款，使Studio Movie Grill获得3000万美元的融资。

美国私募债券在国际金融危机后逐渐发展成熟，得到了机构投资者和个人投资者的广泛认可。仅以私募债券投资公司（BDC）为例，公开上市的BDC已经有40余家，其中有数十家资产规模超过了20亿美元。一方面，私募债券的收益率高于普通债券；另一方面，私募债券一般为浮动利率，投资私募债券也能够享受利率上升带来的好处。

二、垃圾债券

垃圾债券是指信用评级比投资级别低的债券，主要指信用等级在标准普尔公司 BB 级或穆迪公司 Ba 级以下的债券。垃圾债券最早源自美国，主要被一些中小企业所使用。由于中小企业具有规模较小、资金实力薄弱、管理制度不够完善和信用等级不高等特点，因此在进行债券融资时，它们需要用较高的投资回报率弥补潜在的高风险。这种高风险和高回报共存的债券被称作“高收益债券”（High Yield Bond），也叫“垃圾债券”，其特点是收益高、风险大、流动性不好、信用保障较差。

20 世纪 70 年代以后，由于美国开始大规模并购重组，较高的通货膨胀率使美国一大批企业不得不寻求外部融资，于是垃圾债券开始被投资者狂热追捧。80 年代中期，由于私募收购成为热潮，垃圾债券成为极其重要的并购方式，这导致垃圾债券市场暴涨，进入鼎盛时期，全美发行的垃圾债券超过 1700 多亿美元。进入 80 年代末期，经济开始下滑，债券质量日趋下降，垃圾债券的违约率也不断升高，垃圾债券逐步走向衰退。但是在 2008 年国际金融危机导致金融工具发行普遍收缩时，垃圾债券的规模却不减反增。到 2010 年，美国所发行的垃圾债券超过了 2400 亿美元，成为融资市场的重要工具。

20 世纪 80 年代，美国并购交易急剧膨胀，正是垃圾债券市场的发展期，为刚进入市场的参与者提供了资金，增强了产品市场的竞争力，为美国经济注入了活力。事实上，从某方面说，垃圾债券只是一种普通的金融工具，然而却被投资家挖掘出其高风险的用途，从而引起了金融市场的动荡。

对于企业创新，垃圾债券可以发挥其特有的促进作用。首先，垃圾债券有助于中小企业融资，能够有效地降低它们的融资成本。长期以来，融资难的问题持续制约中小企业技术创新的发展。很大一部分中小型科技公司无法获得足够的资金支持投入相应的科研经费，以获得更大规模的发展。对于这些中小型科技公司而言，融资成为它们迫在眉睫的问题。垃圾债券可以帮助这些中小型科技公司获取资金，并且可以有效地降低其融资成本，从而助力企业创新。尽管垃圾债券所承诺的利率较高，但对于高新技术企业而言，它们所具备的高回报完全能够支撑它们偿债，提高了其通过债券融资的可能性。其次，垃圾债券可以推动并购重组，促进产业的转型升级，提高企业的经营效率和管理水平。垃圾债券在20世纪80年代活跃于美国市场，展现了其在并购重组中的巨大影响力。在使用得当的前提下，垃圾债券可以帮助企业进行跨越式改革，促使传统产业进行更新和升级，加速推动企业技术创新。最后，国际金融危机以来，垃圾债券的规模不减反增，足以说明垃圾债券对经济环境具有适用性。在经济环境萧条时，其更可以为科技企业提供资金，助力其实现创新。

著名打车应用公司Uber曾在2018年由摩根士丹利以私募方式完成20亿美元的垃圾债券发售。其中，15亿美元是通过发售8年期垃圾债券融得，年利率为8%，另外的5亿美元是通过发售5年期垃圾债券融得，年利率为7.5%。随后，Uber在2019年5月成功上市，创造了一个融资后市值800亿美元的IPO奇迹。

电动汽车制造商特斯拉在2017年首次发行约15亿美元垃圾债券进行筹资，以寻求新的资金来源提高其新款Model 3电动车的产量。由于资本市场对高科技公司特斯拉的信心，特斯拉最终成功发行了18亿美元债券，极大地减缓了特斯拉生产Model 3电动车的压力。不仅如此，该笔债券的认购金额最终达到80亿美元，约为发行规模的4.5倍。而在随后的2018年里，特斯拉Model 3电动车的销量成为全球电动车市场的第一名，比全球销量第二的北汽集团EC系列高出约50%。

不仅如此，很多如今的大型企业，像通用汽车和IBM等，它们在成立之初也是靠着垃圾债券起家的。从某种意义上说，垃圾债券确实可以帮助中小企业迅速获得资金投入研发和扩张，加速企业创新。但是由于很多恶意并购都是通过垃圾债券进行的，其仍是公司并购活动中一种颇具争议的金融工具。不能否认的是，垃圾债券特有的融资功能可以为公司并购以及风险投资带来许多好处。伴随着人们对于垃圾债券及其市场运作认识的深化，以及市场监管体系的完善，垃圾债券的金融潜力也将日益凸显。

第五节 特殊目的收购公司支持企业创新的新进展

一、SPAC 的含义

近年来，特殊目的收购公司（SPAC）成为资本市场上的热点。自 2019 年以来，在美国上市的 SPAC 就有 160 家，募资额达到 834 亿美元。SPAC 不仅是资本市场融资方式的一种创新，而且为众多有发展前景的美国新兴科技企业提供了较好的融资支持。

美国企业上市一般存在六种途径：公开发行（IPO）、存托凭证上市（ADR）、反向并购（APO）、私募资金上市（QIB）、直接上市（DPO）以及最新出现的 SPAC。通俗理解，SPAC 是一种更简单、快速的上市方式。SPAC 的全称为 Special Purpose Acquisition Company，最主要的目的是募资、上市和与其他公司合并。SPAC 上市融资方式基本集中了其他上市途径的优点。首先，相较于需要 24~36 个月才能完成的公开发行，SPAC 更节省时间。其次，SPAC 上市无须支付上市所需的中介承销费，因此所需上市成本也相对低很多。最后，SPAC 上市公司需要注意的重点是选取一家有着良好发展前景的公司，并与这家公司合并，而在合并收购之时，能较好地控制定价和修改交易条款。因此，SPAC 是一种可以帮助公司以更高的效率从私人公司转变为上市公司的金融工具。这样的资本市场创新，可以帮助无数原地踏步的美国科技型中小企业得到融资支持。

二、SPAC 的运作方式

具体来讲，SPAC 是一个已经上市的资金池，而这个资金池往往由一些大型集团发起，并通过公开招募获得股民资金注入。因此，不仅软银集团、沃尔玛等全球知名企业，亚洲首富李嘉诚、著名篮球运动员奥尼尔、马丁·路德·金的后人等名人，皆将资金注入 SPAC 市场。与所有 IPO 一样，SPAC 首先要向 SEC 提交注册声明。由于 SPAC 没有运营业务和详细的财务报表，SPAC 公司的注册声明相对简单。在 SEC 批准后，SPAC 的管理团队进行路演，推销自己的投资经验。从发行 SPAC 的股票上市到寻找收购目标公司的时间期限为两年，如果两年内没有找到合适的目标进行并购，则需要把资金和利息退还给投资人。根据美国的相关法律规定，在 SPAC 发起人完成融资后，资金需要归集到第三方信托账户中，用来完成日后的并购和合并后公司的发展。这些资金在闲置时也可以被用于投资一些固定收益产品，如美国国债。而投资这些固定收益产品所产生的利息可以被用来维护 SPAC 经营，同时也可以被当作红利返还给持有 SPAC 股票的股东。如果 SPAC 的筹款工作成功，则资金会被存入信托，直到发起人决定收购一家或哪些公司，或用于赎回在 IPO 中发行的股票。而这些资金被存入信托账户期间，还会进行股权分割。发起人一般会占有 20%的股份，SPAC 通常会提供一份股票和一份以每股 10 美元的价格收购的部分认股权证给股东们。

在 SPAC 中，股东们专门聘请的管理者需要找到一家新型或者有发展前景的公司，通过合并帮助这家新型公司上市。而在 SPAC 的管理者找到一些新兴或者有发展前景的公司之后，公司目前的持股人需要发起投票来表决是否收购该目标公司。SPAC 的管理者通常需要考察该公司的发展前景、业务和财务报表管理团队等，以决定是否发起合并。当选定目标后，SPAC 的管理者需要与目标公司协商关于被收购公司的价值和一些必要的权益保障，等到与目标公司达成最终收购协议后，SPAC 需要向 SEC 提交代理声明，并等待收购批准。在一切商讨结束后，SPAC 收购目标公司，并且引进更多的投资者，这些新引进的投资者将会为合并后的公司提供更多的资金。如果 SPAC 需要额外资金完成收购，则 SPAC 可以通过发起人或者公共股权私募投资获得额外资金进行收购。当合并完成后，SPAC 的投资者会获得合并后公司的一部分股权和公司董事会的席位。由于 SPAC 在合并前已经是纳斯达克或者纽交所的上市公司，新公司无须再进行其他行动，直接自动成为纳斯达克或者纽交所的上市公司。SPAC 的资金池就变成了供新上市公司使用的现金。SPAC 的股票代码将更改以反映被收购公司的名称，并且合并后的股票开始在交易所交易。

三、SPAC 的优势

SPAC 早已发展了几十年，但是在过去并没有风靡市场。最近几年极端市场大浮动，美股在 2020 年大幅上涨。S&P 500 指数在 2020 年 2 月创下历史新高，又在 3 月由于新冠肺炎疫情袭击美国而跌入熊市，这样的背景造成了许多企业不得不选择延后其 IPO，而有些企业则选择了与 SPAC 合并。这种由于目前全球市场出现的极端波动的融资方式也成为十分受欢迎的选择，因为 SPAC 是一种相较于 IPO 更快捷的融资手段。在 2020 年，通过 IPO 上市的公司有超过 40%是 SPAC，筹集了 316 亿美元，而在 SPAC 热潮开始的 2019 年则共筹集了 124 亿美元。与传统的 IPO 相比，SPAC 可以帮助有意愿上市的公司快速上市并且更快地获得资本流入。因为 IPO 这种方式往往需要非常长的时间和繁杂的流程，通过 SPAC 可以避免 IPO 的路演和 180 天的锁定期。而 SPAC 并购却可以在几个月内完成，同时这些被收购的公司还能与 SPAC 协商应有的价值从而获得更多的资金。因为 IPO 往往更基于市场因素，与 SPAC 协商意味着比市场更快的反应速度。同时，公众投资者经常被处于发展阶段的公司的内幕交易拒之门外。这些公众投资者难以进入的、有发展潜力的公司可以通过投资 SPAC 融资对其进行投资。在时代的大背景下，这样快捷、便利并且可以在很大程度上商议并购价格从而获得更多资金的融资手段，快速流行于看重效率的美国资本市场。

四、SPAC 对美国中小型科技企业发展的帮助

在 2021 年，平均每个工作日就有 5 家 SPAC 诞生，积聚的资金超过了 260 亿美元，而这股热潮开始于维珍银河公司（Virgin Galactic）意外达成的一笔交易。维珍银河公司是一家计划提供亚轨道太空飞行的公司，其创始人 Branson 曾经试图找沙特阿拉伯主权财富基金为自己的维珍银河公司融资，但是并没有成功。由风险资本家转型为 SPAC 发起人的 Chamath Palihapitiya 和 Richard Branson 进行了一场大型交易。Palihapitiya 首先通过 SPAC 筹集了 6.74 亿美元，一年后，维珍银河公司与 Palihapitiya 的 SPAC

进行了合并，并以 22 亿美元的估值上市，目前维珍银河公司市值达到了 120 亿美元。这样的资本市场融资为其带来了大量的研究经费，维珍银河公司 2020 年财务报表显示，公司研究经费提高了 13.2%，增加了大约 1400 万美元，这些花费主要体现在研发新的太空探险行程和人力资源费用上。同时，在维珍银河公司上市后，几笔与太空相关的交易相继达成，并且公司拥有了更多的资金去投资于企业研究中。例如，2021 年 6 月 3 日，维珍银河公司获得了关于"易于人类的太空飞行研究"的新合同。

《经济学人》杂志在一篇文章中写道"SPAC 增加了散户投资者投资科技产业的机会。SPAC 与处于早期发展阶段的公司合并，让更多投资者有参与的机会。增加了散户投资者投资科技产业的机会"。目前，美国新闻报道了 6 家前景不错的 SPAC，分别是 Churchil Capital IV、Pershing Square Tontine Holding、Soaring Eagle Acquisition Corp、Deerfield Healthcare Technology Acquisitions Corp、Ceres Acquisition Corp 和 Silver Spike Acquisition Corp。这些公司的目标是寻找那些有发展潜力的科技公司，以期能发现下一个特斯拉。因此，SPAC 这种融资手法对科技型中小企业有着极大的帮助。在美国，SPAC 对硅谷的影响尤为显著。因为 SPAC 可以帮助那些难以进行 IPO 的公司融资如房地产科技公司 Opendoor 公司。Opendoor 公司由于发展项目难以吸引机构投资者，很难再获得融资，同时公司本身又达不到上市要求，无法进行公开市场融资。但是这家公司在与一家 SPAC 合并后，从一个小型企业发展到了目前市值高达 181 亿美元的中型企业。因为 SPAC 也能为需要长期投资的科技公司提供资金，无人驾驶汽车、生物科技和量子计算等科技项目的企业也受到了 SPAC 的青睐。

电动商用卡车制造商尼古拉公司就是 SPAC 的受益者之一，尼古拉公司由于美国新冠肺炎疫情，筹集 10 亿美元私募资金的计划失败，所以它们选择了 SPAC 来筹集资金。2019 年夏天，尼古拉公司从主要的投资者 CNH 国际那里筹集到了 2.5 亿美元。在 11 月，SPAC 公司 VectolQ Acquistion Corp 与该公司进行了商谈合并。尼古拉作为电动汽车制造公司，其研发与售卖需要大量资金的注入，而 SPAC 能很好地解决这些电动汽车企业的问题。在尼古拉公司上市以后，其股价已经上涨了 320%。

除此之外，莫门图斯公司也通过 SPAC 获得了资金支持。莫门图斯公司是一家将卫星从星箭分离点送到所希望的轨道目的地的公司。在其与另一家太空制造公司合作研发一款捕获在轨卫星的机械手臂时，莫门图斯公司通过与SPAC合并获得了12亿美元的企业估值，从而能更好地研发该公司的新型技术如Ardoride和Fevoride飞行器。这样的技术可以被用来将中小型卫星或者数吨重的货物运到宇宙空间的任何地方。

SPAC很好地帮助了中小型科技企业获得资金，从而帮助这些企业获得发展。SPAC由于上市门槛较低，上市速度迅速，已经获得了很多美国初创企业和科技公司的青睐。

五、SPAC模式对于中国市场的借鉴意义

SPAC作为一种新兴上市模式，近年来在国外发展迅速。有些学者认为，SPAC模式相当于一种“投资盲盒”。合并公司的选择往往取决于SPAC发起人的投资眼光和能力，所以SPAC模式会存在一定不容忽视的风险。而对于我国主要以中小投资者为首的市场下，关于如何保障这些中小投资者的权益和如何规避参与“投资盲盒”所带来的风险问题是值得我们去深入探究的。但不可否认的是，从美国很多中小型科技企业成功合并的例子，我们可以看出SPAC对中小型科技企业的帮助是巨大的。SPAC模式可以帮助那些难以获得资金支持的企业获取资金。在我国大力发展多层次资本市场、鼓励企业科技创新的背景下，引入SPAC模式也是一种帮助企业创新多元化的方式。随着北京证券交易所的成立、我国资本市场结构的逐步完善，市场是否需要引入SPAC模式还需进行综合考量。同时，还需满足包括完善公司治理制度、披露更加清晰透明的信息，以及创立高度敏感的市场监管等硬件条件，才能在未来更好地引进SPAC这种新型融资方式。

第五章

多层次资本市场与企业创新：日本经验

第一节 前言

20 世纪 90 年代，泡沫经济给日本经济社会带来了巨大冲击。随着日本社会人口老龄化加剧，劳动资源短缺，企业不得不减少投资，企业规模的缩减降低了其利润率，这降低了劳动者的人均收入，减少了消费，使得经济陷入恶性循环。20 世纪 70 年代，日本曾充分发挥了科技创新对企业发展的促进作用，使得日本经济可赶超当时的发达国家。但是近年来，日本内需和外需严重不足，企业创新能力也逐渐减弱。高新技术的国际份额从 1995 年的 27%下滑到 2010 年的 13%（刘平、陈建勋，2017）。日本政府针对这一情况不得不开始实行改革。安倍政府于 2013 年 6 月颁布了《日本复兴战略》，提出科学技术创造立国和只有科技创新才能复苏日本经济，从而帮助日本企业继续在国际市场上获得竞争力。2015 年，日本政府认为于 2021 年举办的东京奥运会将是日本经济复苏和加大经济创新的契机，于是提出了《科技创新战略 2015》。日本政府认为应全力助力改革创新，并提出了五个创新系统：一是智能道路系统。因为日本汽车产量规模世界领先，日本政府认为开发智能道路系统有助于日本创造新产业和恢复社会经济活力。二是新型制造系统。重点应用现代信息使企业内部人员与 IT 之间协调运作。三是全能型材料开发系统。集成产学政各自掌握的庞大材料信息的高可信度数据，运用数据驱动型材料探索技术和材料性能预测技术同时收集大数据，解析系统（刘平、陈建勋，2017）。四是本地万能保健系统。针对老龄化人口，利用尖端科技、人工智能、机器人等为老年人提供全套医疗服务。五是游客接待系统。采用智能多语种翻译系统、三维空间影像系统和信息物理系统帮助游客实现无障碍交流，从而助力日本旅游业。2016年1月，日本政府推出了“社会5.0计划”。社会5.0是机器人、人工智能和互联网等新兴增长领域的企业集团所创造的超级智能社会。社会5.0可以通过科技创新的产物，为人类提供“能将必需的物品在必须的时间以必需的数量提供给必需的人”的服务。之后，日本政府于2016年5月提出“科学技术基本计划”，期望经济发展能以人为中心，提出科技创新不仅是经济转型的工具，更应是以服务于人类为前提的工具。为推动实现社会5.0建设，提出应注重人才培养，建立基本数据平台（包含三维地图信息、跨行业数据流通数据库、地球环境信息数据库等），鼓励大数据的应用和强调维护知识产权的重要战略。日本政府认为只有科技创新能实现“社会5.0计划”，即重点发展相关科技创新，包含机器人、宇宙探测器、仿生、人机对话、人工智能、大数据解析和计算机硬件等技术。根据日本政府官网发布的信息，日本于2020年在世界研发能力和优质知识产权资产文明中位列世界第三。新一轮科技创新战略提出，科技创新应既能促进经济发展，又能帮助社会进步。国家战略的科技创新离不开企业的科技创新。由图5-1可知，相比于非营利公共组织和学校，日本企业R&D研发投入占总研发投入的比例最大，达到了72%。而研发投入是企业获得市场竞争力的关键。日本有很多世纪型的创新企业，如佳能（Canon）公司的主营业务是制造以光学为核心的相机与办公设备，包含医疗系统、半导体、电子机器和光学仪器等一系列产品。佳能投入大量R&D经费用于产品创新，自2000年推出自行研发的CMOS影像感应器制造的EOS系列相机以来，EOS系列相机在世界相机市场上独占鳌头。日本汽车业的创新也是层出不穷。例如，本田（Honda）每年投入大量研发资金用于开发新能源汽车、自动驾驶系统等。本田汽车因其不断的创新在世界汽车市场上占据重要一席。日本诸多公司的科技创新与快速发展依赖于资本市场的资金注入与支持。本章着重考察日本多层次资本市场对企业创新的金融支持，包括提供市场基础设施、金融产品和交易机制等一系列有利于科技企业创新的措施。

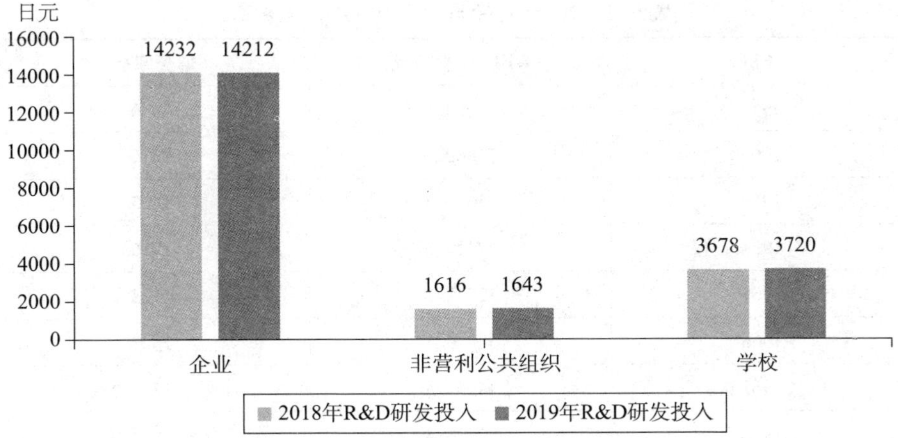

图 5-1　日本 2018 年和 2019 年不同主体 R&D 研发投入情况

资料来源：日本统计局与统计中心网站。

第二节　日本科技创新推动经济发展的历史

第二次世界大战后，日本快速地恢复和重建了经济发展体系，发展成为经济大国。这与其技术的创新发展有很大关系，间接推动了日本经济的发展。二战严重冲击了日本国民经济的发展，其生产设施遭到了极大的毁坏，国内经济极度混乱，毫无秩序。在此期间，为防止问题扩大化，日本政府急需应对政策以改善当时日本国内的经济状况。后来制定出了“引进发达国家的先进技术进行消化吸收以后再创新”的科技创新发展战略，通过从欧美发达国家引进先进技术并实行创新。在技术引进的同时，日本颁布了一系列与科技创新类产业有关的主要法律，如 1946 年颁布的《复兴金融金库法》、1956 年颁布的《中小企业振兴扶持法》《振兴机械工业临时措施法》等。从 1946 年开始，其重点发展钢铁和煤炭产业，由这两个部门的发展带动电力和造船业。1950—1953 年，日本花费 4035 万美元，引进大量他国先进技术，支持冶炼、机械和化工类企业发展，并基于引进的技术，开始自主创新。1949 年，日本国会发表了振兴科学技术的决议，提高了科研人员待遇，鼓励日本国民企业开始自主研究科技创新项目，以提高日本民间企业科技创新能力。

表 5-1　20 世纪 60 年代日本 GDP 增长率

年份	GDP/十亿日元	增长率/%
1961	19263. 1	20. 6
1962	21860. 3	13. 6
1963	25019. 3	14. 5
1964	29429. 6	17. 6
1965	32742. 1	11. 3
1966	38026. 1	16. 1
1967	44561. 5	17. 2
1968	52776. 4	18. 4

资料来源：亚太经济数据中心。

日本在 20 世纪 60 年代开始加大推行贸易自由化。贸易立国战略的确立，使其与世界其他国家进行多边交流。但是，这对当时发达国家的企业构成了很大的威胁，因此以美国为首的技术大国不得不加大专利保护力度，并封锁全新技术。日本政府为了继续在国际竞争中占有一席之地，加强了自主技术创新，想要缩小与欧美国家之间的技术差距。日本内阁曾提出“国民收入倍增计划”，指出不可只依赖于他国技术的引入，日本必须推进重化学工业产业科技创新，推进汽车、电器等一系列行业的发展。企业对引进的大量技术开始改革，从而助力科技创新。据统计，日本技术的引进数量从 1960 年的 588 项增加到了 1970 年的 1768 项，1949—1970 年，日本共引进了 257777 项技术（王博，2020）。从表 5-1 中可以看到，20 世纪 60 年代日本的 GDP 增长率明显偏高，以年均 16%的增长率对发达国家进行赶超。对于 60 年代到 70 年代的日本企业来讲，其不仅获得了日本政府的法律支持，而且获得了日本银行的资金支持。日本政府曾于 1963 年制定了《中小企业基本法》，为中小企业设备的现代化更新提供了保障。另外，银行决定对家用汽车和石化工业进行资金支持，并帮助其形成改善企业结构的金融框架。到 80 年代，日本政府开始大力支持计算机半导体等技术创新类产业，并鼓励企业之间合作以共同承担市场风险。因此，日本得以迅速占领半导体市场并在该市场占据较大的市场份额，并一度超过了美国等西方科技强国。在日本政府与企业合作模式的发展背景下，逐渐形成了极具日本特色的科技创新体系，当时的日本成为世界经济强国。

接下来日本迎来了“消失的十年”。自泡沫经济开始，日本经济逐渐落后于世界其他经济体，其不得不开始另谋他路，日本政府认为必须开发具有自主知识产权的新兴技术，继而提出以互联网技术立国的战略，培育以 LED、机器人、软件等为代表的信息通信技术。为了更好地支持企业科技创新发展，日本开始建立科创板、创业板等多层次资本市场，为企业提供资金支持。

第三节 日本多层次资本市场促进企业创新

一、日本银行

日本经济在传统上是以银行为主导的金融模式。日本的银行体系大多为大型企业集团发展提供支持，并在这些大型企业融资中占据绝对的主导地位。日本企业的银行贷款等间接融资占企业融资的 80%以上，公司债券和股票等直接融资在企业融资中占比较小。1991 年，日本企业负债率超过 80%，远高于英美等发达国家水平（陈燕，2005）。面对泡沫经济的挑战，日本政府不得不深思传统金融制度改革的必要性。在经过 20 多年的探索与研究后，日本政府采取了将银行系统转变为一个公开透明、以市场为中心的金融体系的措施，以振兴日本经济。尽管改革保留了原有的体系，但也借鉴了美国金融市场的一部分有关融资体系的经验，这样的改革激发了日本金融市场的活力。金融改革后，不仅大型企业得到了银行的资金支持，中小型科技企业也得到了银行的资金支持。中小企业的资金实力得以增强，其承受高科技产业带来的风险的能力也有所提高。接下来在日本政府的推动下，金融领域出现了大规模的重组与合并。诸多公司形成了由银行持股的混业经营模式。不仅如此，日本政府还提出了允许银行可以不经过结款方的同意将公司贷款的应收账款出售的政策，银行利用贷款证券化使贷款成为具有流动性的资金，改善了资本的质量，从而提高了银行的收益率。银行贷款的证券化可以帮助企业筹集稳定资金，同时不会减少银行内的资本，分散了银行的风险，由于风险降低，投资者开始投资这些高新技术企业。这种政策解决了大量公司本身不稳定的问题，可以帮助企业实现科技创新发展。金融改革后，不仅银行业为这些高科技企业创新提供了帮助，多层次化的资本市场发展也同样促进了企业创新。日本资本市场着力于以服务中小企业为导向，引导资源向新兴行业集聚，为中小企业提供风险分担，并为其提供融资支持。

二、股权市场

银行业的间接融资可以帮助日本高科技企业进行科技创新，日本证券市场等直接融资也大力助推为企业创新提供有力的融资支持等。日经 225 是在东证所上市的公司中选取了 225 家最具代表性企业的股价编制的指数，这 225 家企业最能反映日本主板市场的行业结构。2021 年 7 月日经 225 为 28791.53 点，日本成为仅次于美国的世界第二大证券市场。自 20 世纪 80 年代末，日本开始完善多层次资本市场，目标是给予多种类的科技企业以大量的直接融资服务。总体来说，日本的资本市场也是由主板市场、二板市场和创新板市场三个层次构成。日本曾拥有多个证券交易所，分别以地区划分为东京、福冈、札幌、京都、名古屋和广岛等交易所，其中最著名的交易所是 TSE。TSE 的交易规模仅次于纽约交易所和纳斯达克交易所，位居全球第三。同时其上市公司数量和总市值远高于日本其他的交易所，因此占据主导地位。TSE 分为市场一部和市场二部，市场一部是主板市场，市场二部是市场一部的预备市场，也是中小型企业市场。2021 年 3 月，TSE 的股票市值高达 6.8 万亿美元（见表 5-2），截至 2021 年 7 月，共有 2741 家企业在 TSE 上市。TSE 挂牌企业数如表 5-3 所示。

表 5-2　2020 年 9 月至 2021 年 3 月 TSE 股票市值　　单位：百万美元

时间	股票市值
2020 年 9 月	6075479
2020 年 10 月	6122502
2020 年 11 月	6594589
2020 年 12 月	6718219

续表

时间	股票市值
2021 年 1 月	6347421
2021 年 2 月	6540419
2021 年 3 月	6760497

资料来源：前瞻数据。

表 5-3　TSE 挂牌企业数（截至 2021 年 8 月 31 日）　单位：家

市场板块	市场一部	市场二部	MOTHERS	JASDAQ Standard	JASDAQ Growth	Tokyo PRO	合计
挂牌企业数	2189	471	382	657	37	49	3785

资料来源：TSE。

三、创业板和科创板

1990 年，日本一家公司参照学习美国的 NASDAQ 市场，研究制定了日本市场自动化方案，建立了自动报价系统，也就是 JASDAQ。JASDAQ 于 2004 年获准成为交易所，主要服务于中小企业。后来，JASDAQ 在 2013 年与大阪交易所一起被东京交易集团公司收购，成为其旗下一个市场板块。JASDAQ 是日本最大的创业板市场，只有经过最严格信息核查的企业，才能在 JASDAQ 板块上市。JASDAQ 板块分为标准（Standard）市场和成长（Growth）市场。标准市场的定位是将拥有一定规模和业绩、扩大业务规模的企业作为对象。成长市场是将拥有特殊技术或商业模式、会成长为大型企业的公司作为对象。据 TSE 的数据，JASDAQ 的标准市场有 657 家企业，成长市场则有 37 家企业。

MOTHERS（Market of the High-Growth and Emerging Stocks）是由 TSE 设立的创业板市场。MOTHERS 是为未达到市场一部和市场二部上市条件的高科技企业与具有发展潜力的企业提供交易场所的板块。截至 2021 年 7 月，总共有 383 家企业在 MOTHERS 上市。TSE 要求想要在 MOTHERS 上市的企业必须具有高增长潜力，而这些高增长潜力的企业则由主承销商根据其经营模式或经营环境进行评估确定。在日本，诸如此类的资本市场板块层出不穷，例如，名古屋交易所的 Centrex、福冈交易所的 Q-Board 和札幌证券交易所的 AMBITIOUS，它们都是创业板市场，上市条件较为宽松，主要面向当地的创业型中小企业。从投资领域来看，在这些创业板上市的企业中，覆盖了服务、流通、生物技术、环境卫生管理和生命保健等领域。这些拥有良好经营历史的公司在创业板上市后，将会获得更多的资金支持进行深入的技术创新研究。另外，TSE 的东京 Pro 市场是只限于专业投资者参与的市场，在该市场上市的企业可以自行选择披露的内容，披露制度相对宽松，有利于降低企业在成长阶段的上市成本。

TSE 为了使上市企业分类更加简化，将于 2022 年 4 月重新把这些公司分为三个板块，即主板市场、标准市场和成长市场。主板市场即主要市场，将面向以全球投资者进行建设性对话为中心的公司；标准市场将面向拥有足够资本和较高治理水平的公司；成长市场将面向具有高成长潜力的公司。同时，TSE 将对目前由第一部分上市公司组成的东京证券指数进行修订，以进一步提高其代表市场的能力。TSE 板块构成如图 5-2 所示。

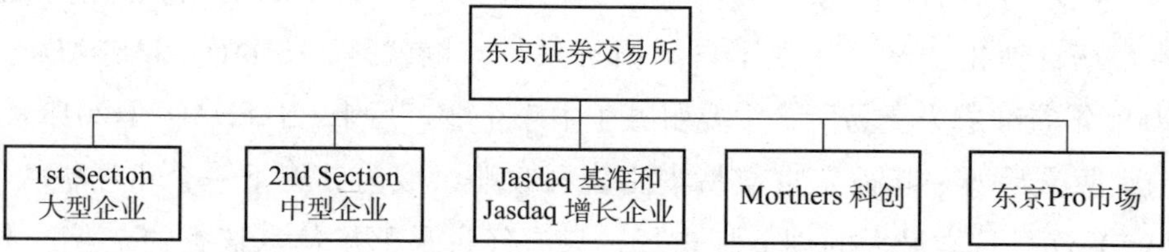

图 5-2　TSE 板块构成

四、场外交易市场

日本资本市场中还有一类市场，即场外交易市场。1983 年，日本政府期望能扩大股票市场的功能，通过满足未达到交易所上市标准的中小企业的融资需求，放宽对融资企业的要求限制等，扩大场外市场挂牌公司的数量。在 1990 年，有 260 多家挂牌公司在场外市场挂牌，其中的绿单市场即日本非上市公司股票交易的主要市场。绿单市场成立于 1997 年，由日本证券协会运营，它既是退市公司股票的交易市场，也是新兴企业和风险公司直接融资与股权转让的平台。但是目前来说，绿单市场在日本规模较小。

作为金融市场中的重要分支，资本市场是一个国家进行资源分配的重要平台。多层次资本市场对资源进行直接融合和分配，为产业创新提供了大量资金支持，同时造就了规模效益，使科技型企业得以发展。在本章第一部分中我们详细介绍了日本政府对于经济复苏所确立的政策与方向。日本经历了三次产业升级和转换，第一次在20世纪60年代，从轻工业转向重工业；从70年代开始发展集中型技术型产业，即以电器机械、精密机械等产业为核心的制造业；目前，日本由以电器机械、精密机械为核心的制造业，转向电子计算机、通信器材和服务业相结合的信息产业。全球进入科技和信息时代，大量信息及通信企业在日本证券交易所上市，但由于大多数为新兴企业，不具备在主板市场上市的条件。根据TSE 2021年7月发布的月报，MOTHERS板块正在交易的368家企业中，信息及通信业有142家，占据整个MOTHERS板块的40%。可见多层次资本市场板块的划分有助于为新兴企业提供融资帮助。

五、债券市场

日本的债券市场是仅次于美国的第二大债券市场。二战后，日本政府采取了财政收入与支出平衡的政策，因此日本政府并未因财政赤字而发行国债。而从1965年之后，由于日本经济发展缓慢，政府才不得不开始发行国债。由银行和证券公司组成的银团在低利率环境下开始售卖国债。在当时，日本政府对国债的监管十分严格，要求银行承销的国债在持有到期后不得转卖。日本政府对公司债券的监管也同样严格。公司债券被银行和证券公司构成的委员会所监管，并且由银行和证券公司来决定是否发行，以及发行利率和金额。银行机构控制了整个公司债市场，并管理着公司债发行后的相关事宜。日本银行是当时公司债的主要投资者。在这样的制度下，公司债券市场将日本家庭有限的收入融入钢铁、造船等产业中。

20世纪70年代，石油危机导致日本税收减少，日本政府于1975年开始大量发行国债。又因日本将固定汇率制改成浮动汇率制，债券发行利率也随之发生变化。日本政府于1977年允许银行转售国债，从此国债可以在市场上流通。1980年，日本政府颁布了新外汇法，鼓励外资机构投资日本债券市场，而新外汇法对各种外汇交易均不施加任何限制。1985年，TSE

开放国债期货市场；1989 年，长期国债公募开始投标，国债市场也逐步得以完善。自此，公司债券市场迎来了显著的变化。首先，日本的债券市场制度得到了完善；其次，取消了原先由银行和证券公司构成的委员会，公司债券的发行标准得以解放。这些发行标准包括净资产、自有资本比率、股息率等六项标准。然而，日本对外汇法的修改也推动日本海外证券投资规模大幅度增长，造成资本流失。尽管境外大量机构持有日本国债，但是日本政府依然没有对其进行管制，而是选择了更加宽松的货币政策，从而导致了 90 年代的日本经济泡沫。

90 年代的日本经济泡沫大幅降低了日本公司债券对投资机构的吸引力。日本政府为了使公司债市场得以复苏，采取了一系列措施。1992 年，日本要求银行和证券公司开始进行公司债的销售，并于 1993 年彻底废除了日本公司债发行要求。日本在 1998 年提出了更加自由化的改革方案，即“东京金融大爆炸”。此改革方案是为了推动日本国际经贸发展和金融交易自由化。在这个阶段，日本债券种类进一步丰富，这些债券可以分为三大类：公共债券、企业债券和外债。而每一大类下又细分出不同用途和不同交易方式的债券。同时，日本政府优化了国债期限结构，从而极大地提高了债券的市场化程度。“东京金融大爆炸”改革为未来引入境外投资者夯实了基础。

日本政府为了扩大日本债市规模，吸引海外投资者参与日本债券市场，推行了一系列的制度改革。TSE 于 2011 年 5 月建立了东京机构债券市场。东京机构债券市场定位于服务专业的机构投资者，同时极大地简化了债券上市程序，降低了信息披露要求的频率。在东京机构债券市场发行的债券只需要向 TSE 提交所需文件即可发行。在东京机构债券市场交易的债券品种繁多，包括日本或境外的实业公司、市政主体、主权国家等发行的债券。而这些债券都是经过国际承认并得到过日本投资者认可的评级的。上市资格标准并不取决于评级级别高低。日元或者其他币种均可以作为计价货币。信息披露语言则要求是日语或者英语，以保证投资者可以获得准确信息。多种计价货币与英语披露的制度在很大程度上方便了海外投资者，提升了债券国际化水平。目前，日本债券市场已经逐渐成熟。通过不断丰富发行品种、发行方式，放宽监管政策，鼓励海外投资者参与。

债券市场是企业的重要融资渠道，公司债券有助于提升企业价值，同时帮助企业进行治理改革。由于日本公募债券发行成本过高，很多中小企业将目标转向私募债券，而这些私募债券大都由银行发行。由银行主导的私募债可以获得大量的资金支持，并且附带偿还保证，使得投资者的风险减小。而另一些由与企业相关的利益机构发行的债券，相对银行发行的企业债券信息披露成本较低。因此，日本的一些中小型企业选择利用私募债券进行融资。根据王召（2005）的研究，在日本政府不断放松金融管制的背景下，债券市场得以壮大。大型企业融资更趋向于利用债券市场，而银行资金也在竞争压力的情况下流向中小型企业，帮助这些中小型企业融资。

对于现阶段的我国来说，日本债券市场有一定的借鉴作用。首先，日本债券市场一直保持开放性政策；而我国债券市场目前面临着风险定价、投资多元化、信用评级等一系列问题，这些问题可能在债券市场进一步开放和深化改革的过程中得以解决。其次，我国债券市场需坚持依托专业机构投资者，大幅度提高市场发展效率。最后，我国债券市场应大力提高国际化水平，鼓励引入外国投资者，允许英语或多语言进行信息披露，同时加强会计规则的国际沟通与交流，从而方便境外资本投入中国债券市场。

第四节　日本风险投资与企业创新

日本贸易振兴机构（Japan External Trade Organization）认为，风险投资是投资于高增长潜力的非上市公司的主要参与者。近期，大型企业纷纷开始寻求风险投资机会，寻求开展新业务的可能性。政府机构也组织了大笔资金在日本创造新的产业。近年来，日本风险投资数量大幅增加，其通过提供咨询、指导等方式支持初创公司的成长并为其提供各个阶段所需的资金。Arrow（1995）认为风险投资融资在推动创新方面起到了重要的作用。风险资本投资者在全球范围内部署的资金数量和获得资金的初创公司数量大幅增长，在较早时期，众筹资金平台和天使投资人等全新的金融中介出现新风投。

日本相对于亚洲其他各国发展风险投资较早。从1951年开始，日本就成立了专门负责为风险企业提供贷款的银行，后来逐渐发展为以银行为主的风险投资产业。为促进风险投资提出了一系列的优惠政策，颁布了大量的支持风险投资的法律。从20世纪90年代开始，为了发展新兴产业并增强国际竞争力，日本开始大规模发展风险投资业。政府为了鼓励风险投资业发展，大力减少风险投资公司的税收，降低风险公司注册成本。从1994年开始，日本风险投资业飞速发展。在2000年时，日本风险投资额达到了2814亿日元。2005年4月，日本政府颁布了新版的《关于促进中小企业的新事业活动的法律》，这部法律与专门支持创新的《新促法》都鼓励风险投资企业发展，促进风险投资公司技术研发成果的顺利转化，并且减免了包含专利费等十几种资金成本。日本风险投资资金来源多样。从有限责任公司、天使投资人、海外投资以及年金等，风险投资资金不断融入风险投资市场。风险投资的方向也都面向高新技术产业，其中不得不提到日本风险投资企业的领头羊——集富投资公司（JAFCO）。作为日本最早创立的风险投资公司，集富投资公司在全球投资公司中具有绝对优势，其创立于1973年，并于1990年建立了JAFCO亚洲分公司。JAFCO在日本TSE主板市场上市，2021年公司年报显示，企业总收入达到385亿日元。集富投资公司专注于投资通信、半导体、软件、互联网和人工智能等新兴科技产业，主要的运作方式是管理投资者资金池并收取一定的管理费用，通过仔细的市场调研，将管理的资金投入具有良好发展潜力的国内企业和国际企业，那些被投资的企业在成功IPO之后会将部分收入以利润的形式分配给投资者和集富投资公司。集富投资公司在2021年拥有8000亿日元的资金池，其中95%用于投资种子企业和初创公司。目前，JAFCO已经投资了4075家公司，其中1017家公司已经通过IPO。这样的风险投资企业在日本还有很多，如日亚投资、瑞穗资本、Future venture Capital等。总体而言，日本风险投资公司能更好地为高新技术企业提供资金支持，帮助企业进行科技创新，从而进一步提高其成长性且促进其长期良好发展。

第五节 日本政府对中小型企业的扶持

在日本，年销售额不到5亿日元的企业被视为中小型企业，这些企业是未来构成大型企业的主要力量，也是制造业竞争力的源泉，所以中小型企业在日本经济中占据了非常重要的位置。日本政府以银行的间接融资帮助中小型企业获得发展所需的资金，并以发展多层次资本市场和风险投资等方式帮助它们获得直接融资。全日本3万多家具有悠久历史的企业中，60%以上的企业为中小型企业。2019年，《日本中小企业白皮书》中指出，日本99.7%的企业是中小型企业，共有357.8万家，同时在就业人群中，70%的劳动者服务于中小型企业。中小型企业创造了日本70%的零售业销售额、60%的批发业销售额、54%的制造业附加值和47.9%的制造业出厂货物总额（工业统计数据，2013）。20世纪60—80年代，日本经济飞速发展，大型制造业企业数量一直保持平稳，而中小型企业数量有了大规模的增长，在这些蓬勃发展的中小型企业中，有一大批从事某种零部件生产，专注于某道工序的高度专业化生产，它们相继成长起来。如今，这些高度专业化的小企业中涌现出了一大批行业领头羊。在德国的汽车，美国宇航局的飞船、机器人等形形色色的半导体设备中，一些关键部件的生产和工序设计，皆由日本中小型企业完成。这些中小型企业的半导体销售额占到了当时半导体市场总销售额的一半，帮助日本经济得以复苏。在科技高速发展的今天，日本存在一大批出色的中小型企业，例如，日本的音羽电机公司，其是一家提供从设计、研发、制造到安装整套避雷设施解决方案的企业。近年来，日本因雷电造成的损失高达3000亿日元，在现代设施和产业发展中需要大量的避雷设施，以减少雷电对电器线路及设备的损坏。目前，这家电机公司已经发展成一家拥有500名员工、在日本避雷行业的市场份额中占据第一位的企业，这与该公司不断创新和研发科技密不可分。音羽电机公司每年花费大量的技术研发经费，雇用了近40名研发人员，他们认为只有不断实验和研究，才能向客户提供更多高质量的产品。科技创新往往离不开资本市场的支持，资本市场充沛的资金能支持中小企业进行科技创新，使其得以迅速发展。

科技创新同样离不开政府的支持，为了鼓励中小型企业发展，日本建立了完善的立法体系，为它们提供了宽松稳定的金融环境和安全保障。从1963年开始，日本仿照美国的《中小型企业法》制定了《小企业基本法》，该法律可以帮助小企业在大企业的压力下生存和发展。之后日本政府又对《小企业基本法》进行改革和调整，旨在促进科技创新，使交易程序更加公正化，增加中小企业的科技创新人才，提高企业自主研发能力。依据实际问题，经过不断的探索与考证，日本又颁布了8部涉及金融方面的小企业法、30多部关于中小型企业的法律，主要有《小企业金融公库法》《小企业信用保险公库法》《小企业现代化促成法》《信用保证协会法》等。

日本政府同样鼓励以银行为主导的间接融资机构支持中小型科技企业发展。在日本经济进入高速发展的20世纪50年代到80年代之间，企业的资金需求巨大，而内部资金又严重不足，同时资本市场落后，这些共同促使银行业迅速繁荣。日本不得不将中央银行作为主导金融体系，将民间金融机构和政策性金融机构作为辅助中介体系。科技创新离不开资金的支持，整个金融体系的资金支持实现了科技的创新，使日本战后经济反超欧美国家。90年代末，日本泡沫经济等问题出现，政府不得不对当时的银行体系进行改革，立志将银行体系发展成一个公开透明、以市场为中心的金融体系。深层次改革后的日本银行体系采用了英美银行体系的框架，帮助科技企业获得间接融资的支持，提高了金融市场的活力和国际市场的竞争力。目前，银行和大部分企业之间存在着交叉持股的现象，除去银行的间接融资支持，政策性金融机构也会向中小型企业提供少许融资服务，达到申请贷款条件的中小型企业在审查通过后，会得到资金的注入，用于企业的发展。政策性机构需要配合和实施日本经济政策，在特定的业务领域帮助中小型企业获得融资支持，如小企业金融公库、国民生活金融公库和商公合作社中央公库。小企业金融公库可以为中小型企业提供长期的固定利息贷款，这类政策性贷款将为政府支持的新技术和新型事业活动提供融资便利；国民生活金融公库是专门为企业员工在20人以内的小型企业提供资金支持；商公合作社中央公库则是一家半民营半政府经营的金融机构。日本政府对这些金融中介进行了制度以及结构上的创新，期望以此帮助中小型企业获得更便利的间接融资。

在实际经营过程中，中小型企业往往很难获得直接融资。政府为了支持中小型企业的发展，构建了资本市场的创新板块，利用多层次资本市场板块专门服务于中小型企业。创新板块的上市门槛相对较低，有助于中小型企业上市获得直接融资。不仅如此，政府还鼓励那些极具发展前景但是目前有一定亏损的科技创新型企业进入二板市场进行融资，这些企业将会得到广泛的非货币金融支持。

中小型企业在获得充沛的资金后，会将科技创新摆在首位，因为这些企业明白，只有科技创新才能使企业具有市场竞争力。例如，2001 年成立的 Gene Techno Science（GTS）公司，致力于“通过研究分子靶向治疗药物中的抗体药物，提高患者的生活质量”。公司主要经营生物防治学、再生医学和生物药学的产品研发。在没有上市之前，GTS 由于经费有限，企业规模较小，不得不将自主研发的医药科研专利转让给 Kaken 药业有限公司。2012 年 11 月，GTS 在 TSE 的 MOTHERS 板块上市。在上市期间，获得了大量的资金积累，可以方便企业后续的自主科技研发。2016 年，GTS 获得了日本新能源工业技术开发组织的 R&D 风险投资支援种子项目补助。该公司上市后，又从其他相关政府组织中获得了资金援助，从而逐步转型为自主研发生物医药的公司。2017 年，GTS 公司与 Juntendo 大学达成了合作研究项目，创立了自己的合作研究所。同时，GTS 公司与很多其他医药公司签署了合作协议，创立了商业联盟，如基因设计公司 Gene Design Inc 和 Orthorebirth Co. 公司。目前，GTS 公司已经具备了自主创新的能力，正在研发一种新型的治疗载体，用以治疗癌症等疾病。在日本，像 GTS 公司这样的中小型企业在多层次资本市场上市后，可以获得用以技术创新的资金支持，这种情况并不鲜见。可见，多层次资本市场对中小型企业科技创新起到了重要的支持作用。

第六节　日本经验及启示

纵观日本经济发展历史，在日本经济飞速发展时期，日本以科技立国，重点发展创新技术，这在日本经济的腾飞中功不可没。而近年来，日本研究探索多层次资本市场，不断推动风险投资、开创复杂的银行体系，帮助中小型科技企业发展。从日本的经验中我们可以得到如下启示：

（1）重视和鼓励中小型科技企业进行科技创新，建立完善的资本市场体系与法律，为企业创新提供支持。日本政府对中小型科技企业的支持是全方位的，不仅提供了多样的融资渠道，而且为这些中小型企业的发展制定了法律和优惠政策，以促进这些企业进行科技创新。我国多层次的资本市场应该针对不同类型、不同成长阶段的企业建立多样化的上市标准，以更好地满足企业创新发展的需求。

（2）建立完善的信用中介体系，以帮助中小型企业更快获得融资。由于信贷风险较高，中小型企业不容易得到银行信贷资金的支持。担保体系的建立和有效实施，有助于中小型企业获得间接融资的支持。

（3）建立更好的股票信息披露环境，利用金融科技手段，帮助投资者降低投资风险，改善金融投资环境。

（4）鼓励风险投资企业投资种子和初创企业。可以考虑减轻这些风险投资企业的税收，以帮助企业节约营业费用，从而降低投资风险。

第三篇

资本市场与企业创新：中国实践

第六章

资本市场支持企业创新的总体情况

第一节 上市企业创新的总体情况

2021年3月，十三届全国人大四次会议审议通过了《中华人民共和国国民经济和社会发展第十四个五年规划和2035年远景目标纲要》，“十四五”规划明确提出要坚持创新驱动发展，全面塑造发展新优势。创新是未来中国经济增长、提升国际竞争力的重要驱动力。创新与产业将在两个维度实现融合发展：一方面，促进传统产业结构的转型升级；另一方面，提升高新技术产业和战略性新兴产业的核心竞争力。强调创新驱动、建设科技强国，已成为重要的国家战略。

一、上市公司创新投入情况

作为科技创新的市场主体，企业在创新中发挥着重要作用，“十四五”规划中重点提出要“提升企业技术创新能力”。上市公司因其在融资、技术、规模等方面的优势，成为企业创新的重要力量。近年来，在国家创新战略的指引下，上市公司更加注重技术研发和创新活动开展。

近年来，上市公司研发投入力度加大，员工结构逐步优化。近五年上市公司整体研发投入稳中有升，2020年全部A股上市公司研发投入占营业收入的平均比重达到5.51%。同时，技术人员人数占比显著提升，从2016年的17.37%上升至2020年的22.32%（见图6-1）。

分板块来看，科创板公司的研发投入水平显著高于其他板块。2020年科创板公司研发支出总额占营业收入比重为11.10%，显著高于创业板和主板公司的平均水平（见图6-2）。2020年科创板公司平均技术人员占比超过30%，从2019年科创板开板，其上市企业的技术人员占比就显著高于主板和创业板水平，研发人员数量占人员总数的比重也呈现出相似的特征（见图6-3）。这也充分体现了科创板支持科技创新的定位。

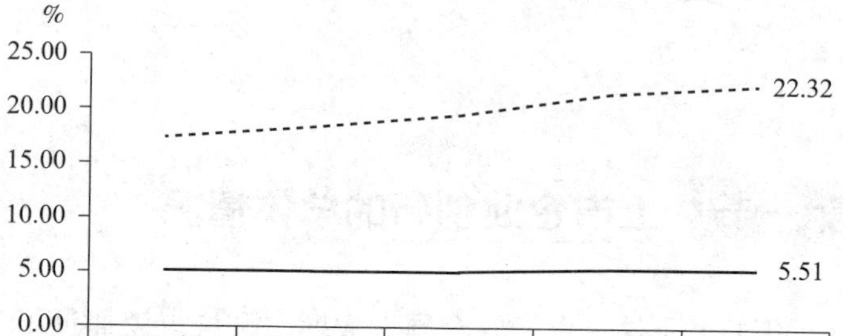

	2016年	2017年	2018年	2019年	2020年
—— 研发支出总额占营业收入比例	5.12	5.09	5.14	5.41	5.51
----- 技术人员人数占比	17.37	18.36	19.53	21.52	22.32

图6-1　2016—2020年A股上市公司研发支出及技术人员情况

注：根据Wind数据库，截至2021年7月22日，A股上市公司共有4407家，以这些上市公司为样本进行统计，并删除极端值，若无其他说明下同。A股上市公司研发投入占营业收入的平均值=Σ公司i的研发投入占营业收入的比重/全部公司家数。技术人员人数占比与研发投入情况计算方法一致。

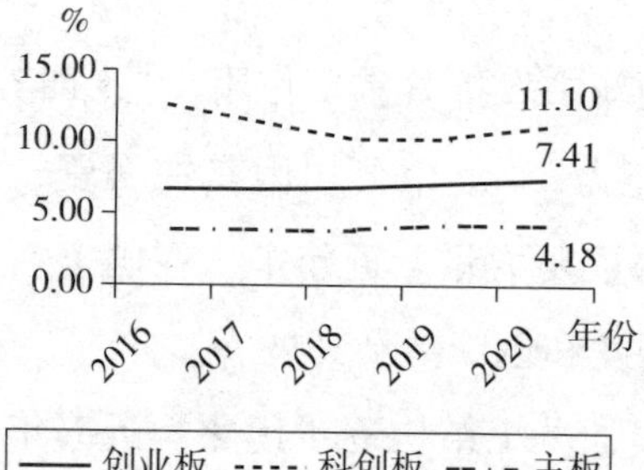

图6-2　不同板块研发支出占营业收入比重①

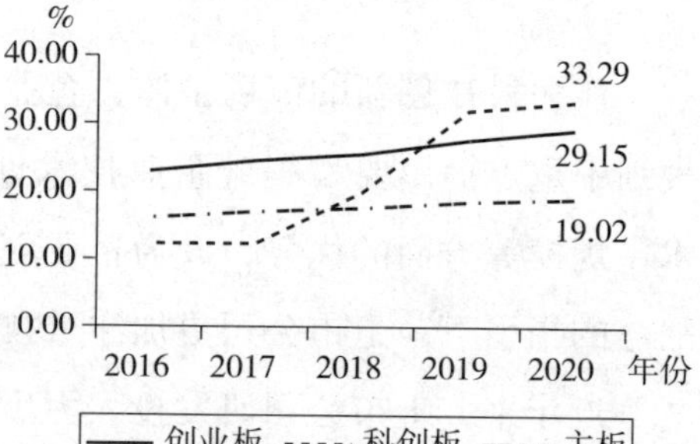

图6-3　不同板块研发人员数量占比①

① 注：科创板于2019年正式开板，但根据Wind数据库，其上市公司基本存在3~5年前的研发投入数据。因此，根据Wind数据库披露的相关年度数据对该指标进行汇总计算。

表 6-1　2016—2020 年按证监会大类行业分类的企业研发时间投入占营业收入比重

（%）

行业	2016 年	2017 年	2018 年	2019 年	2020 年
采矿业	1.94	2.00	2.05	1.99	2.10
电力、热力、燃气及水的生产和供应业	0.81	0.79	0.75	0.79	0.78
房地产业	1.11	3.19	1.52	0.80	1.03
建筑业	2.54	2.48	2.63	2.65	2.89
交通运输、仓储和邮政业	0.80	0.99	0.72	0.80	0.78
教育业	6.48	4.53	4.78	4.72	6.38
金融业	3.12	3.19	3.98	3.95	4.08
居民服务、修理和其他服务业	0.00	1.26	2.74	3.79	1.44
科学研究和技术服务业	6.93	7.07	6.50	6.48	6.77
农、林、牧、渔业	1.51	1.75	1.91	1.70	1.62
批发和零售业	1.02	0.93	0.91	0.94	0.88
水利、环境和公共设施管理业	3.71	3.27	3.22	3.30	3.32
卫生和社会工作	1.93	3.27	1.33	1.84	1.68
文化、体育和娱乐业	2.40	2.40	2.47	2.29	2.50
信息传输、软件和信息技术服务业	10.71	10.82	11.23	11.34	12.60
制造业	5.06	5.01	5.15	5.54	5.54
住宿和餐饮业	0.02	0.04	0.15	0.15	0.29
综合	3.55	3.37	4.59	3.56	4.19
租赁和商务服务业	1.66	1.56	1.24	1.28	1.58

从大类行业来看，信息传输、软件和信息技术服务业的研发投入水平较高，近五年该比例均在 10% 以上，远高于其他行业上市公司平均水平（见表 6-1）。从细分行业来看，研发投入水平较高的几个行业分别是软件和信息技术服务业、医药制造业和仪器仪表制造业（见表 6-2）。这些行业是新兴产业，同时也是技术含量、科技水平较高，创新活动集聚的高新技术产业。

表 6-2　2016—2020 年部分细分行业研发投入占营业收入比重　（%）

行业	2016 年	2017 年	2018 年	2019 年	2020 年
互联网和相关服务	8.22	8.61	8.57	8.60	11.42
计算机、通信和其他电子设备制造业	7.33	7.73	7.63	9.04	8.59
软件和信息技术服务业	11.82	11.86	12.41	12.56	13.46
研究和试验发展	13.49	13.72	8.58	8.51	8.95
医药制造业	6.53	6.29	6.62	7.13	7.53
仪器仪表制造业	7.21	7.61	8.13	8.08	7.99

二、上市公司创新能力评价

企业创新能力评估方面，我们参考了《2021 年中国上市公司创新指数报告》。该报告以 A 股上市公司为样本，构建了涵盖创新势力和创新效率两个方面的创新综合指数。其中，创新势力包括研发资金投入、研发人员规模、专利数量等方面；创新效率包括研发强度、技术效率、商业模式等维度。在该报告中，六大城市（北京、上海、杭州、广州、深圳和南京）创新指数 500 强企业主要分布在计算机、通信和其他电子设备制造业，软件和信息技术服务业，医药制造业等领域（见表 6-3）。

表 6-3　六大城市创新指数 500 强企业行业分布情况　单位：家

所属行业	企业数量
计算机、通信和其他电子设备制造业	34
软件和信息技术服务业	28
医药制造业	22
专用设备制造业	20
电气机械和器材制造业	18
互联网和相关服务	13
化学原料及化学制品制造业	13
通用设备制造业	8

总体来看，在创新驱动发展战略的指引下，企业创新投入有所增加，科创板企业在创新投入方面表现突出。计算机、通信和其他电子设备制造

业，软件和信息技术服务业，医药制造业等高新技术产业的创新投入和创新产出能力较强。上市企业创新投入的加大和创新产出的增加，一方面离不开企业自身的积极探索和开发；另一方面也离不开资本市场为企业创新提供的多方面支持，如融资支持、制度支持以及公司治理支持。

第二节　资本市场的融资支持

创新活动具有风险大、周期长、资金需求量大的特点，仅依靠内部资金无法满足持续性创新项目的资金需求。因此，外部融资在企业创新活动开展中发挥了重要作用。而直接融资相对于间接融资更能够适应高风险、高收益的创新项目，因此，资本市场的融资功能为企业创新提供了重要支持（见图 6-4）。

一、股权融资支持

根据 Wind 数据库统计，2020 年 A 股市场股权融资（包括首发、增发、配股、优先股和可转债以及可交换债券）规模为 1.67 万亿元。其中，增发募集资金占比约为 50%，首发募集资金占比 28.18%（见图 6-4）。

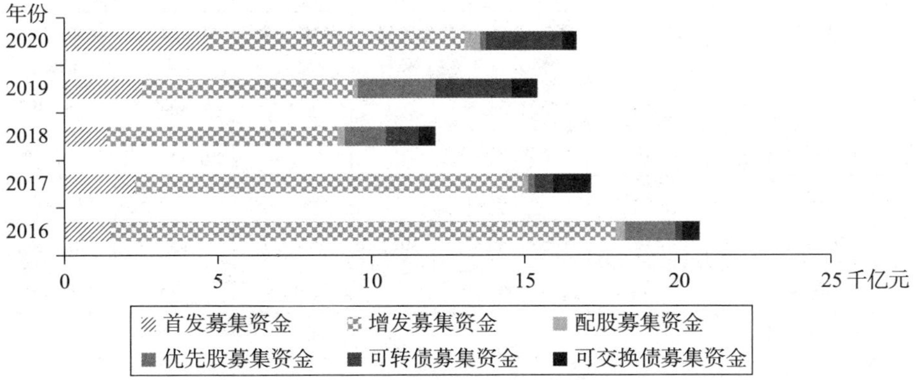

图 6-4　不同年份 A 股市场股权融资规模分类统计

从行业分布来看，融资规模排名前五的行业分别是计算机、通信和其他电子设备制造业，资本市场服务，电气机械和器材制造业，医药制造业，以及化学原料和化学制品制造业，这些行业大多是研发投入占比较大的行业，特别是计算机、通信和其他电子设备制造业以及医药制造业（见表6-4）。从资源配置的角度来看，我国多层次资本市场对企业创新投入提供了更大的支持。

表6-4　A股市场2020年融资规模行业分布情况

行业	2020年融资规模占比/%
电气机械和器材制造业	6.91
化学原料和化学制品制造业	4.48
计算机、通信和其他电子设备制造业	13.41
医药制造业	5.69
资本市场服务	9.70

从不同层次板块融资情况来看，2020年主板市场总体融资规模小幅下降，创业板、科创板企业融资规模大幅上涨。科创板2020年融资总规模达到2236.87亿元，较上年同比增长171.38%，创业板融资规模增长率也高达107.39%（见表6-5）。股权融资规模的增长与科创板、创业板注册制改革密切相关，企业融资规模的增长为企业创新项目的开展提供了资金支持。

表6-5　不同板块融资规模对比

项目	主板		科创板		创业板	
	募集家数/家	募集资金/亿元	募集家数/家	募集资金/亿元	募集家数/家	募集资金/亿元
2016年	813	18521.38			304	2154.98
2017年	810	15659.21			288	1484.34
2018年	388	10963.37			119	1128.98
2019年	415	13577.64	70	824.27	153	1011.63
2020年	639	12341.67	147	2236.87	245	2098.01
2020年单个企业平均募集资金	19.31	15.22	8.56			

具体到科创板，2020年科创板中新一代信息技术产业获得整个板块募集总资金量的1/2，同时，生物产业、高端装备制造产业、新材料产业也是资金主要流向行业（见表6-6）。

表 6-6　2020 年科创板企业募集资金流向

科创主题	募资家数/家	融资规模占比/%	融资规模总计/万元
高端装备制造产业	28	10.94	2448147.60
节能环保产业	11	4.22	944739.52
生物产业	29	19.15	4282756.69
相关服务业	2	0.60	133798.61
新材料产业	18	8.98	2008034.51
新能源产业	5	2.55	570575.86
新能源汽车产业	4	3.43	768273.64
新一代信息技术产业	50	50.13	11212330.25

二、债券融资支持

资本市场对企业创新的融资支持不仅仅体现在股权融资方面，债券市场也在不断进行债务工具创新，以支持企业创新活动开展，特别是支持创新创业型企业融资。目前，支持科创企业的创新型债券主要有四种，分别是双创债、双创孵化专项债、科创债和高成长型企业债务融资工具（见表 6-7）。

双创债和双创孵化专项债早在 2016 年就已经开始发行，而科创债和高成长型企业债务融资工具则是 2021 年推出的新型融资工具，是对双创债和双创孵化专项债的拓展和延伸。截至 2021 年 8 月 10 日，根据 Wind 数据库统计，共有 98 只已发行上市尚未到期的双创孵化债券，发行规模总计 1035 亿元；市场中现存未到期创新创业公司债券 73 只，总规模为 807.8 亿元。

表 6-7　不同类型支持创新企业融资债券对比

项目	双创债	双创孵化专项债	科创债	高成长型企业债务融资工具
含义	支持创新创业公司和创业投资公司发行的公司债	支持提供双创孵化服务的产业类企业或园区经营公司发行的专项债券	科创债是在双创债基础上进一步发展起来的债务融资工具，是对双创债的进一步延续和拓展	高成长型企业发行的公司债券

续表

项目	双创债	双创孵化专项债	科创债	高成长型企业债务融资工具
发行人	创新创业公司：从事高新技术产品研发、生产和服务，或者具有创新业态、创新商业模式的中小型公司。创业投资公司：向创新创业企业进行股权投资的公司制创业投资基金和创业投资基金管理机构	提供双创孵化服务的产业类企业或者园区经营公司	与双创债券的发行人基本一致	经国家有关部门认定的科技创新企业（高成长型企业），包括国家企业技术中心、高新技术企业、技术创新示范企业、制造业单项冠军企业及专精特新"小巨人"企业等五类
资金用途	创业投资公司发行创新创业公司债募集的资金应专项投资于种子期、初创期、成长期的创新创业公司的股权。对于创新创业公司的资金安排限制较少	募集资金用于涉及双创孵化服务的新建基础设施、扩容改造、系统提升、建立分园、收购现有设施并改造等，包括但不限于纳入中央预算内资金引导范围的"双创"示范基地、国家级孵化园区、省级孵化园区以及经国务院科技和教育行政管理部门认定的大学科技园中的项目建设	集资金用于符合国家战略、支持关键核心领域科技创新的项目，同时解决中小科技创新企业融资问题，引导资金流向科创企业行业	用于支持高成长型企业的科技研发创新活动，补充流动资金需要等
发展现状	截至2021年7月27日，共有69只双创债券上市	截至2021年7月27日，共有99只双创孵化专项债券上市	2021年3月3日，上海科创投集团、中关村发展集团联合发行科创债15亿元，募集资金投资于人工智能、大数据、集成电路等前沿科技领域	2021年3月，科伦药业、新希望集团、天士力集团和美的集团共发行首批高成长型企业债务融资共计48.5亿元
特点	聚焦创新创业公司和创业投资公司	强调发行主体要提供双创孵化功能，发行主体一般属于建筑业企业	各项内容与双创债券基本一致，是双创债券的延续和拓展	对发行企业规格限制较大，强调支持优质的五类高成长型企业

续表

项目	双创债	双创孵化专项债	科创债	高成长型企业债务融资工具
相同点	符合创新驱动发展战略，旨在支持创新创业企业融资，引导资金流向高新技术企业、高科技战略性新兴行业，促进企业创新			
不同点	子市场发展程度不同，针对的发行主体和发行条件不同			

第三节　资本市场的制度支持

一、发行上市制度——注册制

注册制改革是推动企业创新、支持高新技术企业、创新创业型企业上市融资的重要举措。在注册制的推动下，科创板在支持高新技术行业企业上市、引导资金流向“硬科技”领域发挥了重要作用。从 2019 年 7 月 22 日到 2021 年 7 月 22 日，科创板注册制已经实施两年，超过 300 家公司成功登陆科创板。根据 Wind 数据库统计，截至 2021 年 7 月 22 日，科创板上市公司有 313 家。从科创主题来看，生物产业和新一代信息技术产业公司占比总计超过 50%，充分体现了科创板板块定位，同时这些行业又是极具创新能力、创新投入产出较大、未来发展前景广阔的“硬科技”领域，这也体现了注册制对企业创新的支持（见表 6-8）。

表 6-8　科创板公司科创主题一览（截至 2021 年 7 月 22 日）

科创主题	占比/%
高端装备制造产业	16.93
节能环保产业	6.07
生物产业	22.68
数字创意产业	0.32
相关服务业	0.96
新材料产业	12.78

续表

科创主题	占比/%
新能源产业	3.83
新能源汽车产业	1.60
新一代信息技术产业	34.82

在科创板注册制试点的带动下，创业板在2020年8月24日也迎来了注册制的落地实施，这也标志着注册制改革在我国资本市场的进一步深化和拓展。注册制对企业创新的支持主要体现在以下两个方面：

一是板块的行业准入，无论是科创板还是创新板都强调上市公司的科创属性以及高新技术行业定位，而这些企业的创新能力也更强，在注册制背景下市场更加青睐这些创新能力较强的高新技术企业。

二是企业上市条件更宽容。从上市条件来看，注册制下上市条件将预计市值与财务指标相结合，没有对企业的营利性进行严格限制，更加宽容多样的上市条件也有助于创新型企业上市，进而促进企业创新。中小型高新技术企业虽盈利能力有限，但其拥有核心技术，行业未来发展前景广阔，急需资本市场融资以支持其研发活动的正常开展。而主板上市条件过于苛刻，特别是对企业的盈利能力有较高的要求，并不适合具有科创属性的创业公司。注册制改革使这一问题得到解决，通过建立不同标准，将预计市值与财务状况相结合，差异化、宽容度高的上市条件能够最大限度地满足不同创新创业公司的上市需求。科创板、创业板注册制下的发行主体和发行条件要求对比如表6-9所示。

表6-9　科创板、创业板注册制下发行主体、发行条件要求对比

	科创板	创业板
发行主体	新一代信息技术符合国家战略、突破关键核心技术、市场认可度高的科技创新企业；属于新一代信息技术、高端装备、新材料、新能源、节能环保以及生物医药等高新技术产业和战略性新兴产业的科技创新企业；互联网、大数据、云计算、人工智能和制造业深度融合的科技创新企业	建立行业准入的负面清单，负面清单主要是包括建筑业、房地产业、采矿业等在内的传统产业，主要目的是突出创业板支持科技创新型企业的发展

续表

	科创板	创业板
发行条件	对于一般企业来说，市值与财务指标相融合的五套体系，满足其一即可；甚至允许尚未盈利、仍有累计未弥补亏损的高新技术企业上市	融合市值和财务双重指标，一般企业满足三项指标之一即可。对企业的盈利性（净利润）没有严格的要求

二、同股不同权制度安排

资本市场对企业创新的另一个重要制度支持是同股不同权制度。同股不同权又叫作双重股权结构，是一种相对于同股同权的特别表决权制度安排。在同股不同权制度安排下，公司发行两种具有不同表决权的股票：一种是普通股份；另一种是拥有特别表决权的股份，即特别表决权股份。每一特别表决权股份拥有的表决权数量大于每一普通股份拥有的表决权数量，其他股东权利与普通股份相同。设置表决权差异安排更符合科创型企业经营发展的需要，有利于支持企业创新，为“双创”企业推出更多、更高质量的持续性创新成果提供了制度支持。

在我国主板市场，根据《中华人民共和国公司法》的规定，明确上市公司发行的股票必须是同股同权的股份，即每一股份代表的收益权和表决权相同。然而，在同股同权的要求下，我国很多优质企业都因无法满足这一要求，被迫在国外上市，特别是一些科技创新型公司，这就造成国内资本市场因这一条件限制丧失了大量的新型科技公司。

在这种情况下，为了支持更多科技创新型企业在国内上市，我国开启了同股不同权制度改革。2018 年 9 月，国务院发布《国务院关于推动创新创业高质量发展　打造“双创”升级版的意见》，提出支持发展潜力好但是尚未盈利的创新型企业上市，允许科技企业实行同股不同权治理结构。

随后在科创板、创业板注册制改革下，同股不同权制度得以真正落实。我国目前的发行制度仅允许同股不同权企业在创业板和科创板上市。

表 6-10 将科创板、创业板关于表决权差异安排制度，即同股不同权制度安排进行了对比。可以看出，科创板和创业板的同股不同权制度的安排基本一致，只是在具有表决权差异安排的发行人上市条件上有所

不同。

科创板相对于创业板，对同股不同权的企业的上市条件更宽容，取消了与净利润相关的盈利性要求，而在设立时间、人员限制和表决权数量限制方面两个板块的规定完全一致。

表 6-10　科创板、创业板对同股不同权企业发行条件对比

<table>
<tr><th colspan="2">项目</th><th>科创板</th><th>创业板</th></tr>
<tr><td>不同点</td><td>发行上市条件</td><td>发行人具有表决权差异安排的，市值及财务指标应当至少符合下列标准中的一项：
（一）预计市值不低于 100 亿元；
（二）预计市值不低于 50 亿元，且最近一年营业收入不低于 5 亿元</td><td>发行人具有表决权差异安排的，市值及财务指标应当至少符合下列标准中的一项：
（一）预计市值不低于 100 亿元，且最近一年净利润为正；
（二）预计市值不低于 50 亿元，最近一年净利润为正且营业收入不低于 5 亿元</td></tr>
<tr><td rowspan="3">相同点</td><td>表决权差异安排设置时间</td><td colspan="2">对于表决权差异安排，只允许在首次公开发行并上市之前设置表决权差异安排，之后不具有表决权差异安排的，不得在首次公开发行上市后设置</td></tr>
<tr><td>持有特别表决权股份的人员限制</td><td colspan="2">持有特别表决权股份的股东应当为对上市公司发展或者业务增长等做出重大贡献，并且在公司上市前及上市后持续担任公司董事的人员或者该等人员实际控制的持股主体</td></tr>
<tr><td>特别表决权表决权数量</td><td colspan="2">每份特别表决权股份的表决权数量应当相同，且不得超过每份普通股份的表决权数量的 10 倍</td></tr>
</table>

2019 年 9 月 27 日，优刻得（股票代码：688158）成功登陆科创板，成为 A 股市场第一家同股不同权的上市公司。随后，伴随着科创板和创业板注册制的快速发展，越来越多的创新创业型、具有差异化表决权安排的企业申请上市。截至 2021 年 6 月 30 日，新增同股不同权上市企业一家，受理企业 9 家。综合来看，已上市和已受理同股不同权企业共 11 家，从科创主题来看，主要涉及新一代信息技术产业（见表 6-11）。

表 6-11　科创板已上市或受理的同股不同权企业

科创主题	公司	目前状态
高端装备制造业	九号公司-WD	已上市
生物产业	汇宇制药	已受理
新能源汽车产业	精进电动	已受理

续表

科创主题	公司	目前状态
新一代信息技术产业	奥比中光	已受理
	华勤技术	已受理
	经纬恒润	已受理
	旷视科技	已受理
	商米科技	已受理
	思特威	已受理
	优刻得-W	已上市
	云从科技	已受理

同股不同权制度是资本市场推动企业创新、支持创新创业型企业上市的重要制度创新。同股不同权制度能够保证创始人的股权不被稀释。科技创新型企业的创始团队往往在公司的经营管理中发挥着重要作用，其所掌握的核心技术和经营理念是公司发展的基石，因此保持创始团队对公司的经营控制权尤为重要。但是，在同股同权的背景下，企业上市后，大量资本流入会严重削弱创始人的控制权，对公司经营产生不良影响。相较于同股同权，同股不同权制度就很好地解决了这一问题，创始人往往拥有含有特殊表决权的股份，能够保证对公司的生产经营保持控制权和影响力，进而有助于科技创新公司的发展。

第四节　资本市场的公司治理支持

企业是创新的重要主体，而创新成果的产出离不开企业内部技术人员和研发人员等人力资本发挥的作用。资本市场提供的股权激励机制、员工持股计划能够进一步激发研究人员的积极性，缓解委托—代理问题，从而起到促进企业创新的作用。

从员工持股和激励计划的行业分布来看，主要集中在制造业，信息传输、软件和信息技术服务业。2020 年实施完成的员工持股计划中，有 71.09%的项目来自制造业，信息传输、软件和信息技术服务业占比约为 7%。同样，从 2020 年实施完成的股权激励计划来看，制造业占比仍然超过60%，信息传输、软件和信息技术服务业占比达到16.13%（见表6-12）。

表6-12　A股上市公司2020年已完成的员工持股项目和股权激励计划行业统计

行业	2020年员工持股计划占比/%	2020年股权激励项目占比/%
采矿业	1.56	0.43
电力、热力、燃气及水的生产和供应业	0.78	0.86
房地产业	3.91	1.72
建筑业	1.56	2.15
交通运输、仓储和邮政业	0.78	1.29
教育业	0.78	0.65
金融业	3.13	0.22
科学研究和技术服务业	1.56	2.80
农、林、牧、渔业	1.56	0.65
批发和零售业	4.69	3.23
水利、环境和公共设施管理业	0.78	2.37
卫生和社会工作	0.00	0.65
文化、体育和娱乐业	0.78	0.65
信息传输、软件和信息技术服务业	7.03	16.13
制造业	71.09	63.44
综合	0.00	0.22
租赁和商务服务业	0.00	2.58
总计	100.00	100.00

进一步将制造业进行细分，从表6-13中可以看出，计算机、通信和其他电子设备制造业，化学原料和化学制品制造业，电气机械和器材制造业，医药制造业，专用设备制造业等领域是员工持股计划实施较多的行业。

将A股上市公司的公司治理数据与企业创新行为相结合可以发现，实施员工持股计划、股权激励项目较多的行业，其创新的投入和产出水平也相对较高，这些行业的科技属性、创新能力、技术水平也领先于其他行业，这为资本市场提供的公司治理支持提供了一定的直观数据支撑。

表 6-13　A 股上市公司 2020 年已完成的员工持股项目和股权激励计划制造业细分行业统计

制造业行业明细	2020 年股权激励项目占比/%	2020 年员工持股计划占比/%
电气机械和器材制造业	11.86	10.99
纺织服装、服饰业	1.02	1.10
纺织业	2.03	5.49
非金属矿物制品业	2.03	5.49
黑色金属冶炼和压延加工业	1.02	1.10
化学纤维制造业	0.34	1.10
化学原料和化学制品制造业	12.20	9.89
计算机、通信和其他电子设备制造业	22.37	20.88
家具制造业	1.02	2.20
金属制品业	2.37	2.20
酒、饮料和精制茶制造业	0.34	0.00
农副食品加工业	3.05	3.30
汽车制造业	4.75	2.20
食品制造业	1.02	2.20
铁路、船舶、航空航天和其他运输设备制造业	1.02	0.00
通用设备制造业	4.41	4.40
文教、工美、体育和娱乐用品制造业	0.68	1.10
橡胶和塑料制品业	4.07	2.20
医药制造业	10.85	8.79
仪器仪表制造业	1.02	2.20
印刷和记录媒介复制业	0.68	0.00
有色金属冶炼和压延加工业	2.37	0.00
造纸和纸制品业	0.34	1.10
专用设备制造业	9.15	12.09

第五节 资本市场对待创新的态度

随着我国多层次资本市场的不断完善，我们对资本市场的认识更加全面，资本市场不仅仅是服务于企业的融资平台，更是为投资者构建起来的财富管理平台，各种创新主题基金、创新指数产品都有利于投资者分享科创型企业的发展成果，而且认购规模和收益情况也反映了投资者和资本市场对科创型企业及企业创新研发活动的认可与支持。

一、创新系列指数

近年来，资本市场为支持高新技术企业发展、贯彻创新发展战略，同时充分发挥资本市场财富管理功能，推出了一系列创新系列指数。一方面，这些指数的上市，能够让投资者共享创新型企业发展成果；另一方面，这些指数的表现也直接反映了资本市场对待高新技术企业的态度，间接反映出其对待企业创新行为的态度。

目前，市场上最主要的创新系列指数基本情况如表 6-14 所示，除科创 50 是由中证指数有限公司发布，在上海证券交易所上市，其余指数均在深圳证券交易所上市。虽然不同指数对应的标的有所不同，但是都以创新创业企业为核心标的，旨在反映高新技术企业、创新型企业市场表现，为资本市场提供多样化的投资标的。

表 6-14 创新系列指数基本情况

证券代码	证券简称	证券简介	发布日期
399050. SZ	创新引擎	深圳创新引擎指数以深交所上市的深圳企业为样本空间，综合考察上市公司的创新性、基本面、行业代表性、可投资性等指标，筛选出 50 只样本股。指数汇聚深圳创新龙头企业，全面覆盖新产业、新技术、新业态、新模式等新经济企业，凸显深圳经济改革创新特色，给市场提供更丰富的研究和投资标的	2018-07-31

续表

证券代码	证券简称	证券简介	发布日期
399015. SZ	中小创新	为反映深圳市场不同规模特征股票的整体表现，向市场提供更丰富的分析工具和业绩基准，深证中小创新指数选取深证 1000 指数样本股中，剔除深证成指样本股之后的 500 只股票构成指数样本，是刻画深圳市场中小创新企业运行特点的良好标尺	2015-03-24
399016. SZ	深证创新	为了刻画深圳市场创新型企业运行特点，推动上市公司创新发展，丰富指数化投资标的，编制深证创新系列指数	2016-12-01
399017. SZ	SME 创新	同深证创新	2016-12-01
399018. SZ	创业创新	同深证创新	2016-12-01
399282. SZ	大数据 50	为反映深圳证券市场上大数据产业相关公司的表现，丰富指数化投资工具，编制深证大数据 50 指数	2020-02-18
399283. SZ	机器人 50	为反映深圳证券市场上机器人产业相关公司的表现，丰富指数化投资工具，编制深证机器人 50 指数	2020-02-18
399284. SZ	AI50	为反映深圳证券市场上人工智能产业相关公司的表现，丰富指数化投资工具，编制深证 AI50 指数	2020-02-18
399285. SZ	物联网 50	为反映深圳证券市场上物联网产业相关公司的表现，丰富指数化投资工具，编制深证物联网 50 指数	2020-02-18
399088. SZ	深创 100	为反映深圳证券市场创新型、成长型企业的运行特征，丰富指数化投资标的，编制深证深创 100 指数	2020-02-18
000688. SH	科创 50	上证科创板 50 成份指数由上海证券交易所科创板中市值大、流动性好的 50 只证券组成，反映最具市场代表性的一批科创企业的整体表现	2020-07-23

图 6-5 将创新系列指数与传统指数 2016—2020 年五年平均涨跌幅和标准差进行了对比。变异系数用以衡量获得单位收益需要承担的风险，变异系数越大，风险越大。由表 6-15 可知，深创 100 指数总体表现较好，在一定的风险水平下，收益率更高。将风险和收益相匹配可以发现，创新系列指数的风险更大，这与相关企业面临的研发风险、技术风险密切相关。在创新系列指数中，创新引擎指数、物联网 50、深创 100 指数表现较好。

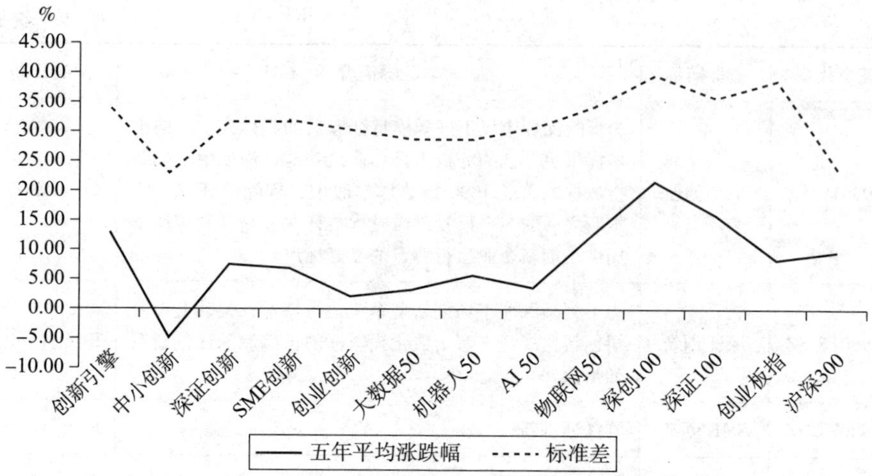

图 6-5　创新系列指数和传统指数对比

表 6-15　创新系列指数和传统指数的风险收益对比

指数	证券简称	五年平均涨跌幅/%	标准差	变异系数
创新系列指数	创新引擎	13.01	0.340933	2.621412
	中小创新	-4.91	0.22954	-4.67147
	深证创新	7.49	0.316401	4.222219
	SME 创新	6.84	0.318862	4.662218
	创业创新	2.12	0.303083	14.30423
	大数据 50	3.24	0.287266	8.857692
	机器人 50	5.69	0.28766	5.052689
	AI 50	3.63	0.306866	8.461212
	物联网 50	12.86	0.342869	2.665704
	深创 100	21.62	0.396739	1.834911
传统指数	深证 100	15.99	0.357671	2.236625
	创业板指	8.34	0.387094	4.638759
	沪深 300	9.69	0.237222	2.447415

从发行的市场系列指数和相关指数的市场表现来看，相关机构在不断推出新的创新系列指数、投资工具，旨在支持创新型企业发展，同时丰富投资者投资工具，这是资本市场支持创新、引导资金流向“硬科技”企业的重要表现。同时，已有指数的市场表现也表明，资本市场能够较为客观

地反映这些公司的经营状况和风险水平。

二、科创主题基金

此外，科创主题基金的认购和市场收益情况也是资本市场对待创新创业公司态度的重要体现。

2019 年，科创板开板迎来了科创主题基金的投资热潮。根据 Wind 数据库统计，截至 2021 年 6 月 30 日，市场共有 330 只创新主题基金，累计规模超过 5700 万亿元。这里的科创主题的判断依据是基金名称中带有“科技创新”或“创新”或“科创”字样的基金。由图 6-6 可知，从 2019 年开始，市场认购科创主题基金的热情显著提高，近两年新增科创主题基金呈现出爆发式增长态势。这主要得益于国家政策对科技创新的支持以及科创板的建立，同时也反映了资本市场对科技创新型企业的高度关注。

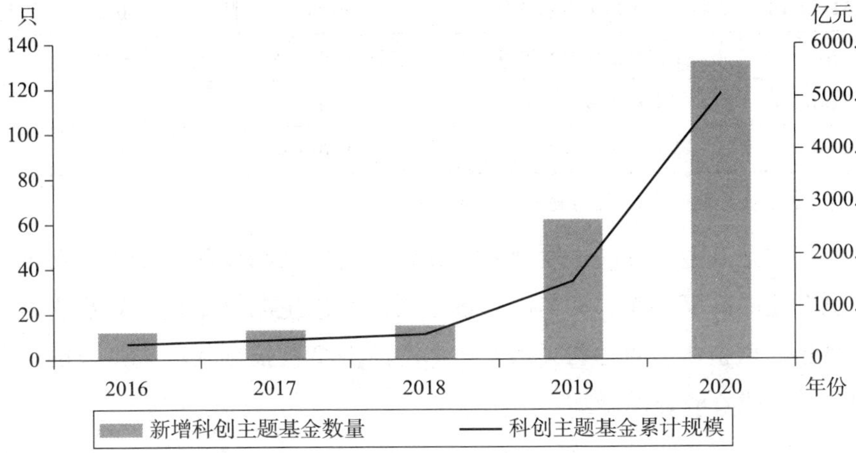

图 6-6　2016—2020 年新增科创主题基金数量和累计基金规模对比

从市场收益率来看，截至 2020 年 12 月 31 日，所有科创主题基金成立以来的年度平均收益率超过 60%（见表 6-16）。2021 年上市的科创主题基金表现亮眼，截至 2021 年 6 月 30 日，有 5 只科创主题基金年化回报超过 100%（见表 6-17）。

表 6-16 科创主题基金成立以来年度平均收益率

年份	科创主题基金成立以来年度平均收益率/%
2018	-5.39
2019	14.98
2020	62.05

注：成立以来年度回报截止日期为2020年12月31日。

表 6-17 2021年新成立科创主题基金年化回报前十名

证券代码	证券名称	基金成立日期	成立以来年化回报/%
588180. SH	国联安上证科创板50ETF	2021-06-24	182.27
159716. SZ	华宝深证创新100ETF	2021-06-18	159.17
010731. OF	广发创新医疗两年持有A	2021-03-19	141.63
010732. OF	广发创新医疗两年持有C	2021-03-19	140.71
159721. SZ	永赢深证创新100ETF	2021-06-17	123.34
011614. OF	工银科创板50ETF联接A	2021-03-05	91.00
011712. OF	大摩万众创新C	2021-03-11	90.31
011615. OF	工银科创板50ETF联接C	2021-03-05	90.24
011612. OF	华夏科创板50ETF联接A	2021-03-04	89.40
011613. OF	华夏科创板50ETF联接C	2021-03-04	88.93

注：成立以来年度回报截止日期为2021年6月30日。

科创主题基金的井喷式发展和投资者的积极认购反映了投资者对创新创业型企业的高度关注。资本市场通过创设科创主题基金，引导投资者关注创新创业型企业，通过购买相关基金产品分享科技创新成果带来的公司价值上升和投资收益的增加。

第六节 本章小结

近年来，在创新驱动发展战略的引导下，资本市场多项改革措施的出台和落地为科创企业的创新研发活动提供了在融资、制度、公司治理等方面的支持。资本市场作为直接融资的重要平台，为企业创新研发投入提供了资金支持，特别是科创板、创业板成为科创企业上市融资的重要渠道。

注册制的试点实施是国家支持科创型企业发展的重要表现。此外，包括同股不同权在内的其他资本市场制度创新也更有助于创新型企业发展。企业的持续性创新离不开核心科研人员的努力，而资本市场以其特有的股权激励机制和员工持股计划激发了科研人员和公司管理层的工作热情，有效的激励机制有助于企业创新活动的开展。随着我国多层次资本市场的不断完善，我们对资本市场的认识更加全面，资本市场不仅仅是服务于企业的融资平台，更应该是为投资者构建起来的财富管理平台，各种创新主题基金，创新指数产品都有利于投资者分享科创型企业的发展成果，而且认购规模和收益情况也反映了投资者与资本市场对科创型企业及企业创新研发活动的认可与支持。

第七章

资本市场融资支持对企业创新投入的影响

第一节 基于融资约束的中介效应

本节利用2015—2020年中国A股非金融类上市公司数据，对资本市场融资支持、企业融资约束与企业创新投入的关系进行了深入分析。研究结果表明，资本市场融资支持能够显著提高企业创新投入水平，而缓解融资约束是资本市场支持企业创新的重要中介渠道。从企业异质性分析来看，融资约束较小的企业，资本市场对创新的支持作用更显著。民营企业获得的资本市场融资支持和创新投入水平显著高于国有企业，但由于面临较高的融资约束，资本市场融资支持对创新的支持效果有限。同时，相比于主板，科创板和创业板在支持企业创新投入方面更有优势。随着注册制改革的深入推进，北京证券交易所成立，我国多层次资本市场继续深化发展，企业直接融资比例持续提高，对企业创新将发挥更加积极且重要的作用，对推动实施创新驱动发展战略具有重要意义。

一、引言

随着我国经济发展模式的转变，依靠资源投入的粗放型传统发展方式已经无法适应新时代的需要，高质量增长更需要依靠科技创新的力量。2021年3月通过的《中华人民共和国国民经济和社会发展第十四个五年规划和2035年远景目标纲要》明确提出，要坚持创新在我国现代化建设全局中的核心地位，把科技自立自强作为国家发展的战略支撑。实施创新驱动发展战略要充分发挥企业在科技创新中的主体地位，激发企业创新活力，支持企业创新研发活动开展。虽然创新活动能够为企业带来核心竞争力和长远收益，但是存在资金需求量大、不确定性高、期限长等不利因素。充足的研发资金是企业得以进行持续性创新的基础。但目前很多企业特别是中小型高新技术企业仍然面临较大的融资约束，如何缓解企业面临的融资约束难题，激励企业增加研发投入、促进创新成为社会各界关注的焦点。

随着科创板、创业板注册制的落地实施，我国多层次资本市场得到进一步完善，资本市场对企业创新的重要意义也越发突出。资本市场支持企业创新的重要体现是为企业的研发投入提供了充足稳定的资金支持。除了依靠日常经营获得的内源融资外，外源融资特别是股权融资对企业创新的支持效果更显著（李汇东、唐跃年、左晶，2013）。相较于间接融资，直接融资具有期限长、财务风险小的优点，能够为企业创新活动的开展提供稳定充足的资金支持。提高直接融资比重，缓解科创型企业面临的融资约束问题，发挥股权融资风险共担、利益共享机制成为资本市场对企业创新支持的重要渠道。

结合上市公司创新现状和资本市场对企业创新的融资支持，在本节中，笔者利用A股上市公司样本数据，探究资本市场融资支持对企业创新的影响。我们认为资本市场融资支持有助于增加企业创新研发投入。通过中介效应检验发现，缓解融资约束是资本市场支持企业创新投入的重要渠道。也就是说，资本市场的融资支持有效地缓解了企业面临的融资约束，从而促进了企业创新研发活动的开展。此外，研究发现，面临较小融资约束的企业、科创板和创业板上市公司，资本市场的融资支持对其创新投入的支持作用更显著。

本节的主要贡献有：第一，从融资支持方面探究了资本市场发展对企业创新的积极作用；第二，建立了中介效应模型，验证了缓解融资约束是资本市场促进创新的重要渠道；第三，通过异质性分析，研究了在不同企业性质、不同融资约束以及差异化的上市板块条件下，资本市场融资支持对企业创新的差异性影响。

二、理论分析与假设

金融发展有助于扩大企业的融资渠道、降低融资成本，进一步促进企业增加创新投入、开展创新活动，而微观主体的创新行为进一步推动了经济发展。企业创新揭示了金融发展促进经济增长的内在逻辑，同时也成为金融支持实体经济的重要着力点（解维敏、方红星，2011；庄毓敏、储青青、马勇等，2020）。金融发展包括多方面的含义，其中资本市场发展是金融发展的重要组成部分。资本市场具有融资支持、风险管理、价格发现、资源配置、财富管理和解决委托代理问题等多种功能，而融资支持是资本市场功能发挥的基础，同时也是资本市场支持企业创新的首要功能（贯俊生、伦晓波、林树，2017）。对于大部分企业来说，创新研发活动面临较大的风险，并且资金需求量大，需要企业进行大规模的持续性融资，但企业往往会面临较大的融资约束。首先，内源融资受到企业经营状况的影响，具有很强的不稳定性。其次，从银行提供的间接融资来看，高新技术企业往往具有轻资产的特点，难以满足银行高质量抵押品的要求。此外，银行稳健经营的战略与创新活动的高风险性相违背，因此银行本身缺乏为企业创新活动提供资金的动机（张一林、龚强、荣昭，2016），而资本市场提供的直接融资成为企业创新的重要资金来源。张劲帆等（2017）利用 PSM-DID 方法对企业上市前后的融资约束和创新产出进行对比，研究发现，企业上市能够有效缓解企业面临的融资约束，进而有助于增加企业的创新产出，增强创新能力。资本市场为企业提供的融资支持表现在两个方面：一方面，股权融资有效促进了企业的创新投入和创新产出（李汇东、唐跃年、左晶晶，2013；胡恒强、范从来、杜晴，2020；夏冠军、陆根尧，2012）。钟腾和汪昌云（2017）认为股票市场的发展通过缓解高新技术企业面临的融资约束进而促进了创新产出的增加。另一方面，债券市场融资也为企业创新提供了有效的资金补充。江轩宇等（2021）从债券融资视角，揭示了债券融资与企业创新之间的正向关系，债券融资通过降低企业整体的债务融资成本、延长债务期限结构的方式，为企业提供了更加充足、成本较低的创新资金，对企业的创新产出产生了显著的促进作用。

基于以上分析，提出以下假设：

假设 1：资本市场融资支持通过缓解融资约束的方式促进企业增加创新投入。

资本市场融资支持对企业创新的作用会受到企业异质性因素的影响，特别是企业面临的融资约束情况。孙早和肖利平（2016）聚焦战略性新兴产业的上市公司，按照经营活动现金流的正负对企业的融资约束进行划分。实证结果表明，对于融资约束较低的企业，股权融资对企业创新有显著的积极影响，但是对于融资约束比较高的企业，由于其创新资金主要来源是内源融资，资本市场提供的股权融资、债权融资对创新的影响并不显著。但是也有学者认为，面临较大融资约束的企业，资本市场提供的融资支持更有助于促进企业创新。胡恒强等（2020）将年轻型、小规模、低股利的企业归为面临融资约束较大的企业。实证结果表明，融资约束较大的企业，其在资本市场获得的股权融资对创新投入的促作用更大。从资金用途来看，面临融资约束较大的企业，在获得资本市场的融资支持后，可能会用于日常流动性管理，补充营运资本，而不会直接用于创新投资。此外，从边际角度进行分析，融资约束较小的企业在一定的资金支持下，相对于融资约束更大的企业，更容易缓解融资约束，进而促进企业创新。

基于以上分析，提出如下假设：

假设 2：资本市场融资支持对创新的积极影响对于融资约束较小的企业更为显著。

三、样本和数据描述

（一）样本选择及数据来源

本节选取 2015—2020 年 A 股上市公司为研究样本，所有数据来自 Wind 数据库。借鉴相关研究，本节对样本进行如下处理：①剔除金融行业公司；②剔除 ST 和 * ST 公司；③剔除相关变量存在数据缺失的样本。最终得到 3711 家公司的 19562 条观测值，为消除极端值的影响，对所有连续型变量按照 1%和 99%的水平进行 Winsorize 缩尾处理。

（二）变量说明

1. 资本市场融资支持（*Fin*）

资本市场对企业创新活动的支持包括融资支持、制度支持、公司治理支持等多方面，而其中资本市场提供的直接融资支持对企业创新融资发挥了重要作用。参考贾俊生等（2017）的研究，将企业在资本市场获得的股权融资和债券融资额之和作为资本市场融资支持的代理变量。其中，股权融资额包括企业通过首发、增发、配股、发行优先股和可转债获得的资金，债券融资额包括上市公司发行的年限超过一年的定向工具、公司债、金融债、企业债、中期票据以及资产支持证券。此外，在回归时对数据进行了标准化处理，最终资本市场融资支持（*Fin*）等于当期股权融资额与债券融资额之和除以期末资产规模。

2. 融资约束（SA）

对企业融资约束的测度，不同学者有不同的方法。目前学术研究中，使用较为广泛的融资约束测度是使用 SA 指数（Hadlock and Pierce, 2009）。SA 指数是基于企业规模和企业年龄两个变量构建的，具体的计算公式是 SA 指数 $=-0.737\times Size+0.043\times Size2-0.04\times Age$，其中 *Size* 是企业规模，*Age* 是企业年龄。相比于其他融资约束测度方法，SA 指数具有较强的外生性、易计算、稳健性较高的优势（鞠晓生、卢荻、虞义华，2013；李波、朱太辉，2020）。本节在实际回归时，将 SA 指数取绝对值，且 SA 绝对值越大，表明企业面临的融资约束越大。

3. 企业创新

衡量企业创新的两个维度分别是创新投入和创新产出。创新投入主要体现为两个方面：一方面是研发投入金额，即研发支出总额占营业收入的比重或研发支出总额占总资产的比重；另一方面是研发人员数量，一般用研发人员数量占比作为量化指标。创新产出一般体现为专利数量，但是目前上市公司专利数据存在来源、口径不统一，收集过程较为困难，数据精度和完整度不高的问题，因此，我们使用创新投入指标作为企业创新的代理变量，包括研发支出总额占营业收入比例（*RdIn*）、研发支出总额占总资产的比例（*RdAs*）以及研发人员数量占比（*Rdstuff*）。

4. 控制变量

借鉴余明桂等（2019）和江轩宇等（2021）的研究，我们在文章中控制了其他影响创新活动的企业层面变量。企业规模（ln*assets*）：企业期末总资产的自然对数；企业年龄（*Age*）：观测年份减去企业成立年份后加 1 取自然对数；资产负债率（*lev*）：期末负债总额除以期末资产总额；总资产报酬率（ROA）：息税前利润除以企业期初总资产和期末总资产的平均值；是否为国有企业（*soe*）：如果是国有企业，则取 1，否则取 0；管理费用率（*expen*）：管理费用除以营业收入；前十大股东持股比例（*Top*10）：前十大股东持股数除以总股数；营业收入同比增长率（*growth*）：本年度营业收入除以上年度营业收入后减 1；固定资产占比（*Fix*）：期末固定资产除以期末总资产；现金流量比例（*cfo*）：经营活动产生的现金流量净额除以营业收入。此外，本节加入了行业（*Industry*）和年度（*Year*）的虚拟变量，以控制行业效应和年度效应。主要变量的基本统计特征如表 7-1 所示。

表 7-1　数据描述性统计

变量	N	mean	sd	min	max
Fin	19562	0. 053	0. 120	0. 000	0. 562
RdIn	19562	0. 042	0. 045	0. 000	0. 247
RdAs	19562	0. 022	0. 021	0. 000	0. 111
Rdstuff	19562	0. 133	0. 136	0. 000	0. 673
SA	19562	2. 375	0. 556	0. 364	3. 162
ln*assets*	19562	12. 950	1. 361	10. 110	17. 040
Age	19562	2. 964	0. 297	2. 079	3. 611
lev	19562	0. 413	0. 199	0. 061	0. 891
ROA	19562	0. 062	0. 074	-0. 239	0. 281
Fix	19562	0. 206	0. 159	0. 002	0. 696
*Top*10	19562	0. 612	0. 161	0. 253	1. 000
growth	19562	0. 145	0. 342	- 0. 568	1. 877
cfo	19562	0. 105	0. 175	- 0. 572	0. 701
expen	19562	0. 090	0. 070	0. 009	0. 423

四、实证模型与回归结果分析

（一）资本市场融资支持、融资约束与企业创新

表 7-2 报告了资本市场融资支持、融资约束和企业创新之间的关系。

表 7-2 中的第二列以研发支出总额占营业收入的比重为因变量，第三列以研发人员数量占比为因变量。从两列回归结果来看，资本市场融资支持对企业创新产生了显著的正向影响，同时企业面临的融资约束抑制了企业创新活动的开展。此外，企业年龄、资产规模、固定资产占比与创新显著负相关，说明轻资产年轻型的企业其创新投入更大。现金流水平也是影响企业创新投入的重要因素，较为充足的现金流有助于企业创新活动的开展。同时，相比于国有企业，民营企业的创新投入更高。

表 7-2　基本回归结果

变量	*RdIn*	*Rdstuff*
Fin	0.008*** (0.002)	0.045*** (0.007)
SA	−0.016*** (0.003)	−0.013*** (0.002)
Age	−0.016*** (0.001)	
cfo	0.014*** (0.002)	
ROA	−0.043*** (0.004)	−0.081*** (0.013)
soe	−0.008*** (0.001)	−0.011*** (0.002)
growth	−0.001* (0.001)	0.014*** (0.002)
ln*assets*	−0.010*** (0.001)	
*Top*10	−0.006*** (0.002)	−0.059*** (0.005)
lev		−0.084*** (0.005)
expen		0.193*** (0.013)
fix		−0.177*** (0.006)

续表

变量	***RdIn***	***Rdstuff***
Constant	0.237*** (0.020)	0.183*** (0.011)
Year	Yes	Yes
Industry	Yes	Yes
N	19562	19562
R^2	0.326	0.368

注：*、**、***分别表示在10%、5%、1%的显著性水平下显著。

（二）资本市场融资支持对企业创新的影响机制：融资约束

直接融资支持是资本市场促进创新的重要体现，也是缓解企业面临的融资约束的重要渠道。为了验证假设1，借鉴张璇等（2019）的研究，本节建立了中介效应模型。

$$RdIn_{i,t}=\alpha_0+\alpha_1 Fin_{i,t}+\alpha_2 Control_{i,t}+\gamma_r+\varphi_t+\varepsilon_{i,t} \quad (7-1)$$

$$\mathrm{SA}_{i,t}=\beta_0+\beta_1 Fin_{i,t}+\beta_2 Control_{i,t}+\gamma_r+\varphi_t+\varepsilon_{i,t} \quad (7-2)$$

$$RdIn_{i,t}=\alpha_0+\alpha_1 Fin_{i,t}+\alpha_2 SA_{i,t}+\alpha_3 Control_{i,t}+\gamma_r+\varphi_t+\varepsilon_{i,t} \quad (7-3)$$

其中，$Control_{i,t}$表示企业层面的控制变量，γ_r 表示行业固定效应，φ_t 表示年度固定效应，$\varepsilon_{i,t}$为随机扰动项。式（7-1）中的系数 α_1 衡量的是资本市场融资支持对创新的总效应，根据假设1，资本市场融资支持有助于企业创新，系数 α_1 应该为正。式（7-2）中的系数 β_1 表示的是资本市场融资支持对融资约束的影响，根据融资约束的中介效应，资本市场融资支持有助于缓解企业面临的融资约束，因此根据假设1，系数 β_1 为负。式（7-3）中的系数 α_2 表示控制资本市场融资支持后，融资约束对企业创新的影响，同理，系数 α_2 应该为负。因此，中介效应等于 $(\beta_1\times\alpha_2)/\alpha_1$

表7-3的后三列分别对应中介效应模型三个方程的回归结果。根据第二列，资本市场融资支持对创新的总体效应为0.007，并且在1%的显著性水平下成立。第三列回归结果中的 β_1 系数为-0.18，衡量了资本市场融资支持对融资约束的缓解作用。通过式（7-3）得到控制资本市场融资支持后，融资约束对创新的影响，系数 α_2 为-0.016，在1%的显著性水平下成

立。因此，最终融资约束的中介效应的解释力度约为41%（0.180×0.016/0.007）。因此，资本市场通过缓解融资约束促进了企业创新投入，假设1成立。

表7-3 融资约束中介效应检验

变量	*RdIn*	SA	*RdIn*
fin	0.007*** (0.002)	-0.180*** (0.028)	0.008*** (0.002)
SA			-0.016*** (0.003)
Constant	0.118*** (0.005)	3.974*** (0.049)	0.237*** (0.020)
Control	Yes	Yes	Yes
Industry	Yes	Yes	Yes
Year	Yes	Yes	Yes
N	19562	19562	19562
R^2	0.325	0.391	0.326

注：*、**、***分别表示在10%、5%、1%的显著性水平下显著。

（三）异质性分析

1. 不同融资约束企业

表7-4反映了将融资约束与资本市场融资支持的交乘项纳入模型的回归结果，*Fin*的系数为0.032，在5%的显著性水平下成立，说明资本市场融资支持对企业创新有显著的促进作用。*Fin*与SA的交乘项系数为-0.015，并且在1%的显著性水平下成立，说明融资约束较小的企业，资本市场融资支持对其创新投入的促进作用更显著。

表7-4 纳入*Fin*与SA交乘项的回归结果

变量	*RdIn*
Fin	0.032** (0.014)
SA	-0.020*** (0.003)

续表

变量	**RdIn**
Fin×SA	-0.015*** (0.005)
ln*assets*	-0.010*** (0.001)
lev	-0.033*** (0.002)
Age	-0.017*** (0.001)
cfo	0.009*** (0.002)
growth	-0.003*** (0.001)
*Top*10	-0.013*** (0.002)
fix	-0.043*** (0.002)
Constant	0.271*** (0.020)
Industry	Yes
Year	Yes
N	19562
R^2	0.349

注：*、**、***分别表示在10%、5%、1%的显著性水平下显著。

为了验证结果的稳健性，将全样本按照每年每个公司的融资约束的平均值分为两组，第一组是融资约束大于2.375的高融资约束样本组，第二组是融资约束低于2.375的低融资约束样本组。表7-5汇总了两组回归结果，低融资约束组资本市场融资支持对创新投入的支持系数为0.018，在1%的显著性水平下成立；高融资约束组资本市场融资支持对创新的支持系数为0.008，仅在5%的显著性水平下成立。因此，分组回归的结果表明融资约束较低的企业，资本市场融资支持对创新投入的正向影响更大。因为相对于较大融资约束的企业，融资约束较小的企业在获得资本市场资金支持后，能够更快地缓解融资约束，进而促进创新；而融资约束较大的企业，在获得资本市场融资支持后，可能会用于营运资本和现金流的补充，因此对创新投入的支持作用相对较弱。

表 7-5 不同融资约束企业分组回归结果

变量	融资约束较高组	融资约束较低组
	RdIn	*RdIn*
Fin	0.008** (0.003)	0.018*** (0.004)
SA	-0.057*** (0.013)	-0.011** (0.005)
Constant	0.451*** (0.082)	0.142*** (0.045)
Control	Yes	Yes
Year	Yes	Yes
Industry	Yes	Yes
N	11874	7688
R^2	0.258	0.348

注：*、**、***分别表示在10%、5%、1%的显著性水平下显著。

2. 国有企业和民营企业

表 7-6 描述了国有企业和民营企业在创新研发投入、资本市场融资支持以及融资约束方面的差异。相对于国有企业，民营企业研发强度较高，同时也获得了更多的资本市场融资支持，但是民营企业相对于国有企业仍然面临较大的融资约束。

表 7-6 国有企业和民营企业创新投入、资本市场融资支持以及融资约束的均值 T 检验

变量	均值 T 检验		
	国有企业	民营企业	差异
RdIn	0.025	0.050	-0.025***
Fin	0.031	0.063	-0.032***
SA	2.050	2.516	-0.466***

注：*、**、***分别表示在10%、5%、1%的显著性水平下显著。

从表 7-7 的回归结果来看，国有企业组资本市场融资支持对创新投入

的正向影响更强，且其面临的融资约束较小。结合均值 T 检验的结果，我们发现目前资本市场为民营企业提供的融资支持仍然无法满足其较高的创新投入。因此，应该加大资本市场对民营企业的融资支持，以缓解其较高的融资约束，为创新活动的开展提供充足的资金支持。

表 7-7　国有企业和民营企业分组回归结果

变量	国有企业	民营企业
	RdIn	*RdIn*
Fin	0. 015*** (0. 005)	0. 007** (0. 003)
SA	0. 005 (0. 003)	-0. 023*** (0. 004)
Constant	0. 015 (0. 028)	0. 294*** (0. 029)
Control	Yes	Yes
Industry	Yes	Yes
Year	Yes	Yes
N	5903	13659
R^2	0. 299	0. 287

注：*、**、***分别表示在 10%、5%、1%的显著性水平下显著。

3. 不同板块对比

多层次资本市场的建立和完善有助于满足不同类型企业的融资需求。相对于主板，科创板和创业板汇集了更多的高新技术企业，而这些企业的创新水平往往高于传统企业。表 7-8 的回归结果表明，相对于主板，资本市场融资支持对企业创新的正向影响在创业板和科创板中更显著。

表 7-8　不同板块回归结果分析

变量	主板	创业板	科创板
	Rdstuff	*Rdstuff*	*Rdstuff*
Fin	0. 027*** (0. 008)	0. 031** (0. 014)	0. 096** (0. 046)
Constant	0. 038*** (0. 012)	-0. 102*** (0. 037)	-0. 188 (0. 117)

续表

变量	主板	创业板	科创板
	Rdstuff	*Rdstuff*	*Rdstuff*
Control	Yes	Yes	Yes
Industry	Yes	Yes	Yes
Year	Yes	Yes	Yes
N	14842	4321	399
R^2	0.328	0.329	0.401

注：*、**、***分别表示在10%、5%、1%的显著性水平下显著。

五、结论与政策建议

本节以2015—2020年A股非金融类上市公司为样本数据，研究了资本市场融资支持对企业创新投入的影响。研究结果表明，资本市场融资支持能够通过有效缓解融资约束的方式促进企业创新投入增加。相较于融资约束较大的企业，资本市场融资支持对融资约束较小企业的促进作用更明显。此外，民营企业的研发投入水平和获得的资本市场融资支持显著高于国有企业，但是由于面临较高的融资约束，资本市场融资支持对创新投入的正向影响在国有企业中更为显著。同时，相较于主板，创业板和科创板中企业获得的融资支持对创新投入的支持力度更大。

针对以上结论，我们提出如下政策建议：第一，提高直接融资支持企业创新投入的比重。相较于内源融资、银行借款，资本市场提供的直接融资支持能够更好地匹配企业创新所需资金。因此，有效激励企业创新需要增强创新型企业在资本市场的融资能力，出台相关政策鼓励、支持和引导高新技术企业在资本市场筹集资金用于科技创新项目。此外，在发展股权融资的同时也要充分发挥债券融资对企业创新的支持作用，创新企业融资工具，丰富债券品种。第二，资本市场要侧重于支持中小型民营企业融资，缓解其面临的较大融资约束。中小型民营企业相较于大型国有企业具有更大的创新活力，创新研发投入力度更大，但是面临更加严重的融资约束。在中小企业融资方面，要以北京证券交易所的设立为重要契机，深化新三板改革，坚持“一个定位”原则，为创新型中小企业服务，加快培育专精特新“小巨人”企业。第三，发展多层次资本市场，发挥创业板、科创板在支持高新技术企业发展中的中流砥柱作用。多层次资本市场建设旨在服务不同类型的企业，创业板和科创板的板块定位是面向高新技术企业，对高新技术企业的创新研发投入提供了重要的资金来源。未来要不断落实深化创业板和科创板各项改革措施，完善上市发行、交易、退市等一系列制度，为科创型企业的发展保驾护航。

第二节　基于公司治理的中介效应

一、引言

多层次资本市场在支持企业创新投入方面发挥了积极作用，上一节探讨了资本市场发展通过缓解企业融资约束这一中介效应促进企业创新投入，本节探讨资本市场通过公司治理这一中介效应影响企业创新，从企业内部治理方面实证分析资本市场融资对于企业创新的影响机制。

2019 年 12 月，国务院国资委印发《百户科技型企业深化市场化改革提升自主创新能力专项行动》。国务院国资委明确指出，在完善公司治理体制机制方面，要加快推动科技型企业董事会应建尽建，配齐配强；健全董事选聘、管理、考核、评价、退出等机制，提高董事会科学决策水平；全面落实科技型企业董事会依法行使重大决策、选人用人、薪酬分配等权力。2021 年 3 月第十三届全国人民代表大会第四次会议在北京召开，发布的《政府工作报告》提出，“十四五”时期，要着力提升发展质量效益，保持经济持续健康发展；坚持创新驱动发展，加快发展现代化企业。企业创新是促进经济结构升级、实现经济高质量发展的重要支撑。但是目前由于很多企业尤其是中小型高新技术产业仍然面临着很多公司治理方面的问题，并且在一定程度上对企业创新投入产生了负面影响。认清公司治理与企业创新之间的关系，已然成为企业创新相关研究中的重点。

本节选择第一大股东持股比例作为公司治理的代理指标，利用2015—2020年A股非金融类企业数据进行实证研究，探讨了公司治理在资本市场促进企业创新过程中的中介效应。研究结果表明，第一大股东持股比例与企业创新投入呈现负相关；通过建立中介效应模型，我们发现资本市场融资通过改善公司治理促进了企业创新投入的增加。此外，针对企业性质的异质性研究检验表明国有企业的较高股权集中度对企业创新投入产生了更严重的负向影响。本节的研究结果对于更好地认识公司治理在企业创新决策中的作用及其影响机制具有一定的启示作用，能够为相关政策的制定提供参考。

本节的边际贡献有：第一，从公司治理方面探究了资本市场发展对于企业创新投入的影响；第二，建立了中介效应模型，验证了公司治理、资本市场支持与企业创新投入的关系；第三，通过研究不同性质的企业，发现了公司治理对于不同企业创新行为的影响。剩余部分的结构安排如下：首先进行理论分析；其次进行样本数据的描述；再次是实证模型和回归分析；最后得出结论并提出建议。

二、理论分析

创新研发活动是企业长期发展战略的重要组成部分，任何一项重大创新活动的开展都会涉及控股股东、经理人、债权人、中小股东等各个利益主体。因此，公司治理结构也会对企业创新行为产生影响。公司治理结构包括股权集中度、股权制衡程度、独立董事占比等方面的问题，其中股权集中度对创新活动的影响极为重要。这是因为控股股东在公司的经营决策特别是涉及创新活动的长期战略投资决策中发挥着重要作用，其控制权的大小直接影响了对公司有限资源分配的控制力和话语权。

很多学者对股权集中度与企业创新之间的关系进行了深入研究，但是不同学者对两者的关系持有不同看法。

一方面，股权集中度的提高有助于缓解经理人与股东之间的矛盾，提高监督效率，从而促进企业创新（秦兴俊、王柏杰，2018；娜仁、曹凤娟，2017）。大股东持股比例的提高能够提升对经理人的监督效率。在存在委托—代理问题的前提下，经理人为了最大化自身利益可能会存在短视行为、规避风险，造成非效率投资，企业研发投入不足的情况抑制了创新活动的开展。而相对集中的控制权能够使大股东更有动机、以更低的成本实现对经理人的有效监督，减少非效率投资和短视行为，增加企业创新投入。

另一方面，股权集中度过高可能会造成控股股东为谋求自身利益，损害中小股东合法权益，侵占公司资源，导致创新投入下降（王玉霞、孙治一，2018）。当股权集中度较高时，大股东承担更大的经营风险，而创新活动本身就具有很高的不确定性。基于风险规避动机，大股东会要求减少创新研发投入（张玉娟、汤湘希，2018；程翠凤，2018）。同时，在攫取更多私人利益的动机下，控股股东会占用大量公司资源，造成对中小股东的利益侵占，产生“隧道效应”（陈兴，2017），加剧中小股东和大股东的利益冲突，不利于创新活动的开展（李胜坤、张安琪，2016）。此外，股权集中度过高也会制约企业信贷资金的可得性，加剧股东与债权人之间的矛盾，使企业陷入更为严重的融资约束困境，无法获得研发投入资金（陈兴，2017）。过高的股权集中度也会削弱核心技术人员股权激励对创新的积极影响（李莉、黄培峰、崔静，2020），造成大股东滥用政府补助的不良后果（沈毅、张清正，2020），制约企业创新投入的增加。

还有一些学者认为，股权集中度与企业创新呈现出复杂的倒“N”形、倒“U”形关系（李经路，2017；冯根福、温军，2008）。龙子午和王祖昕（2020）认为，适度的股权集中有助于提升企业绩效，较高的股权集中度和过于分散的股权结构不利于绩效提升，合理的股权集中度有助于推动企业创新，从而提升企业绩效。

目前，我国普遍存在“一股独大”的现象，为保持科学的股权结构，应实施股权制衡、适当降低大股东持股比例、积极鼓励非控股股东参与公司决策（彭勇，2021；李姝、翟士运、古朴，2018）。此外，资本市场的融资支持也为解决股权结构过于集中的问题提供了解决方案。首次公开发行股票，增发、配股等股权再融资行为也会在一定程度上稀释大股东的控制权，为公司引入新的外部资本，降低了股权集中度，促进企业创新。

三、样本和数据描述

（一）样本选择及数据来源

本节选取 2015—2020 年 A 股上市公司为研究样本，所有数据来自 Wind 数据库。借鉴相关研究，本节剔除了金融行业公司、ST 和*ST 公司，同时剔除了数据缺失的样本，最终得到了 3711 家公司的 20800 条观测值。并对所有连续型变量进行了 1%到 99%的 Winsorize 缩尾处理。本节构建如下基本回归模型来分析公司治理对企业创新投入的影响：

$$RDIn_{i,t}=\alpha+\beta_1\times Top1_{i,t}+\beta_2\times Fin_{i,t}+\beta_3\times Control_{i,t}+\gamma_r+\varphi_t+\varepsilon \tag{7-4}$$

（二）变量说明

1. 第一大股东持股比例（*Top*1）

股权集中度是公司治理结构的重要组成部分，反映了控股股东的持股比例以及对公司重要战略决策和有限资源流向的控制力及影响力。参考程翠凤（2018）、沈毅和张清正（2020）将第一大股东持股比例作为股权集中度的代理变量。

2. 企业创新投入（*RdIn*）

企业拥有的核心技术是保证其竞争力的关键，而核心技术从最初研发到投入生产运用需要持续性、大规模的研发资金支持。此外，考虑到不同企业研发投入力度不同，本节选取研发支出占营业收入的比重这一相对指标衡量企业创新投入水平。

3. 资本市场融资支持（*Fin*）

与上一节保持一致，参考贾俊生等（2017），将企业在资本市场获得的股权融资和债券融资额之和作为资本市场融资支持的代理变量。其中，股权融资额包括企业通过首发、增发、配股、发行优先股和可转债获得的资金，债券融资额包括上市公司发行的年限超过一年的定向工具、公司债、金融债、企业债、中期票据以及资产支持证券。此外，在回归时对数据进行了标准化处理，最终资本市场融资支持（*Fin*）等于当期股权融资额与债券融资额之和除以期末资产规模。

4. 控制变量（*Control*）

为控制其他因素对企业创新的影响，我们在模型中引入如表 7-9 所示控制变量。除此之外，为了控制年度效应和行业效应，在回归中加入了行业（*Industry*）和年度（*Year*）的虚拟变量。

表 7-9 相关变量描述

变量	变量名称	变量说明
因变量	*RdIn*	企业创新投入：研发支出占营业收入的比重
关键自变量	*Fin*	资本市场融资支持：当期股权融资额与债券融资额之和除以期末资产规模
	*Top*1	第一大股东持股比例：第一大股东持股数/总股数
控制变量	ln*assets*	企业规模：期末总资产的自然对数
	ROA	总资产收益率：息税前利润除以企业期初总资产和期末总资产的平均值
	fix	固定资产占比：期末固定资产除以期末总资产
	cfo	现金流量比例：经营活动产生的现金流量净额除以营业收入
	Age	企业年龄：观测年份减去企业成立年份后加 1 取自然对数
	expen	管理费用率：管理费用除以营业收入
	soe	企业性质：国有企业取 1，民营企业取 0

表 7-10 汇总了所有数据的描述性统计结果。*Fin* 和 *RdIn* 的最小值为 0，说明部分企业在某些年份的资本市场融资额为 0；*Top*1 最大值为 0.803，均值为 0.351；我国上市公司之间存在规模差异，ln*assets* 最大值为 16.97，最小值为 9.857；ROA 均值为 0.068，最小值为-0.226，即某些企业存在一定程度亏损。

表 7-10 数据描述性统计

变量	N	mean	sd	min	max
Fin	20800	0.050	0.116	0.000	0.545
RdIn	20800	0.043	0.045	0.000	0.248
*Top*1	20800	0.351	0.156	0.087	0.803
ln*assets*	20800	12.860	1.392	9.857	16.970

续表

变量	N	mean	sd	min	max
Age	20800	2.943	0.316	1.792	3.584
ROA	20800	0.068	0.078	−0.226	0.337
cfo	20800	0.108	0.172	−0.516	0.693
expen	20800	0.089	0.069	0.008	0.415

四、实证模型与回归结果分析

（一）资本市场融资支持、公司治理与企业创新

表7-11报告了资本市场融资支持、第一大股东持股比例与企业创新之间的关系。*Top*1的系数为-0.011，在1%的显著性水平下成立，说明股权集中度与企业创新投入负相关，股权集中度的提高抑制了企业创新投入。资本市场融资支持对创新投入具有显著的正向影响。在其他控制变量中，企业年龄、企业规模与研发投入呈现负相关关系，说明小规模、年轻型企业的创新投入力度更大。ROA和*cfo*与企业研发投入呈显著正相关关系，说明盈利能力和现金流水平的提升也有助于增加创新投入。

表7-11　基本回归结果

变量	***RdIn***
Fin	0.006*** (0.002)
*Top*1	−0.011*** (0.002)
Age	−0.018*** (0.001)
ln*assets*	−0.001*** (0.000)
cfo	0.011*** (0.002)
ROA	0.022*** (0.003)

续表

变量	*RdIn*
expen	0.262*** (0.004)
Constant	0.041*** (0.004)
Year	Yes
Industry	Yes
N	20800
R^2	0.435

注：*、**、***分别表示在10%、5%、1%的显著性水平下显著。

（二）资本市场融资支持对企业创新的影响机制：公司治理

改善公司治理结构、降低股权集中度是资本市场融资支持促进企业创新的重要渠道之一。本节基于蔡警涛（2021）、陆旸和董忱忱（2021）的研究，建立如下中介效应模型：

$$RdIn_{i,t}=\alpha_0+\alpha_1 Fin_{i,t}+\alpha_2 Control_{i,t}+\gamma_r+\varphi_t+\varepsilon_{i,t} \tag{7-5}$$

$$Top1_{i,t}=\beta_0+\beta_1 Fin_{i,t}+\beta_2 Control_{i,t}+\gamma_r+\varphi_t+\varepsilon_{i,t} \tag{7-6}$$

$$RdIn_{i,t}=\alpha_0+\alpha_1 Fin_{i,t}+\alpha_2 Top1_{i,t}+\alpha_3 Control_{i,t}+\gamma_r+\varphi_t+\varepsilon_{i,t} \tag{7-7}$$

其中，γ_r 表示行业固定效应，φ_t 表示年度固定效应，*Control* 表示所有控制变量。表 7-12 的后三列分别对应中介效应模型三个方程的回归结果。由表 7-12 可知，α_1 为 0.007，α_2 为-0.011，β_1 为-0.091，即市场融资支持对创新的总效应是 0.007，资本市场融资支持对第一大股东持股比例的影响是-0.091，控制资本市场融资支持后，第一大股东持股比例对创新投入的影响是-0.011，总的中介效应为 14.3%（0.091×0.011/0.007）。实证结果表明，改善公司治理结构、降低大股东持股比例是资本市场融资支持促进企业创新的重要渠道之一。

表 7-12　中介效应模型回归结果

变量	*RdIn*	*Top*1	*RdIn*
Fin	0.007*** (0.002)	-0.091*** (0.009)	0.006*** (0.002)
*Top*1			-0.011*** (0.002)
Age	-0.017*** (0.001)	-0.076*** (0.003)	-0.018*** (0.001)
ln*assets*	-0.001*** (0.000)	0.005*** (0.001)	-0.001*** (0.000)
cfo	0.010*** (0.002)	0.024*** (0.006)	0.011*** (0.002)
ROA	0.018*** (0.003)	0.373*** (0.015)	0.022*** (0.003)
expen	0.264*** (0.004)	-0.189*** (0.017)	0.262*** (0.004)
Constant	0.036*** (0.004)	0.521*** (0.017)	0.041*** (0.004)
Year	Yes	Yes	Yes
Industry	Yes	Yes	Yes
N	20800	20800	20800
R^2	0.435	0.130	0.435

注：*、**、***分别表示在10%、5%、1%的显著性水平下显著。

（三）异质性分析

1. 不同股权集中度企业

表 7-13 反映了将代表公司治理指标的股权集中度与资本市场融资支持的交乘项纳入模型的回归结果。*Fin* 和 *Top*1 的系数分别为 0.016、-0.010，均在 1%的显著性水平下成立。*Fin* 和 *Top*1 的交乘项系数为-0.029，在 5%的显著性水平下成立。第一大股东持股比例与资本市场融资支持的交乘项系数为负，说明第一大股东持股比例在资本市场融资支持与企业创新之间发挥了负向调节作用，持股比例越高，股权集中度越大，越不利于发挥资本市场融资支持对企业创新的正向影响作用。

表 7-13　纳入 *Fin* 与 *Top*1 交乘项的回归结果

变量	***RdIn***
Fin	0.016*** (0.005)
*Top*1	-0.010*** (0.002)
Fin×*Top*1	-0.029** (0.014)
Age	-0.018*** (0.001)
ln*assets*	-0.001*** (0.000)
cfo	0.011*** (0.002)
ROA	0.021*** (0.003)
expen	0.262*** (0.004)
Constant	0.041*** (0.004)
Year	Yes
Industry	Yes
N	20800
R^2	0.435

注：*、**、***分别表示在10%、5%、1%的显著性水平下显著。

2. 国有企业和民营企业

为了进一步探讨公司治理对企业创新的影响，我们将样本分为国有企业和民营企业，分组进行回归。在表 7-14 中描述了国有企业和民营企业创新投入、资本市场融资支持和股权集中度的差异。从均值 T 检验的来看，国有企业第一大股东的持股比例显著高于民营企业，而回归结果也可以说明国有企业较大的股权集中度对创新投入产生了不利影响。相较于国有企业，民营企业的企业研发投入更高。在融资支持方面，民营企业也获得了更多直接融资，原因可能是上市国有企业本身盈利能力较强，内源融资充足，同时，国有企业也更容易获得银行的间接融资支持。

表 7-14 国有企业和民营企业创新投入、资本市场融资支持以及股权集中度的均值 T 检验

变量	均值 T 检验		
	国有企业	民营企业	差异
RdIn	0.025	0.050	-0.025***
Fin	0.030	0.058	-0.028***
*Top*1	0.392	0.335	-0.057***

注：*、**、***分别表示在10%、5%、1%的显著性水平下显著。

表 7-15 反映了国有企业和民营企业分组回归的结果。相较于民营企业，国有企业股权集中度对企业创新投入的负向影响更大。从融资支持对创新的影响来看，国有企业融资支持对创新投入的正向影响更显著，虽然T检验结果表明民营企业获得的融资支持总额较大，但目前其在资本市场取得的融资仍然无法有效满足较高的创新研发投入。总体来说，民营企业资本市场融资支持对创新投入支持效果不如国有企业。

表 7-15 国有企业和民营企业分组回归结果

变量	国有企业	民营企业
	RdIn	*RdIn*
Fin	0.013*** (0.004)	0.004* (0.002)
*Top*1	-0.013*** (0.003)	-0.006*** (0.002)
Age	-0.008*** (0.002)	-0.018*** (0.001)
ln*assets*	0.000 (0.000)	-0.000 (0.000)
cfo	-0.001 (0.002)	0.015*** (0.002)
ROA	0.014** (0.007)	0.021*** (0.004)
expen	0.132*** (0.006)	0.311*** (0.005)
Constant	0.018** (0.007)	0.031*** (0.005)

续表

变量	国有企业	民营企业
	RdIn	*RdIn*
Year	Yes	Yes
Industry	Yes	Yes
N	5934	14866
R^2	0. 347	0. 435

注：*、**、***分别表示在10%、5%、1%的显著性水平下显著。

五、结论与政策建议

本节利用2015—2020年A股非金融类上市公司的样本数据，实证检验了资本市场融资支持促进企业创新投入增加的公司治理渠道。研究结果表明，股权集中度与企业创新投入负相关，适当降低第一大股东持股比例有助于增加企业创新投入；降低大股东持股比例、改善公司治理是资本市场融资支持促进企业创新的重要中介渠道之一。相较于民营企业，国有企业较高的股权集中度对创新投入的负向影响更显著。

根据实证结论，提出如下政策建议：①上市公司应充分利用资本市场平台，通过直接融资、股权激励等方式改善公司治理，完善股权结构。保持适度的股权集中度，既要避免"一股独大"、股权集中度过高的情况，也要避免由于股权过于分散造成的监督决策效率低下。②上市企业应积极响应国家号召，充分利用资本市场融资支持，加大创新研发投入力度，打造核心技术"硬实力"。③以新证券的实施为契机，监管部门要完善相关法律体系，保护利益相关者的合法权益。加强对中小股东的保护，加大对大股东损害公司利益、攫取私人利益行为的惩戒力度。④加大对民营创新型企业的融资支持力度，满足其筹集研发资金、开展创新活动的迫切资金需求。

第八章

产业基金与企业创新

第一节 研究背景和意义

一、研究背景

2018年以来，国际政治和经济局势动荡加剧、贸易摩擦升级，逆全球化和保护主义迹象频繁显现，西方对我国产业龙头的打压屡屡发生，美国商务部先后颁布禁止美企向中兴、华为、中芯国际等半导体厂商提供或采购技术、设备和产品的禁令。在国际势力围堵绞杀、产业自主可控和国家安全岌岌可危的新形势下，强化行业核心竞争力、依托内循环发展成为唯一出路。这一方面要求企业作为微观实践主体承担起改革创新和技术突破的时代重任；另一方面在长期性常态化的产业发展逆境中，我国政府也必将扮演起主力军的角色，在支撑产业持续投入中发挥主导作用。

在上述产业和政治环境下，分析政府引导的产业投资基金能否行之有效地作用于企业主体的创新行为，并识别其具体作用机制，成为后续利用好该机制促进我国相关产业发展壮大的重要问题。考虑到集成电路产业被誉为当今最高精尖的科技产业，也是在未来国际竞争中具有重要战略意义的行业，我国政府也于2014年9月24日正式发起成立国家集成电路产业投资基金（以下简称“IC产业基金”），因此本章以集成电路产业为研究对象，探讨政府引导产业基金对相关企业创新行为的影响。

二、研究目的和意义

（一）研究目的

集成电路产业具有技术密集程度高、投资规模大、投资周期长、技术研发和产业化转化过程不确定性强等特点。技术实力直接决定业内企业核心竞争力强弱，技术创新获得的产品附加值和高额利润回报是企业成长的长效驱动力量。对于设计业等高端产业环节，研发活动具有极强的不确定性、研发经验积累没有捷径可循，因此技术壁垒建立带来的领先优势难以被对手短期赶超。这就意味着在日益激烈的产业竞争下，为获得头部利润和长期垄断地位，企业将必然需要长期稳定且大额的资金支撑其践行技术驱动路线、实现长远发展。

成立 IC 产业基金是在借鉴域外产业培植经验的基础上，我国首次尝试通过对财政资金的基金化、市场化运作，改善产业投资的资本来源问题，同时调动和整合各类社会资源加大对创新企业的投入力度，形成财政资金协同效应，筑牢和充当好企业发展的资本后盾。回顾几年来的运行成效，部分代表性的龙头企业通过投资扶植在产业链上各自领域内实现了核心技术创新突破、追赶世界一流水平、打破既有产业格局和外部长期垄断，初步印证了产业基金投资对企业的高附加值发展、行业的结构优化形成了正向促进效应。那么，这种助推效应在微观层面是如何实现的呢？本章将从 IC 产业基金和企业创新视角出发，以创新投入为表征对象，分析 IC 产业基金的介入对创新投入是否产生影响并深入分析这类影响的具体作用机制。

（二）研究意义

1. 理论意义

尽管国外学术界对产业投资基金的研究已相对成熟，但由于引入较晚，国内针对产业投资基金支持战略性新兴产业发展的学术研究较多关注政策理论和支持体系的宏观构建层面。本章将结合影响集成电路企业发展的技术瓶颈特征，基于投融资带动、监督治理、资源增值服务等多维度的中介效应来探讨基金投资的不同路径对企业创新投入的影响，从而加强微观机理剖析，以此补充和完善产业投资基金如何匹配特定产业企业金融需求、提高企业核心竞争力、服务实体经济发展并助推产业结构转型升级的宏观理论体系。

2. 现实意义

无论是高新技术企业可持续发展还是集成电路产业结构优化，本质上都离不开资本和资源支持。于微观而言，创新研发活动的增加对于企业独立掌握关键技术、促进潜在价值提升具有重要意义。在产业层面上，明晰和利用好产业基金的影响机制有助于我国在激烈的科技竞争中扭转被动跟随局面，通过优先发展相关产业核心竞争力形成新的比较优势，提升国际地位，摆脱长期受制于人的局面。就宏观层面而言，企业创新研发活动的长期活跃和繁荣将有力保障国民经济由高速向高质量发展转轨，从而实现我国创新型现代化强国的建设目标。

产业投资基金作为现阶段推动实体经济发展、进行供给侧结构性改革、促进科技产业向中高端转型升级的重要投融资工具，能够充分利用和发挥财政资金的杠杆作用以及投资管理附加值，实现社会资源配置优化、使企业专注于技术研发升级和创新成果转化。深入研究产业基金影响集成电路企业创新课题，具有三重价值：一是 2020 年以来党中央将集成电路产业视为国家战略予以高度重视，需要尽快实现产业内各环节的进口替代。研究 IC 产业基金以往在引导企业创新中的经验成效，有助于丰富和细化政府扶持集成电路产业发展的方法论，从而有的放矢地服务集成电路产业创新能力塑造并满足内循环诉求。二是各级、各地政府正加大施政力度鼓励设立各类产业投资基金。在此情景下，本章的研讨有助于明晰产业基金的特殊定位、价值和作用机理，从而为政府如何高效合理地设立、主导和运营产业基金服务实体企业提供思路。三是通过对集成电路企业的金融支撑路径研究，供决策层制定政策、为其他战略新兴行业核心竞争力提升提供启示和借鉴，进而推广和扩大化产业基金服务范围和应用渠道，加深政府投资和实体经济的互促。

第二节　相关研究综述

从已有研究看，学者对于战略新兴产业培育中政府引导基金在宏观业态演进层面发挥的重要价值予以一致肯定。伴随金融与实体经济的互促发展，特别是经历与战略新兴产业相适应的阶段后，产业投资基金的经济效应开始显现，学术界的视角开始聚焦其发挥的积极作用以及对微观主体的效用评价。

一、对政府引导产业投资基金的研究

产业投资基金源于政府引导基金概念，欧美多个发达国家在产业发展进程中，为缓解收益有限和市场不完善导致的私人创新投资不足等问题，先后设立了政府引导基金（如美国的小企业创新计划、欧盟的欧洲投资基金、以色列的 YOZMA 基金等），以推动本土企业创新。产业投资基金在我国发展时间不长，是近年来基于我国基础和支柱领域特定产业相对落后的国情逐渐出现的促进产业结构优化升级的金融创新和重要扶持工具。

由于历史实践经验积累较为丰富，境外学者的研究多建立在政府引导基金的具体运作实践上，关注重点主要是针对微观层面产业投资基金对企业增值、行业创新的积极影响。以美国、欧洲企业为样本的实证研究从不同程度上支持了这一观点。Clarysse 等（2009）对政府基金支持和带动行业发展及技术升级的作用进行了研究，通过对比分析美、英和以色列的案例，发现政府设立的产业投资基金能够引导创业资本的流向，对高新技术产业的培育发展起着关键性作用。Lerner（1999）的实证研究表明，美国小企业创新计划（SBIR）于 1983—1997 年注资 70 多亿美元，使 1435 家创新型小企业得到发展，带动了人才涌入和社会资本跟进。Sorenson（2000）指出，产业投资基金可通过示范效应和培训效应为全社会营造一种创业创新的活跃氛围。Watson 等（2008）认为，对于私人资本本身缺乏投资意愿的种子期企业，产业基金的投资加盟起到了积极的声誉效应和认证作用，从而引导更多社会资本流入创新领域。Hall（2002）强调产业基

金可以有效缓解小企业创新活动的资金不足。

针对中国市场的研究在思路上与国外研究类似，姜达洋（2011）认为，战略新兴产业发展离不开政策手段构成的经济保护和干预，尤其是在产业发展初期，政府产业政策是主要推动力。随着国内对于金融扶持战略新兴产业发展的研究体系逐步建立，特别是在倡导产业结构优化升级的大背景下，政府发挥主导力量的投资工具成为研究热点，诸多学者建议借鉴和移植产业投资基金作为创新国有投资的重要工具，并对其本土化服务新兴产业的适应性展开讨论。郑联盛（2014）强调战略产业投资基金发展中政府的主导地位，并认为基金在促进战略新兴产业发展、资金提供等方面能发挥重大作用。徐晓兰（2010）建议设立专门支持战略新兴产业发展的投资基金，并强调加强重大项目的统筹规划，选定制约产业发展的核心技术，按照有所为有所不为的原则集中力量予以突破。王健等（2014）认为，战略新兴产业应建立以政府资金为引导的政策性金融支持，进一步健全金融支撑系统，形成以银行信贷、资本市场为主体，民间融资有效参与配合的新体系。戴正宗（2016）建议借力产业基金的多种所有制资本优势发力制约产业发展的关键领域，并拉动社会资本共同投资。

也有部分学者进一步围绕具体运作模式和运行绩效展开定性探讨，主要集中于治理结构、风险防控、退出以及评价机制等方面。纪菁（2015）建议根据产业基金在不同阶段的任务目标，采取各具特点、更为灵活的募集和运作模式，实现投资的提质增效。赵成国（2008）认为，政府引导基金以母基金参股、担保等形式撬动多元投资主体设立创业风投基金，多方位、多渠道拓展科技创新与产业化的资本融资渠道。曹志艳（2014）梳理了我国农业产业投资基金的运营情况，系统研究了治理与约束激励机制，提出采取利润回报分享机制，给予基金经理超额收益报酬，可起到较好的激励成效。马莉苗（2008）得出公开上市和股权转让是我国产业投资基金项目主流退出方式的结论，并认为结合我国的产业投资行业特点，选择净资产值、投资收益率、内部收益率进行退出绩效评估较为合适。

随着产业基金的投资模式在我国不断探索实践，以及国家股权投资相关政策的不断完善，产业投资基金总体呈爆发式增长，其经济效应得到了进一步的发掘，相关文献视角也随之聚焦在产业基金对产业发展的实效判断上，强调其在市场引导、资源配置、产业结构优化、企业附加值构建中发挥的积极效用。刘健钧（2007）认为，地方政府在启动资本之外往往会提供税收优惠等配套政策，通过弱化募投项目政策性风险吸引社会资本进入政府支持的产业领域。杨林（2015）认为，政府引导基金在市场导向和监督下，融合了政策性金融的矫正补缺与商业性金融的利益竞争等机制，改变了产业资金的配置格局。陈磊（2017）将产业基金功效归结于降低企业杠杆率、资本放大效应、投后管理以及市场甄选功能。魏燕（2015）提出，政策性金融投资映射了国家产业结构调整意图，且以政府信用作担保，会产生投向诱导，帮助重点产业快速发展。朱建程（2016）认为，产业基金实现了有效衔接经济发展战略、促进产业调整升级、助力科技企业高质量发展。刘光明（2019）将政府产业基金的作用机制归纳为资本引导、创新创业引导和产业引导三重效应。

目前来看，深入分析政府基金投资特定行业可循的文献研究相对较少，作用于企业层面机制路径的研究也不多见。

二、产业投资基金对企业创新影响的相关研究

产业基金从国外风险投资演化而来，学术界基于风投与企业创新关联的研究也较为广泛深入，但对于其能否有效促进企业创新还有一定争议。支持派认为风险投资提供的资金和管理增值服务在一定程度上缓解了创新企业资金不足、管理不规范问题。Keuschnigg 等（2004）指出，风险投资从信息提供者、筛选者和监督指导者等视角促进技术创新活动。Michael（2014）提出，风险资本提供充裕资金给企业从事不确定性高的创新活动，并通过选择功能将稀缺资源分配给最有利可图的活动，辅助培养创新力。Paik 等（2017）通过研究风投资本与企业创始管理团队的互动，得出创始团队在职时风险资本对创业公司研发投入的积极影响将被有效放大。陈思等（2017）选取沪深上市公司数据分析发现风投资本通过提供行业经验、对研发团队进行改革等方式，促进标的企业创新水平改善。Ryan 等（2018）的研究也证实了风险投资融资与企业加速创新和商业化进程有关。与此相对应，指出风险投资对企业创新活动存在反向抑制的学者则举证风

险投资介入后，会因过度关注企业短期利润表现而损害事关长远发展的技术创新投入。Stefano 等（2009）以意大利上市公司为研究样本，发现风险投资在投资阶段甄别出创新能力强的公司，进入后只注重改善企业经营利润，反而削弱了创新活动。Henry 等（2016）也认为风险投资遵循专利信号投资于具有商业可行性公司，并不注重增加其专利输出。冯根福等（2018）研究风险投资对我国中小板和创业板企业技术创新影响时发现风投资本实际上发挥了抑制作用。

伴随着我国新兴产业的投资规模不断壮大，作为一种逐步成长起来的新式金融工具，产业投资基金在与目标产业磨合实践中持续演进，时下已发展成为一种热门的创新企业融资途径，其对微观主体的价值也越来越多地被学者所提及。马嫣然等（2018）按照风险投资的资金来源，将其划分为政府、民营和外资三类，通过对比研究发现，政府背景的投资基金对创新带动效果最为明显。郭研等（2016）认为，产业基金可以从信号效应和风险补偿方面对我国科技企业的创新能力起到促进作用，得出市场失灵下政府干预的有效性。王俊俊（2019）研究表明，股权投资基金参与企业治理时通过退出威胁、投票权、私下沟通、公开建议等渠道强化技术创新，并且基金社会资本在其中发挥了中介效应。

三、文献评述

整体来看，国内外文献对产业投资基金发挥宏观效应的论述已非常翔实，对于产业投资基金运作研究多基于风险投资和私募股权基金视角，研究侧重于微观实证层面，对于我国产业投资基金的研究参考价值较高。我国政府引导的产业基金起步较晚，国内对于产业基金的研究多停留在定性描述讨论，强调政策机制，缺乏微观层面的论证基础和实证研究，特别是系统分析产业投资基金影响企业创新具体渠道的文献较少；此外，针对特定领域如集成电路的研究涉猎不足；鲜有文献将产业基金、集成电路产业、企业创新三者联系在一起，系统性深度探讨三者之间的关联及运作机理。

集成电路作为战略新兴产业的关键代表领域，企业普遍在研发和创新技术成果产业化方面倾注了更为大量的资金和资源。参考过往研究，本书认为产业基金股权投资在助力科技创新等高风险经营活动中往往更能发挥所能，对于培育壮大集成电路企业创新实力影响深远、意义重大。由此本章将产业投资基金对集成电路高科技企业创新能力的影响成效纳入研究框架，剖析产业基金对企业主体的作用路径并为基金未来的重点施策指明方向，继而对上述文献关于产业投资基金和企业创新发展的交叉研究形成一定的微观机制补充，既符合理论发展趋势，又具有实践指导价值。此外，在实证层面，本章将基于现行产业基金投资情况，对集成电路企业数据展开深入挖掘，检验产业投资基金在特定产业环节层面上是否切实促进了企业创新投入、其传导路径为何，从而填补该领域前人实证研究的空白。

第三节　产业投资基金影响企业创新的机制分析

产业投资基金的设计初衷是针对产业发展需求，弥补市场机制失灵，以战略为引导、资本为纽带、多元金融扶持为协同，帮助企业分摊技术创新风险，通过强化资本投入、技术创新以及成果转化，实现商业价值提升，进而带动和吸纳民间资本滚动投入，达到产融互促的良性循环。

IC 产业基金自设立以来，保持了高强度的投资节奏，截至 2020 年累计投资 1387 亿元，涉及 65 家企业，完整覆盖了制造、设计、封测、装备材料等产业链环节。从初步成效看，IC 产业基金有力地带动了企业投入和产业快速均衡发展，提振了投资信心。可以说，行业的快速发展离不开 IC 产业基金投资带来的融资融智服务和多元化资源扶持，也从宏观层面印证了业内企业通过创新投入取得的发展成效。基于以上分析，提出如下假设：

假设 1：IC 产业基金参与集成电路企业投资，有助于企业提高创新投入。

接下来进一步剖析 IC 产业基金支持企业技术创新的具体机制，我们将其微观传导机制归为三类：资本汇聚路径下的资金配置、治理监督路径下的战略引导，以及资源协同路径下的增值服务。

一、资本汇聚路径下的资金配置

IC 产业基金作为国家级超千亿体量的政策性产业基金，在设立初始就天然具有标杆示范效应，通过对金融市场及社会资源配置起到不同程度的引导和再调整作用，促进资金流向有增长潜力的企业，支持其继续进行新产品的研发、产能扩充以及业务拓展。

一是 IC 产业基金直接注资支持企业投入。大部分依靠研发产出推动收入增长的集成电路企业在技术迭代进程中因为资金问题而放弃能切实提高创新竞争力的优质研发项目。IC 产业基金投资偏好于战略价值显著的高风险/收益类项目，这与集成电路企业发展路径相一致。基金一方面通过注入资金帮助企业解决制约技术瓶颈的燃眉之急，另一方面通过投资体现政府对企业技术基础的认可，同时也传递出鼓励其进一步研发创新的信号。通常在企业获得投资后将更专注于科技研发能力的培养，随着研发投入和创新活动的顺利开展，其经营情况和市值也会得到大幅度提升。

二是 IC 产业基金通过认证效应进一步吸引外部投资。市场投资人往往对保持大额研发投入的行业持有规避风险的审慎态度，市场中的信息不对称也导致了企业价值无法被有效衡量。而基金投向在一定程度上昭示了政府政策扶持、关键领域发展动向、核心技术价值等积极信号，从而为资本市场和产品市场提供了良好的信号识别。加之 IC 产业基金在投资前会进行标的企业的筛选和尽职调查，客观专业地评估其真实价值，作为一个代表政府公信力的投资机构，相当于为标的企业进行了信用背书和价值确认，有利于降低受资企业与外部投资者之间的信息不对称，提升企业信誉并获得市场认可。特别是，当基金追加投资时，将进一步释放企业前景良好的利好信号，增强市场信心。在认证示范效应影响下，为了获得更多外部投资者的融资支持，企业也将自发提升创新投入水平。

三是 IC 产业基金发挥杠杆效应，搭建金融扶植体系。基金在注资企业的同时，还布局了专注该行业投融资服务的各类金融机构，包括：成立专攻本行业的融资租赁公司，帮助企业降低研发成本；与各地方政府成立区域产业基金，以区域资源为依托促成域内产业集群化发展；与市场机构成立子基金，以母子基金为平台，以直投和间投为渠道，强化财政杠杆作用，带动更多的社会资本进入集成电路领域。通过合理配置投资、信贷、租赁的资源，针对企业所处成长阶段为其定制多元投融资方案，提供创新再发展配套保障，辅助其驶入发展快车道。

截至 2019 年，IC 产业基金实际出资部分直接带动新增社会融资（含股权融资、企业债券、银行贷款等）超过 4500 亿元，实现了中央财政资金约 1∶17 的放大效果，社会资本投入集成电路行业的意愿空前高涨，企业创新发展投入不足问题得到缓解。以中芯国际为例，公司从 2000 年成立至 2014 年的股权融资总额为 23.76 亿美元，2014—2019 年的融资规模达 64.16 亿美元，借助外部融资所得，企业维持了远高于行业均值的研发投入水平，并借此掌握了最先进的 10 纳米以下芯片自研技术，跻身全球集成电路制造领先梯队。

综上，IC 产业基金通过直接投资对金融市场及社会资本予以调节，提高该产业整体的资本配置水平，促进了资金流向有增长潜力的企业，有利于企业获取资金用于技术升级。同时在信号传导效应下，通过不断向外界传递企业积极进步的信号，正向激励企业从事更高质量的技术创新活动，提升创新投入水平。基于以上分析，提出如下假设：

假设 2：IC 产业基金投资影响资本汇聚效果，进而正向促进企业创新投入水平。

二、治理监督路径下的战略引导

区别于传统财政资金一味投入的放养模式，IC 产业基金采用市场化运作机制，在“投、管、退”各环节上对受资企业的管理和监督负有责任，在参与公司治理上的意愿明显更高。在政策和利益双重导向下，一方面要实现国家产业战略目标的顺利推进，另一方面要监督国有资产的保值增值，使基金最终得以顺利退出。因此 IC 产业基金在日常管理上积极派驻董/监/高，形成对股东会、董事会、监事会、战略委员会等决策层的全面覆盖，引导企业制定创新目标和长远发展规划，并在实践中积极监督企业规范治理，最终完成既定的财务和战略目标。

具体而言，在投前选择环节，IC 产业基金内部专业的投资团队会对标的企业进行十分严苛的评估，通过尽职调查、行业走访等方式筛选出真正具备成长潜力和资质的创新企业，淘汰一批劣质企业。如果目标企业希望得到 IC 产业基金的青睐，就需要从提高自身的技术实力上发力。

在投资阶段，出于投资体量上的优势，IC 产业基金往往能够获得较为优厚的持股比例和大股东地位。一旦成为重要股东，投资者就拥有了一定的话语权，同时也有权力派驻董/监/高参与企业的投后管理。

在投后管理环节，IC 产业基金作为大股东和管理者可以对重大战略和经营决策施加影响。一方面，作为所有者，基金会利用自己所拥有的丰富资源服务被投企业，从资金、技术、人才、政策等方面帮助企业提高效益、强化发展能力。另一方面，作为产业投资基金，IC 产业基金开展投资业务时除了获取企业技术创新带动业绩改善形成的良好经济效益外，更重要的责任是促进产业和企业的科技创新。因此，不论是出于战略目标还是财务目的，IC 产业基金天然具有强动力去激励企业不断加大创新力度，具体的作用渠道可归类为以下三点：

一是通过深化战略引导。IC 产业基金的政策关联度高，自身也具备意愿和能力通过治理机制参与到所投企业的重大决策当中。首先，基金长期专注于单一行业投资，培育高科技企业经验丰富，并在行业认知、技术演进、产业周期规律、政策解读等方面均有长期深入积累，可以为企业提供客观专业的经营判断。其次，基金在参与投资治理时更有可能从国家层面出发，以服务产业目标的宏观视角解读企业中长期发展规划，引导其朝着具备高增长前景的方向发展，并践行配套的技术创新举措，如推行重大技术创新、加大研发投入等。上述两点使 IC 产业基金不断通过治理结构向企业施加战略影响，帮助企业抓住发展机遇，引导管理层做出有利于长远发展的、科学正确的经营决策。

二是通过强化监督效应。由于研发活动的专业性壁垒，股东与经营层的信息不对称问题尤为突出，注重短期效益的管理层在代理问题影响下有可能对研发支出缺乏投入意愿，将支持技术研发的资金用于日常生产经营活动以满足短期盈余。此外，政策补助资金的投放也存在上述代理问题，政府科研补贴本身是为了支持企业攻克技术瓶颈，借助研发活动提高产业自主创新能力，然而管理层很可能利用信息优势对研发项目进行夸大以获得更多可操控现金流，或者将专项资金用于当期业绩最大化。IC 产业基金的参与能有效监督和规范公司治理，一旦企业在经营过程中出现了技术路径偏离或者不合理收缩研发投入，基金会通过私下沟通等形式及时纠正和约束管理层的短视行为，保障创新投入力度和资金使用效率。

三是通过优化激励机制。在 IC 产业基金进入企业后，通过参与董事会或薪酬委员会决策，明确企业远期经营目标，建立以技术创新为导向的薪酬激励机制和管理层考核体系，提升管理层在技术创新上的积极性和投入资源的稳定性。同时也可以不断强化企业技术人才队伍建设和吸引策略，最大化发挥和挖掘技术团队潜能，促进企业持续性开展技术创新活动。

考虑到企业创新投入与 IC 产业基金在治理监督上的引导、约束、激励机制密切相关，我们提出如下假设：

假设 3：IC 产业基金投资影响治理监督效果，进而正向促进企业创新投入水平。

三、资源协同路径下的增值服务

IC 产业基金介入企业后，为企业提供除了资金以外的增值服务和集合资源，并通过基金的投资经验和资源网络直接或间接促进企业技术创新。社会网络理论认为各主体间的联结强度会直接影响信息传播，并作用于企业价值。投资行为的发生会在 IC 产业基金与各企业之间形成共同的利益共生网络，促进产业链上各单点企业的技术交流沟通，形成创新的互利共同体。

由于投融资双方的高度依赖和长期互助合作关系，基金会毫无保留地为企业提供一切增值支援。

一是发挥政策协调作用。一方面，IC 产业基金在资源信息提供方面具备优势，凭借国家背景和产业影响力，能够有效协同研发扶持、地方优惠、低息贷款等有利政策，改善创新项目营利性和研发成本，强化企业创新意愿。比如作为股东出面与地方政府协调创新项目政策时，容易获得更多支持资金并大大加快重大项目审批进程。另一方面，IC 产业基金也从专业化辅导退出等方面贡献了特有的增值支持。为了达到更好的产业引导效果，IC 产业基金发挥财政与金融协同优势，帮助企业成功打通科创板等资本市场融资渠道，吸引和撬动社会资本入局。IC 产业基金设立以来长期与证监会等金融主管部门保持密切联动，先后促成长川科技、国科微在 A 股上市，中芯国际、安集科技和中微半导体等企业登陆科创板，盛美在美股纳斯达克上市，这些企业在获得市场认可的同时也进一步强化了自身创新再投入能力。

二是发挥资本纽带作用，打造全产业链协同发展格局。通过对全产业链广泛布局不断延伸自身触角，IC 产业基金长期稳定在行业关系网的中枢位置，各种社会网络的信息和资源也通过基金社会资本的穿针引线，在其他关系主体企业之间实现流通与共享，促进产业链知识信息的流动和交流。受资企业在 IC 产业基金构成的强连带下，能够更便利地吸收所需信息并快速建立较强的彼此信任关系、强化自身的社会联系。IC 产业基金通过资本纽带在产业上下游资源互补型企业间营造出和谐、信任、鼓励合作的创新氛围，这在很大程度上孕育了产业内技术合作，通过企业间知识交流促进创新投入，提高单个企业技术创新的成功性和产业整体创新效率。

具体到企业创新活动开展的各个阶段：在技术方向选择和早期预研攻坚阶段，企业单体往往势单力薄，IC 产业基金积极穿针引线，帮助企业参与到网络中由大学、科研机构和领先研发企业组建的尖端共性技术研发合作项目中，通过主体间知识分享与共建，降低基础技术预研不确定性风险，实现从无到有的核心技术突破和自研经验积累。在研发商品化阶段，IC 产业基金为企业提供目标客户市场信息，引导其开展以量产产品为导向的创新活动，通过减少市场风险的技术合作来催化企业创新产出，缩短技术商品化进程（如推动华为与上游企业开展产业协同和技术合作攻关，由华为提供技术支持和后续商业订单）。这一阶段的企业创新活动通常是以市场为导向的，产业链上下游在IC产业基金撮合下形成互相依赖的长期战略合作模式，有利于激励企业开展有计划、持续性的产品创新投入。此外，在后期的产业化过程中，IC产业基金也发挥了宣介新技术、推广创新产品、带动市场需求和整合供应链的作用（如积极引导中兴微、展锐等设计企业与上游中芯国际等代工商战略合作；促进北方华创、中微、沪硅产业等装备材料企业的产品在制造产线中验证和应用）。通过打造国产化内循环、引导订单回流本土供应链，IC产业基金完成了对投资企业的产业化推动，实现了研发投入向经济效益的产出转化。自此，被投企业受惠于关系网利得，通过实施技术投入不断扩大规模和市场份额，逐步淘汰技术落后的竞争对手。

IC产业基金充分发挥其社会资本网络的特殊优势，提供和整合各种外部资源，同时作为中介桥梁建立产业链间企业的信任联系，积极引荐潜在客户，撮合战略伙伴绑定，激发企业创新动能。基于此，提出以下假设：

假设4：IC产业基金投资影响资源协同效果，进而正向促进企业创新投入水平。

当然，企业的技术创新并非完全通过上述三条路径来实现，还有其他本章未涉及的影响因素存在，因此上述机制仅起到部分中介效应。基于此，提出以下假设：

假设5：三条路径分别承担了IC产业基金投资对企业创新投入的部分中介作用。

第四节 产业投资基金影响企业创新的实证分析

本章的实证分析选择2014年以前成立的集成电路行业A股上市及其他代表性公司数据为研究对象，剔除ST企业及关键指标有缺失值的数据，研究样本为86家国内集成电路企业（样本企业的选取完整覆盖了产业链各环节，囊括了不同发展规模主体，同时涵盖了包括A股、港股、美国纳斯达克等上市地区资本市场，样本集合对该产业整体代表性较高，其中IC

产业基金已投企业34家）。数据年度区间为IC产业基金完整投资期覆盖的2014—2019年，共得到491个样本的面板观测数据，相关数据主要通过查阅Wind数据库、企业财务报告、专业文献以及手工整理取得。

一、变量选择及指标体系建立

我们参考前期学者研究，并按照研究目标，确定了被解释变量、解释变量、中介变量以及控制变量。

（一）被解释变量

学术界关于企业创新的评价指标通常有企业的R&D支出以及专利/商标数等，其各有优缺点。结合对集成电路企业创新特点的分析，笔者认为在技术密集型行业，产品附加值与企业技术能力直接挂钩，而技术的发展需要企业进行研发投入。作为高效创新活动的基础保障，研发投入越高，企业技术突破的可能性越高，产出品的价值也越高，因而以单一指标创新投入直接表征企业创新水平是合适的。

结合以往学者研究共识，我们也采用R&D费用支出/销售收入来衡量企业创新投入水平，用符号RD进行标识，该指标越大意味着企业的创新投入水平越高。该指标测量的是企业内部的自主研发行为，较为精准且容易获取。考虑指标在不同个体之间波动和差异性可能较大，易受企业规模、发展周期、行业细分等因素影响，因此后续设计了相应的控制变量予以控制。在实证分析后期稳健性检验时将以R&D费用支出/净资产作为变量RD_1进行替换检测。

（二）解释变量

本章主要研究产业基金投资对集成电路企业创新的影响，因此设置自变量为IC产业基金是否参与投资（PE），参与投资时取值为1，否则为0。

（三）中介变量

以IC产业基金投资的具体传导路径作为中介变量。

引入资本带动指标（*Spread*）衡量资金带动路径作用力，从支持企业发展的资金来源看，除产业基金投资外，还包括商业化机构、商业性贷款等资本以及企业所获得的科研基金等，为了全面体现涵盖政府、社会资本等各类资金的总体效应，选取资金总额表征企业资金注入、带动影响，研究中暂不就具体资金来源类别进行划分，计算方式=企业外部融资总额。

引入监督治理指标（*Lead*）衡量监督治理路径作用力，计算方式=IC产业基金董事席位占比。

引入资源协同指标（*Chain*）衡量资源协同路径作用力。业内学者认为，社会资本指行为主体与社会之间的联系以及通过这种联系可以吸收稀缺资源的能力。正是凭借自身关系网络，IC产业基金实现了对关键性资源的摄取和整合，其股权投资覆盖范围可视为资源网效应作用范围。本章以IC产业基金投资总额与企业总资产的比重衡量基金与外部社会资本来源（政府、行业机构、产业链上下游等）之间的联络带给企业的资源协同效应，计算方式=IC产业基金长期股权投资总额/企业总资产。

（四）控制变量

借鉴以往研究，在本章中我们设计如下控制变量，尽量减少变量遗漏可能带来的内生性问题。

企业规模（*Size*）：公司规模在一定程度上会带动研发投入，在模型中加入此变量来控制企业的规模效应。以企业总资产的自然对数衡量。

企业年龄（*Age*）：成立时间越长，在产业中的技术沉淀就越丰富，意味企业掌握的创新资源和知识越全面，能促进企业的技术创新产出。用研究年份与成立年份差值表示。

资产负债率（*Debt*）：学者认为企业资本结构在某种程度上代表了企业的资金水平，影响对研发活动的风险抵御能力。同时，企业在使用债务性融资进行产品研发活动时会受到不同程度的制约，使得研发投入水平受限。以资产负债率表征企业负债水平。

股权集中度（*Top*）：企业的经营发展会受到治理结构的影响，如其他股东方持股较多并拥有绝对控制权，将直接影响新投资人的引入及其治理作用的发挥，借鉴业内对内部治理结构的指标界定，以企业第一大股东股比例衡量控制权配置。

行业分类（*Ind*）：集成电路分为诸多子行业，根据资产结构轻重可简单分为设计业及非设计业，考虑到不同行业间的规模、周期差异，以及设计业企业的研发活动更为密集且支出占比较大，会对我们研究的传导路径更为敏感，波动变化与非设计业相比更明晰。因此，在本研究中把子行业作为一项控制变量。企业属设计业时取值为 1，反之为 0。变量定义如表 8-1所示。

表 8-1 变量定义

变量类型	代码	变量名称	定义及计算方法
被解释变量	RD	创新投入	企业每年 R&D 费用支出/销售收入
	RD_1	创新投入稳健性检验指标	企业每年 R&D 费用支出/企业净资产
解释变量	PE	IC 产业投资基金	虚拟变量，IC 产业基金投资为 1，否则为 0
中介变量	*Spread*	资本带动	企业外部融资总额
	Lead	监督治理	IC 产业基金董事席位占比
	Chain	资源协同	IC 产业基金长期股权投资总额/企业总资产
控制变量	*Size*	企业规模	企业总资产的自然对数
	Age	企业年龄	公司年龄
	Debt	资产负债率	企业总负债/企业总资产
	Top	股权集中度	企业第一大股东持股比例
	Ind	行业分类	虚拟变量，企业属于设计业时取 1，其他取 0

二、回归模型设定

（一）中介效应理论

本项研究的核心是检验 IC 产业基金投资通过不同路径代表的中介因子对企业创新投入产生的具体影响。中介效应在心理学等学科的研究中应用得较多，具体指变量 X 通过影响变量 M 进而影响变量 Y 的传导路径，其理论模型如下：

$$Y_i=\alpha_c+\beta_c\times X_i+\varepsilon \tag{8-1}$$

$$M_i=\alpha_a+\beta_a\times X_i+\varepsilon \tag{8-2}$$

$$Y_i = \alpha_b + \beta_b \times X_i + \gamma_b \times M_i + \varepsilon \quad (8-3)$$

根据温忠麟等的研究，检验中介效应时采用逐步检测法，在 X 对 Y、X 对 M、M 对 Y 的影响三个条件均具有统计显著性的前提下，考查中介变量 M 存在时主效应系数 β_b 的显著性，若 β_b 不显著，说明中介变量起完全中介作用，否则起部分中介作用。中介效应的大小用 $\beta_c - \beta_b$ 或 $\beta_a \times \gamma_b$ 来衡量。

（二）模型的建立

为研究基金投资、各作用路径与创新投入之间的影响，此处使用多元线性回归的方式构建模型如下。

首先量化 IC 产业基金投资对企业创新投入影响：

$$\mathrm{RD}_{it} = \beta_0 + \beta_1 \mathrm{PE}_{it} + \beta_2 Size_{it} + \beta_3 Age_{it} + \beta_4 Debt_{it} + \beta_5 Top_{it} + \sum Year + \sum \mathrm{Ind} + \varepsilon_{it} \quad (8-4)$$

模型（8-4）以公司创新投入 RD 为被解释变量；IC 产业基金投资 PE 为解释变量；企业规模、企业年龄、资产负债率水平、股权集中度、年份、子行业为控制变量。其中 i 表示第 i 个企业；t 表示第 t 年；β_b 代表常数项；β_m 数的正负代表影响的正负方向；ε_{it} 代表模型以外其他随机因素，是误差项。利用模型（8-4）可以验证假设 1。

本研究还要探讨 IC 产业基金的具体传导路径，检验不同效能路径是否在基金投资企业的过程中发挥了对创新投入的中介作用。根据中介效应检验的三步法，进一步向前述模型（8-4）中加入待判定的中介变量，设置模型如下：

$$Spread_{it} = \beta_0 + \beta_1 \mathrm{PE}_{it} + \beta_2 Size_{it} + \beta_3 Age_{it} + \beta_4 Debt_{it} + \beta_5 Top_{it} + \sum Year + \sum \mathrm{Ind} + \varepsilon_{it}$$

$$\mathrm{RD}_{it} = \beta_0 + \beta_1 \mathrm{PE}_{it} + \beta_2 Spread_{it} + \beta_3 Size_{it} + \beta_4 Age_{it} + \beta_5 Debt_{it} + \beta_6 Top_{it} + \sum Year + \sum \mathrm{Ind} + \varepsilon_{it} \quad (8-5)$$

$$Lead_{it} = \beta_0 + \beta_1 \mathrm{PE}_{it} + \beta_2 Size_{it} + \beta_3 Age_{it} + \beta_4 Debt_{it} + \beta_5 Top_{it} + \sum Year + \sum \mathrm{Ind} + \varepsilon_{it}$$

$$RD_{it} = \beta_0 + \beta_1 \mathrm{PE}_{it} + \beta_2 Lead_{it} + \beta_3 Size_{it} + \beta_4 Age_{it} + \beta_5 Debt_{it} + \beta_6 Top_{it} + \sum Year + \sum \mathrm{Ind} + \varepsilon_{it} \quad (8-6)$$

$$Chain_{it} = \beta_0 + \beta_1 \mathrm{PE}_{it} + \beta_2 Size_{it} + \beta_3 Age_{it} + \beta_4 Debt_{it} + \beta_5 Top_{it} + \sum Year + \sum \mathrm{Ind} + \varepsilon_{it}$$

$$RD_{it} = \beta_0 + \beta_1 \mathrm{PE}_{it} + \beta_2 Chain_{it} + \beta_3 Size_{it} + \beta_4 Age_{it} + \beta_5 Debt_{it} + \beta_6 Top_{it} + \sum Year + \sum \mathrm{Ind} + \varepsilon_{it} \quad (8-7)$$

模型（8-5）、模型（8-6）、模型（8-7）以企业创新投入为被解释变量，IC 产业基金投资、资本带动、治理监督、资源协同为解释变量，利用模型（8-5）、模型（8-6）、模型（8-7）可以检验假设 2、假设 3、假设 4、假设 5。

三、实证研究及结果分析

（一）描述性统计

通过观察发现原始数据很多变量最小值与最大值的差级较大，很可能存在异常值，干扰模型结果的准确性，针对这种情况，本书采用上下 1% 的缩尾处理。缩尾后再次进行描述性统计，如表 8-2 所示。

表 8-2　缩尾后整体样本描述性统计

Variable	Obs	Mean	Std. Dev.	Min	Max
RD_w	491	0.1925	0.4128	0.0090	3.8073
PE_w	491	0.4155	0.4933	0.0000	1.0000
*Lead*_w	491	3.7866	7.8727	0.0000	37.5000
*Spread*_w	491	15.8029	7.5694	0.0000	23.5631
*Chain*_w	491	220.4924	358.4348	0.6344	2152.7980
*Size*_w	491	21.1387	1.5756	17.1409	24.9742
*Age*_w	491	2.6520	0.4566	1.2214	3.4817
*Debt*_w	491	0.3425	0.2073	0.0327	0.9769
*Top*_w	491	0.3123	0.1666	0.0000	0.8183

注：_w 为缩尾处理后的数据名称。

表 8-3　相关系数表

Variables	RD_w	PE_w	*Lead*_w	*Spread*_w	*Chain*_w	*Size*_w	*Age*_w	*Debt*_w	*Top*_w
RD_w	1								
PE_w	0.1121**	1							
*Lead*_w	0.1493***	0.5711***	1						
*Spread*_w	0.2537***	0.1306***	0.1389***	1					
*Chain*_w	0.2352***	0.1216***	0.1602***	0.1991***	1				
*Size*_w	-0.1220***	0.2724***	0.3988***	0.4074***	-0.5901***	1			
*Age*_w	-0.3260***	0.1246***	0.0778*	0.1419***	-0.2859***	0.4899***	1		
*Debt*_w	-0.0332	0.1224***	0.0754*	0.2735***	-0.1279***	0.1479***	-0.048	1	
*Top*_w	-0.0536	0.1446***	0.0244	0.0259	-0.0023	-0.0821*	-0.0275	0.0629	1

注：系数的绝对值代表相关性强弱，正负代表相关方向。*、**、***分别表示在10%、5%、1%的显著性水平下显著。

根据相关系数矩阵（见表 8-3），解释变量 PE 与被解释变量 RD 在 1%的显著性水平下的相关系数为 0.1121，也就是说，IC 产业基金投资与企业创新投入之间具有显著的正相关关系。其余的中介变量（*Spread*、*Lead*、*Chain*）与 RD 间的相关系数也均在 1%的显著水平下显著。初步验证了前述假设，有 IC 产业基金参与的企业创新投入水平要优于未受资企业、三个路径对创新投入同样产生正向影响。此外，变量之间的相关系数绝对值均小于 0.8，模型中解释变量、中介变量、控制变量之间不存在明显多重共线性。

接下来对模型进行 VIF 检验，进一步确保后续回归分析有效可信。通过将各解释变量与其余解释变量做回归，如表 8-4 所示，所有变量的 VIF 值均小于 10，表明本章的实证模型基本不存在多重共线性问题，可以顺利开展回归分析。

表 8-4　模型 VIF 检验

Variable	VIF	1/VIF
*Size*_w	1.4700	0.6819
*Age*_w	1.3400	0.7447
*PE*_w	1.1200	0.8928
*Debt*_w	1.0500	0.9480
*Top*_w	1.0400	0.9588
Mean VIF	1.2100	

（二）回归结果分析

使用多元回归模型依次检验理论部分假设。

1. 主效应检验

表 8-5　主效应回归分析

	无控制变量	含年份、行业	含所有控制变量 （对应假设 1）
VARIABLES	*RD*_w	*RD*_w	*RD*_w
PE_w	0.0938** (2.4956)	0.0915** (2.3908)	0.1437*** (3.8342)

续表

	无控制变量	含年份、行业	含所有控制变量（对应假设1）
Size_w			-0.0047 (-0.3398)
Age_w			-0.3145*** (-7.1146)
Debt_w			-0.0400 (-0.4526)
Top_w			-0.1922* (-1.8107)
Constant	0.1535*** (6.3339)	0.0645 (1.2158)	1.0168*** (3.9162)
Year		控制	控制
Ind		控制	控制
Observations	491	491	491
R^2	0.0126	0.0522	0.1740
R^2_a	0.0106	0.0365	0.1533
F	6.2280***	3.3194***	8.3929***

注：括号内数值为 *t* 值，*、**、***分别表示在10%、5%、1%的显著性水平下显著。

利用模型（8-4）检验解释变量PE对被解释变量RD的影响方向和影响的显著性，得到如表8-5所示的结果。可见无论是否含控制变量，IC产业基金投资PE对公司创新投入RD的影响显著为正，在其他条件保持不变的情况下，存在IC产业基金投资的企业比其他企业的研发投入水平更高，假设1成立。

2. 中介效应检验

接下来对中介效应进行分析，研究PE是否通过资本带动（*Spread*）、监督治理（*Lead*）以及资源协同（*Chain*）等中介效应促进企业创新。

表 8-6 中介效应检验（*Spread*）

	(1)	(2) (模型 2 对应假设 2)	(3) (模型 3 对应假设 3)
VARIABLES	RD_*w*	*Spread*_*w*	RD_*w*
PE_w	0.1437*** (3.8342)	0.3820** (2.2759)	0.1239*** (2.8355)
*Spread*_w			0.0337* (1.8941)
*Size*_w	-0.0047 (-0.3398)	1.8677*** (7.6117)	-0.0028 (-0.1910)
*Age*_w	-0.3145*** (-7.1146)	-1.0466 (-1.3445)	-0.3156*** (-7.1191)
*Debt*_w	-0.0400 (-0.4526)	7.9885*** (5.1332)	-0.0318 (-0.3502)
*Top*_w	-0.1922* (-1.8107)	2.7197 (1.4552)	-0.1894* (-1.7789)
Constant	1.0168*** (3.9162)	-26.2502*** (-5.7420)	0.9899*** (3.6843)
Year	控制	控制	控制
Ind	控制	控制	控制
Observations	491	491	491
R^2	0.1740	0.2384	0.1743
R^2_a	0.1533	0.2193	0.1518
F	8.3929***	12.4710***	7.7455***

注：括号内数值为 *t* 值，*、**、***分别表示在 10%、5%、1%的显著性水平下显著。

表 8-6 显示 PE 对 *Spread* 在 5%的显著性水平下显著，系数为 0.3820，存在显著的正向影响。当两个变量一起放入模型中研究对 RD 的影响时，显示分别在 1%和 10%的显著性水平下对 RD 存在正向影响，其中 PE 的估计系数为 0.1239、*Spread* 的估计系数为 0.0337。由于 PE 系数显著且不为零，表明 *Spread* 路径在 PE 与 RD 之间起到了部分中介作用，验证了假设 2、假设 5。经测算 *Spread* 的中介效应为 9.43%。

表 8-7　中介效应检验（*Lead*）

	(1)	(2) (模型 4 对应假设 4)	(3) (模型 5 对应假设 5)
VARIABLES	RD_w	*Lead*_w	RD_w
PE_w	0.1437*** (3.8342)	8.1492*** (14.0092)	0.0930** (2.0977)
*Lead*_w			0.0062** (2.1173)
*Size*_w	-0.0047 (-0.3398)	1.3577*** (6.2758)	-0.0132 (-0.9120)
*Age*_w	-0.3145*** (-7.1146)	-2.9005*** (-4.2263)	-0.2965*** (-6.6088)
*Debt*_w	-0.0400 (-0.4526)	-1.2205 (-0.8895)	-0.0324 (-0.3678)
*Top*_w	-0.1922* (-1.8107)	-0.0951 (-0.0577)	-0.1916* (-1.8117)
Constant	1.0168*** (3.9162)	-23.2321*** (-5.7640)	1.1612*** (4.3403)
Year	控制	控制	控制
Ind	控制	控制	控制
Observations	491	491	491
R^2	0.1740	0.4527	0.1817
R^2_a	0.1533	0.4390	0.1594
F	8.3929***	32.9530***	8.1486***

注：括号内数值为 *t* 值，*、**、***分别表示在 10%、5%、1%的显著性水平下显著。

表 8-7 显示 PE 对 *Lead* 在 1%的显著性水平下显著，且影响估计系数为 8.1492，存在正向影响。当两个变量一起放入模型中研究对 RD 的影响时，仍然在 5%的显著性水平下联合对被解释变量 RD 存在显著的正向影响，其中 PE 的估计系数为 0.0930、*Lead* 的估计系数为 0.0062。由于 PE 系数显著且不为零，表明 *Lead* 路径在 PE 与 RD 之间起到了部分中介作用，佐证了假设 3、假设 5。经测算 *Lead* 的中介效应为 35.26%。

表 8-8　中介效应检验（*Chain*）

	(1)	(2)	(3)
VARIABLES	RD_w	*Chain*_w	RD_w
PE_w	0. 1437*** (3. 8342)	46. 6424* (1. 9407)	0. 1305*** (3. 5233)
*Chain*_w			0. 0003*** (4. 0298)
*Size*_w	-0. 0047 (-0. 3398)	-169. 4290*** (-18. 9557)	0. 0432** (2. 3790)
*Age*_w	-0. 3145*** (-7. 1146)	-18. 6512 (-0. 6578)	-0. 3093*** (-7. 1027)
*Debt*_w	-0. 0400 (-0. 4526)	-17. 9096 (-0. 3159)	-0. 0349 (-0. 4015)
*Top*_w	-0. 1922* (-1. 8107)	-30. 0476 (-0. 4414)	-0. 1837* (-1. 7576)
Constant	1. 0168*** (3. 9162)	3, 529. 9945*** (21. 1981)	0. 0181 (0. 0509)
Year	控制	控制	控制
Ind	控制	控制	控制
Observations	491	491	491
R^2	0. 1740	0. 5494	0. 2012
R^2_*a*	0. 1533	0. 5380	0. 1795
F	8. 3929***	48. 5577***	9. 2434***

注：括号内数值为 *t* 值，*、**、***分别表示在 10%、5%、1%的显著性水平下显著。

表 8-8 显示 PE 对 *Chain* 在 10%的显著性水平下显著，且影响估计系数为 46. 6424，存在显著的正向影响。当两个变量一起放入模型中研究对 RD 的影响时，分别在 1%的显著性水平下对 RD 存有正向影响，其中 PE 的估计系数为 0. 1305、*Chain* 的估计系数为 0. 0003。由于 PE 系数显著且不为零，表明 *Chain* 起到部分中介效应，验证了假设 4、假设 5。经测算 *Chain* 的中介效应为 9. 18%。

由实证结果比对可得，IC 产业基金投资以治理监督的路径对企业创新投入的促进作用强于资本带动和资源协同两条路径。

3. 稳健性检验

常见的稳健性检验方法有改变主要被解释变量的定义、更换样本时间区间和更换计量方法等方式。为检验回归结果是否可靠和普遍适用，结合本研究的实际情况，对创新投入 RD 这一被解释变量的定义进行替换，以 R&D 费用/净资产重新度量企业的创新投入水平 RD_1，检验结果如表 8-9 所示。可以看出，随着被解释变量的替换，PE 对 RD_1 仍然存有显著的正向影响，假设 1 依然满足，说明上文实证分析中选取的衡量创新投入的指标设计合理，且实证结论稳健、可靠。

表 8-9 主效应稳健性检验［模型（8-4）］

VARIABLES	(1) RD_1_*w*	(2) RD_1_*w*	(3) RD_1_w
PE_w	0.0408** (1.9990)	0.0568*** (2.8013)	0.0921*** (5.7185)
*Size*_w			-0.0680*** (-11.3435)
*Age*_w			-0.0163 (-0.8594)
*Debt*_w			0.5508*** (14.4943)
*Top*_w			-0.1614*** (-3.5379)
Constant	0.1296*** (9.8488)	0.0812*** (2.8847)	1.3375*** (11.9816)
Year	控制	控制	控制
Ind	控制	控制	控制
Observations	491	491	491
R^2	0.0081	0.0912	0.4795
R^2_a	0.0061	0.0761	0.4665
F	3.9961***	6.0443***	36.7003***

注：括号内数值为 *t* 值，*、**、***分别表示在 10%、5%、1%的显著性水平下显著。

如表 8-10 所示，在中介效应模型的稳健性检验中，各系数符号方向与前文实证内容结果相一致，仍然印证了三条路径均具有部分中介效应，即上文中介效应的相应结果同样稳健、可信。

表 8-10 中介效应稳健性检验

VARIABLES	(1) RD₁_w	(2) Lead_w	(3) RD₁_w	(4) Spread_w	(5) RD₁_w	(6) Chain_w	(7) RD₁_w
PE_1_w	0.0271*** (4.1256)	4.2340*** (21.3505)	0.0183** (1.9936)	0.1877*** (3.7096)	0.0270*** (4.1047)	13.4080** (2.3879)	0.0292*** (4.5667)
Lead_w			0.0121* (1.7753)				
Spread_w					0.0032** (2.4758)		
Chain_w							0.0002*** (5.2858)
Size_w	-0.0685*** (-10.9991)	0.8096*** (4.3053)	-0.0702*** (-11.0676)	1.9327*** (7.7027)	-0.0674*** (-10.2076)	-162.2708*** (-17.7126)	-0.0425*** (-5.4565)
Age_w	-0.0069 (-0.3587)	-1.6315*** (-2.7896)	-0.0036 (-0.1821)	-1.0856 (-1.3912)	-0.0075 (-0.3879)	-20.3670 (-0.7148)	-0.0037 (-0.1957)
Debt_w	0.5615*** (14.5766)	-0.5522 (-0.4746)	0.5626*** (14.6166)	8.0463*** (5.1830)	0.5658*** (14.2818)	-8.3671 (-0.1476)	0.5628*** (15.0171)
Top_w	-0.1342*** (-2.9210)	1.5746 (1.1350)	-0.1374*** (-2.9911)	2.8713 (1.5512)	-0.1326*** (-2.8777)	-5.2428 (-0.0776)	-0.1333*** (-2.9835)
Constant	1.3485*** (11.6118)	-12.7086*** (-3.6227)	1.3750*** (11.6911)	-27.4809*** (-5.8713)	1.3337*** (11.0820)	3,394.7956*** (19.8645)	0.8059*** (5.2785)
Year	控制						
Ind	控制						
Observations	491	491	491	491	491	491	491
R^2	0.4630	0.6049	0.4652	0.2391	0.4633	0.5476	0.4928
R^2_a	0.4496	0.5949	0.4506	0.2200	0.4487	0.5363	0.4789
F	34.3505***	60.9757***	31.9128***	12.5178***	31.6742***	48.2201***	35.6444***

注：括号内数值为 t 值，*、**、***分别表示在 10%、5%、1%的显著性水平下显著。

第五节 结论及建议

一、研究结论与后续研究方向

本章围绕产业基金参与投资、作用路径和企业创新投入三者关系展开，根据信息不对称、委托代理、信号传导、社会资本等机制理论，考察集成电路企业引入IC产业基金投资对其技术创新投入形成的具体影响。通过以2014—2019年中国86家集成电路产业代表企业为研究样本，参考Baron和Kenny的中介效应模型进行实证回归分析，检验IC产业基金的资本带动、治理监督和资源协同能力对主体技术创新投入的影响，进而识别产业基金对企业技术创新的影响机制和传导链条。本章研究发现：①从总体来看，IC产业基金对集成电路企业的入资参股能够明显提升企业技术创新投入水平；②IC产业基金通过资本带动的路径与企业的创新投入在10%的水平上显著正相关，表明基金投资对社会资本发挥了引导作用，并经由资本汇聚路径缓解资金约束进而显著促进企业创新投入水平；③IC产业基金通过治理监督的路径与企业的创新投入在5%的水平上呈显著正相关，表明基金投资促进了公司治理的完善，且治理监督路径能够显著提升企业创新投入水平；④IC产业基金通过资源协同的路径与企业的创新投入在1%的水平上呈显著正相关，表明基金促成产业与金融、产业与政策以及产业上下游互融，且该资源协同路径显著强化了企业创新投入水平。

受IC产业基金投资范围及企业样本、采样时点限制，我们并未按政府类产业基金、商业化投资基金以及科研类经费做分类研究，未对不同类型基金的投资成效进行横向对比分析；在时间维度也缺乏对被投企业生命周期各阶段的成效追踪，对于以上不足，也期待后续能结合本人未来工作实践，持续拓展在相关方向的研究，使研究结论的表征力更广、说服力更强。

二、政策建议及展望

（一）对照三大路径机制，深化产业投资基金影响

对照三大路径，建议产业基金在融资渠道、公司治理、资源协同三方面持续深化作用强度，支持企业创新发展。

一是优化可持续的投融资模式，保障企业获得稳定的技术创新资金。进一步发挥IC产业基金影响力促进金融协同，带动政策性、开发性银行推出长期低息贷款，切实降低长期资金成本；发挥商业银行机动性优势，在短期贷款方面对受资企业进行投贷联动；吸引更多社会资本关注，激发集

成电路产业投资积极性，以此实现多渠道资本、多元化金融工具之间的互促联动，支持企业创新能力建设。

二是保持投资韧性，强化产业基金治理作用。相比于一般投资人，产业基金能够承受在技术创新中的阶段性失败，具有较好的试错容忍度，对于技术创新持正向态度，加之IC产业基金通常能主导企业的战略委员会，引导企业在技术创新上的投入力度。在长期性的战略投资中，IC产业基金应进一步提高股比，力争获取更多的董监事席位，切实发挥董/监事的监督和规范治理作用，更好地承担保障研发资金高效利用的职责，谋划好企业后续发展规划及落实举措，引导企业实践创新驱动方针，强化创新能力。

三是最大化增值服务，完善社会资源保障。IC产业基金应加大主动式管理力度，为企业提供政策落实、辅导上市、产业链协同等增值服务，同时多措并举，当好产业链的资本纽带，推动建立产学研一体的科技创新合作体系，合力突破前沿技术和颠覆性创新，鼓励企业间开展协同创新、供应链验证等方面的合作，将技术研发尽快转换为产业实力，服务好产业转型升级和国家复兴战略。

（二）企业应用好、用足产业投资基金，提升能力加快发展

就企业而言，技术创新的投入最终还是要转化为切实的市场竞争力，才能支撑其长期经营发展。从资本汇聚视角看，获得产业投资基金支持的企业多处于从研发到量产的成长阶段或规模由小到大的拓展期，产业基金投资帮助企业突破了发展瓶颈。而企业不应满足于IC产业基金的单项资本支持，更要积极依托其标杆效应，争取更多资本支持，为后续发展奠定基础。在产业基金介入后，就监督治理层面，企业应积极主动与基金的项目管理团队互动，汲取有利指导建议，配合完善沟通联动机制，共同谋划后续战略规划及落实举措，最终实现良好经营与持续发展。从资源网协同看，企业在早期可以积极运用产业基金的影响力，开展外部资源联系和交流；在发展中善用获取的各项政策，切实进行技术人才投入、培育核心竞争力；在中后期则应主动承担相应的产业创新责任，参与到产业链的协同共建和分享中，逐步完善产业环境，带动自身可持续发展。

（三）扩大产业基金规模和覆盖领域，支持国家战略性新兴行业创新

面向关键领域及战略性行业设立产业基金是重大的制度创新，在政府相关机制的逐步搭建细化下，产业投资基金对于汇聚市场资本、扶植实体经济和促进产业结构升级的调节效果逐渐显现。

当前各行业正在加快以企业为主体的技术研发，一些关键领域更是需要适当超前的科技战略储备。IC 产业基金在探索推动创新引导与国资市场化管理机制相结合方面积累了大量经验并获得初步成效，证实了以创新金融机制实践国家战略是一种较为有效的途径，具有推广应用的价值。后续建议以 IC 产业基金为蓝本，在重大装备、智能制造、先进材料、机床母机等关键制造业领域也可考虑设立产业基金，支持相关行业发展壮大。鉴于产业基金可显著提升企业创新投入、满足技术进步和转型升级的诉求，在战略新兴领域设立产业基金的步伐可以更快一些、更强一些，基金规模和投资布局领域也可以更大一些、更广一些。

第四篇

资本市场与企业创新：效果与展望

第九章

资本市场促进企业创新的效果评价

从 1990 年上海证券交易所、深圳证券交易所成立，我国资本市场经过 30 多年的发展，逐渐发展出主板、中小板、创业板和科创板等板块，多层次的资本市场为我国各种类型的企业提供了资金支持。资本市场的基本功能是资源配置，资源配置的有效性是资本市场深化发展与改革创新的根本目标，也是理论研究和相关实践中的热点问题，对监管措施与市场发展政策的制定具有重要意义。在本章，我们主要通过分析多层次资本市场对企业创新的贡献率探讨其促进企业创新的效果。

第一节 数据来源和模型介绍

我国多层次资本市场的不同板块在促进实体经济发展，助力经济结构转型升级的过程中发挥着不同的作用，本章将中国资本市场依据板块划分，分别对主板、中小板、创业板、科创板，运用面板数据模型进行实证研究并作相关对比。根据板块成立的情况，主板、中小板和创业板的研究区间设置为 2015—2020 年，由于科创板成立时间较短，本章选取 2020 年的数据做横截面模型进行实证研究。本章所使用的数据均为年度数据，样本数据来源于 Wind 及 CSMAR 数据库。

本章采用柯布—道格拉斯生产函数作为基础模型设定，柯布—道格拉斯生产函数是美国数学家柯布和经济学家保罗·道格拉斯共同探讨投入与产出的关系时创造的生产函数，是在生产函数的一般形式上做出的改进，引入了技术资源这一因素。该函数可以用来预测国家和地区的工业系统或大企业的生产、分析发展生产的途径。柯布—道格拉斯生产函数是经济学中使用最广泛的一种生产函数形式。

柯布—道格拉斯生产函数的基本形式为：$Y=AK^{\alpha}L^{\beta}\mu$。其中，$Y$ 是总产值；A 是综合技术水平；L 是投入的劳动力数（单位为万人或人）；K 是投入的资本，一般指固定资产净值；α 是劳动力产出的弹性系数；β 是资本产出的弹性系数；μ 表示随机干扰的影响，$\mu\leqslant 1$。本章在研究企业技术创新时，将知识看作遵循投入产出过程规律的一种活动，将研发金额投入作为资本化投入，将科研人员数量作为劳动力投入，用知识生产函数刻画企业自主技术创新。

根据企业技术创新的实际特点，本章选取企业专利数量作为衡量企业自主创新能力大小的具体指标。通常决定企业专利数量的因素可分为两大类：一类是投入因素，包括科研人员投入和科研经费投入。其中，科研人员投入选用企业研发人员数量为度量数据，科研经费投入则选用企业研发支出金额为度量数据（根据其来源细分为吸收投资收到的现金、借款收到的现金、发行债券收到的现金等）。由于其余科研经费来源、数据不易获得，并且在全部样本的科研经费投入中所占比例较小，本章予以省略。另一类因素包括技术的进步、企业家的经营管理理念、资源配置的优化程度、政府减税扶持政策、宏观经济环境等，由于这些因素无法直接衡量，在此将其归为其他因素。本章着重于投入因素对企业自主创新作用的分析。

为满足模型建立的需要，我们做出如下设定：第一，科研人员投入和科研经费投入可以以任何比例的组合相互替代；第二，无法直接衡量的因素全部归于其他因素范围；第三，采用柯布—道格拉斯生产函数形式进行测算。

根据上述三个设定条件，建立估计方程如下：

$$p=Ak^{\alpha}l^{\beta}e^{u} \tag{9-1}$$

其中，p、k、l 分别为企业专利数量、企业研发支出金额和企业研发人员数量；A 代表其他因素的影响；α、β 分别为研发支出的产出弹性和科研人员的产出弹性，且 $0<\alpha<1$，$0<\beta<1$；u 为随机误差项。

先将式（9-1）转化为对数形式：

$$\ln p=\ln A+\alpha\ln k+\beta\ln l+u \tag{9-2}$$

在基于样本数据进行面板模型估计时，考虑到有混合效应模型、固定效应模型和随机效应模型等三类模型，本章将对三种方法进行估计，挑选出最能够反映企业自主创新状况的模型，用于资本市场支持企业创新的贡献率分析。

第二节　资本市场支持企业创新的贡献率分析

一、主板市场

（一）描述统计分析

截至2020年底，沪深两市主板（除中小板）共有2202家企业，笔者选取了2015—2020年主板的各企业专利数、研发支出金额和研发人员数量等数据，将缺失数据的企业剔除，最终获得615家企业6年的数据，共3520个面板数据值。2015—2020年主板企业的描述统计结果如表9-1所示。

表9-1　2015—2020年主板企业的描述统计

项目	均值	最小值	最大值	标准差	观察值
研发支出合计/万元	52662.58	0.225233	2939176	171669.6	3520
研发人员数量/人	1165.031	0	42334	3247.9	3520
专利数/项	872.3949	0	90586	4712.44	3520

由表9-1可知，主板企业中年度研发支出的均值为5.27亿元，其中研发支出最高的企业是中国建筑（股票代码：601668）①，研发支出为293亿元，最低的是焦作万方（股票代码：000612），研发支出为0.23亿元；年度研发人员数量平均为1165人，其中研发人员数量最多的企业是中国石油（股票代码：601857），研发人员为42334人，最少的企业是金种子酒（股票代码：600199），研发人员为0人；专利数平均为872项，其中专利数量最多的企业是中兴通讯（股票代码：000063），专利数量为90586项，专利数量最少的企业是远达环保（股票代码：600292），数量为0项。

① 本章中此处的最大值企业是各板块企业6年所有年度数据中的最大值（最小值同）。

由表 9-2 可以看出，焦作万方从 2017 年起一直到 2020 年，都是研发支出最少的企业，而中国石油从 2015 年到 2018 年都是研发支出最多的企业，直到 2019 年才被中国建筑（股票代码：601668）超越。

表 9-2　2015—2020 年主板企业研发支出描述统计

年份	研发支出				
	最小值	最大值	均值	最小值企业	最大值企业
2015	44.48	1930000.0	36194.29	冠农股份（600251）	中国石油（601857）
2016	21.01	1756500.0	39894.22	中闽能源（600163）	中国石油（601857）
2017	7.53	1860100.0	48437.59	焦作万方（000612）	中国石油（601857）
2018	9.28	2104500.0	57509.93	焦作万方（000612）	中国石油（601857）
2019	1.88	2187178.3	67930.55	焦作万方（000612）	中国建筑（601668）
2020	0.225233	2939175.9	72209.73	焦作万方（000612）	中国建筑（601668）

如表 9-3 所示，金种子酒、云维股份（股票代码：600725）等多家公司 2015 年研发人员数量为 0 人，成为研发人员数量最少的企业。而中国石油在 2015—2020 年间，有 4 年都是研发人员数量最多的企业。

表 9-3　2015—2020 年主板企业研发人员数量描述统计

年份	研发人员数量				
	最小值	最大值	均值	最小值企业	最大值企业
2015	0	42334	982.17	金种子酒（600199）	中国石油（601857）
2016	5	40262	1016.48	中闽能源（600163）	中国石油（601857）
2017	3	39377	1163.38	玉龙股份（601028）	中国石油（601857）

续表

年份	研发人员数量				
	最小值	最大值	均值	最小值企业	最大值企业
2018	3	39658	1203.22	春兰股份（600854）	中国铁建（601186）
2019	0	39377	1269.72	玉龙股份（601028）	中国石油（601857）
2020	0	31747	1270.58	中再资环（600217）	中兴通讯（000063）

在专利数量方面，如表9-4所示，2015—2017年，康欣新材（股票代码：000076）是专利数量最少的企业，而从2018年到2020年，远达环保成为专利数最量少的企业。2015—2020年，中兴通讯一直都是专利数量最多的企业。

表9-4　2015—2020年主板企业专利数描述统计

年份	专利数				
	最小值	最大值	均值	最小值企业	最大值企业
2015	1	58834	507.87	康欣新材（000076）	中兴通讯（000063）
2016	1	65109	609.34	康欣新材（000076）	中兴通讯（000063）
2017	1	73591	797.97	康欣新材（000076）	中兴通讯（000063）
2018	0	80921	939.09	远达环保（600292）	中兴通讯（000063）
2019	0	85319	1206.01	远达环保（600292）	中兴通讯（000063）
2020	0	90586	1267.00	远达环保（600292）	中兴通讯（000063）

（二）实证分析

通过三种面板数据模型，得到检验系数如表9-5所示。

表 9-5　2015—2020 年主板企业模型拟合效果检验

估计方法	单个系数的检验（p 值）			回归方程的检验	
	截距	α	β	R^2	F
混合效应	0.045	0.000	0.000	0.29	729.24
混合效应拟合模型	$\ln\hat{p}=-0.821+0.365\ln k+0.281\ln l$ $z=(-2.00)\ (13.34)\ (8.09)$				
固定效应	0.000	0.000	0.001	0.32	164.53
固定效应拟合模型	$\ln\hat{p}=2.474+0.205\ln k+0.068\ln l$ $t=\ (19.12)\ (13.10)\ (3.30)$				
随机效应	0.000	0.000	0.000	0.32	524.91
随机效应拟合模型	$\ln\hat{p}=1.997+0.229\ln k+0.106\ln l$ $z=(14.69)\ (14.87)\ (5.30)$				

由表 9-5 系数的 p 值可知，最显著的主板企业自主创新面板模型是随机效应模型，其估计结果如下：

$$\ln\hat{p}=1.997+0.229\ln k+0.106\ln l \tag{9-3}$$

$$z=(14.69)\ (14.87)\ (5.30)$$

$$n=3514,\ R^2=0.32,\ F=524.91$$

从检验统计量来看，在 1%的显著性水平下，所有系数都是显著的。估计结果显示，企业研发支出金额的产出弹性为 0.229，企业研发人员数量的产出弹性为 0.106，这表明企业研发支出金额每增长 1%，专利申请数将增长 0.229%；企业研发人员数量每增长 1%，专利申请数将增长 0.106%，企业研发支出金额的产出弹性比企业研发人员数量的产出弹性高。

由于 p、k、l 均为时间 t 的函数，两边分别对 t 求导，得出：

$$\frac{\mathrm{d}p}{p}=\alpha\frac{\mathrm{d}k}{k}+\beta\frac{\mathrm{d}l}{l}+\gamma \tag{9-4}$$

用差分近似微分，得出：

$$\frac{\Delta p}{p}=\alpha\frac{\Delta k}{k}+\beta\frac{\Delta l}{l}+\gamma \tag{9-5}$$

式（9-4）、式（9-5）中，$\gamma=\frac{\mathrm{d}A}{A}=\frac{\Delta A}{A}$表示其他因素增长率。由式（9-5）

可知，研发支出、研发人员和其他因素三要素对自主创新的拉动比率分别为 $\alpha\frac{\Delta k}{k}$、$\beta\frac{\Delta l}{l}$、$\frac{\Delta p}{p}-\left(\alpha\frac{\Delta k}{k}+\beta\frac{\Delta l}{l}\right)$。根据式（9-3）、式（9-4）、式（9-5），可以对主板企业各要素对创新的贡献率进行测算，结果如表 9-6 所示。

表 9-6 2016—2020 年主板企业各要素对企业创新的贡献率 （%）

	指标	2016—2020 年平均增长率	各要素对自主创新的拉动比率	各要素对自主创新的贡献率
因素	研发人员	6. 66	0. 71	3. 62
	研发支出	15. 58	3. 57	18. 20
	其他因素	—	15. 33	78. 18
	合计	—	19. 61	100. 00
产出（专利申请数）		19. 61	—	—

（三）资本市场支持企业自主创新的贡献率分析

为了考察资本市场对主板企业创新的贡献率，笔者重点关注科研经费投入强度及科研经费来源等指标。2020 年，主板企业科研经费投入强度（研发支出金额占企业全年销售收入）的比重为 1. 71%，同时自 2015 年至今平均增长了 5. 94%。此处对具有主要作用的科研经费投入进行分解。同时，需要对企业研发支出金额的来源进行细分，由于企业的研发支出金额来源没有具体的数据，本节根据企业筹资中吸收投资、借款、发行债券三个方面作为企业的研发资金来源，根据这三方面筹资占总筹资金额的比例，作为企业研发支出金额的细分来源比例，将各比例与研发支出金额的贡献率相乘得到各部分的贡献率，具体计算结果如表 9-7 所示。

表 9-7 2015—2020 年主板企业各种资金来源对企业创新的贡献率 （%）

年份	科研经费投入强度		吸收投资收到的资金		取得借款收到的资金		发行债券收到的资金	
	比率	增长率	贡献率	增长率	贡献率	增长率	贡献率	增长率
2015	1. 71		1. 45		10. 37		6. 23	
2016	1. 82	6. 51	1. 22	−15. 73	8. 39	−19. 08	7. 69	23. 44
2017	1. 85	1. 76	0. 90	−26. 78	7. 43	−11. 43	8. 16	6. 14
2018	1. 89	2. 33	0. 72	−19. 18	9. 26	24. 54	10. 78	32. 01
2019	2. 06	8. 72	0. 87	20. 05	9. 36	1. 09	9. 95	−7. 69
2020	2. 27	10. 40	1. 12	29. 36	9. 30	−0. 63	9. 86	−0. 92

直接融资主要是指在资本市场上通过发行股票和债券进行融资的方式。与间接融资相比，直接融资具有较强的直接性和自主性，同时分散过度集中于银行的金融风险，有利于金融和经济的平稳运行。在企业创新中，由资本市场带来的直接融资能够引导合理配置资源，使企业能够在技术创新中拥有更多自主支配的资源。同时，资本市场提供的综合服务平台也能够满足企业创新的多元化需求。企业的间接融资主要为银行借款，大多数情况下，银行信贷对企业创新的促进程度较小，因为两者的目标并不完全匹配，银行借款要求定期还本付息，而创新的回报则充满不确定性。从融资匹配程度来讲，银行借款对企业创新的贡献率要低于资本市场的贡献率。

本节将吸收投资收到的资金和发行债券收到的资金作为企业直接融资得到的资金，计算企业研发支出金额中直接融资占的比重；将取得借款收到的资金作为企业间接融资得到的资金，计算企业在研发支出金额中间接融资所占的比重。2015—2020 年主板企业直接融资（资本市场）和间接融资（银行借款）对企业创新的贡献率见表 9-8。

表 9-8　2015—2020 年主板企业资本市场和银行借款对企业创新的贡献率　（%）

年份	资本市场		银行借款	
	贡献率	增长率	贡献率	增长率
2015	7. 68		10. 37	
2016	8. 92	16. 03	8. 39	-19. 08
2017	9. 06	1. 62	7. 43	-11. 43
2018	11. 50	26. 95	9. 26	24. 54
2019	10. 82	-5. 94	9. 36	1. 09
2020	10. 98	1. 51	9. 30	-0. 63

由表 9-8 可知，2015—2020 年，主板企业资本市场和银行借款对企业创新的贡献率大致相同，这主要是由于主板企业多为央企等大型企业，该类企业在银行和资本市场都可以获得大量资金，用以支持企业的创新。在资本市场提供的资金支持中，债券融资占了绝大部分，根据主板市场拥有大部分绩优股、蓝筹股的情况，发行债券这种直接融资的方式成本相比于

发行证券更小，因此，在主板企业的直接融资中，债券融资为创新做出了更多的贡献。

二、中小板市场

（一）描述统计分析

中小板的数据来源于深圳证券交易所中小板的1015家企业（截至2020年末），本节选取2015—2020年中小板企业专利数、研发支出金额和研发人员数量等数据，将缺失数据的企业剔除，最终获得535家企业6年的数据，共3178个面板数据值。2015—2020年中小板企业的描述统计结果如表9-9所示。

表9-9　2015—2020年中小板企业的描述统计

项目	均值	最小值	最大值	标准差	观察值
研发支出合计/万元	17420.81	0	855595.1	44692.86	3178
研发人员数量/人	597.9191	3	35788	1659.434	3178
专利数/项	328.5942	1	29777	1210.347	3178

由表9-9可知，中小板企业中年度研发支出的均值为1.74亿元，其中研发支出最高的企业是比亚迪（股票代码：002594），研发支出约为85.6亿元，最低的企业是百洋股份（股票代码：002696），研发支出为0亿元；研发人员数量平均为598人，其中年度研发人员数量最多的企业是比亚迪，研发人员为35788人，最少的企业是雪松发展（股票代码：002485），研发人员为3人；专利数平均为329项，其中专利数量最多的企业是比亚迪，专利数量为29777项，最少的企业为湘潭电化（股票代码：002125），仅有1项专利。

就中小板企业研发支出而言，2015—2020年，萃华珠宝（股票代码：002731）有3年都是研发支出最少的企业，而比亚迪连续6年都是研发支出最多的企业（见表9-10）。

表 9-10 2015—2020 年中小板企业研发支出描述统计

年份	研发支出				
	最小值	最大值	均值	最小值企业	最大值企业
2015	57.800214	367536.3	10646.85	云南能投（002053）	比亚迪（002594）
2016	76.769571	452161.4	12886.00	萃华珠宝（002731）	比亚迪（002594）
2017	105.38281	626631.9	15908.53	萃华珠宝（002731）	比亚迪（002594）
2018	162.96157	853590.5	19471.26	萃华珠宝（002731）	比亚迪（002594）
2019	153.91162	842106.0	27199.76	ST 仁智（002629）	比亚迪（002594）
2020	0	855595.1	23761.59	百洋股份（002696）	比亚迪（002594）

就研发人员数量而言，2015—2020 年，研发人员数量最多的一直是比亚迪（见表 9-11）。

表 9-11 2015—2020 年中小板企业研发人员数量描述统计

年份	研发人员数量				
	最小值	最大值	均值	最小值企业	最大值企业
2015	10	21356	447.3	美年健康（002044）	比亚迪（002594）
2016	12	23814	508.08	萃华珠宝（002731）	比亚迪（002594）
2017	4	27488	581.35	莱茵生物（002166）	比亚迪（002594）
2018	12	31090	631.52	ST 仁智（002629）	比亚迪（002594）
2019	8	35788	680.74	ST 仁智（002629）	比亚迪（002594）
2020	3	35776	736.75	雪松发展（002485）	比亚迪（002594）

在专利数量方面，2015—2020 年湘潭电化有 5 年都是专利数最少的企业，而比亚迪在 6 年间均为专利数最多的企业（见表 9-12）。从公司性质可以发现，比亚迪作为高科技企业行业，在研发支出、研发人员数量上的

投入为行业领先，同理，其专利数量也位于行业之首。

表 9-12　2015—2020 年中小板企业专利数描述统计

年份	专利数				
	最小值	最大值	均值	最小值企业	最大值企业
2015	1	13981	211.60	湘潭电化（002125）	比亚迪（002594）
2016	1	15525	257.09	湘潭电化（002125）	比亚迪（002594）
2017	1	17840	305.35	湘潭电化（002125）	比亚迪（002594）
2018	1	21090	338.25	湘潭电化（002125）	比亚迪（002594）
2019	1	24875	390.57	湘潭电化（002125）	比亚迪（002594）
2020	1	29777	467.70	棒杰股份（002634）	比亚迪（002594）

（二）实证分析

通过三种面板数据模型，得到检验系数如表 9-13 所示。

表 9-13　2015—2020 年中小板企业模型拟合效果检验

估计方法	单个系数的检验（p 值）			回归方程的检验	
	截距	α	β	R^2	F
混合效应	0.148	0.000	0.000	0.21	425.47
混合效应拟合模型	$\ln\hat{p}=0.247+0.347\ln k+0.234\ln l$ $t=(1.45)\ (10.16)\ (6.13)$				
固定效应	0.000	0.000	0.022	0.23	96.47
固定效应拟合模型	$\ln\hat{p}=1.978+0.257\ln k+0.070\ln l$ $t=(10.16)\ (9.38)\ (2.29)$				
随机效应	0.000	0.000	0.000	0.23	326.71
随机效应拟合模型	$\ln\hat{p}=1.542+0.284\ln k+0.104\ln l$ $z=(8.46)\ (10.87)\ (3.58)$				

由表 9-13 可知，最适合中小板企业自主创新的模型是随机效应模型，

其估计结果如下：

$$\ln \hat{p}=1.542+0.284\ln k+0.104\ln l \quad (9-6)$$

$$z=(8.46)\ (10.87)\ (3.58)$$

$$n=3177,\ R^2=0.23,\ F=326.71$$

从检验统计量来看，虽然 R^2 较小，但是具体到每个变量的系数 t 检验，在1%的显著性水平下，所有系数都是显著的。估计结果显示，企业研发支出金额的产出弹性为0.284，企业研发人员数量的产出弹性为0.104，这表明企业研发支出金额每增长1%，专利申请数将增长0.284%；企业研发人员数量每增长1%，专利申请数将增长0.104%，企业研发支出金额的产出弹性比企业研发人员数量的产出弹性高。与上一节相似，可以对中小板企业各要素对创新的贡献率进行测算，2016—2020年中小板企业各要素对企业创新的贡献率见表9-14。

表9-14　2016—2020年中小板企业各要素对企业创新的贡献率　（%）

	指标	2016—2020年平均增长率	各要素对自主创新的拉动比率	各要素对自主创新的贡献率
因素	研发人员	10.83	1.13	6.46
	研发支出	17.79	5.05	28.87
	其他因素	—	11.31	64.67
	合计	—	17.49	100.00
产出（专利申请数）		17.49	—	—

（三）资本市场支持企业自主创新的贡献率分析

为了考察资本市场对中小板企业创新的贡献率，笔者重点关注科研经费投入强度及科研经费来源等指标。2020年，中小板企业科研经费投入强度（研发支出金额占企业全年销售收入）的比重为3.25%，同时2015年至今平均增长了1.89%。此处对具有主要作用的科研经费投入进行分解。

与上一节相同，本节对企业研发支出金额的来源进行了细分。由于企业的研发支出金额来源没有具体的数据，本节将企业筹资中吸收投资、借款、发行债券三个方面作为企业的研发资金来源，根据这三方面筹资占总筹资金额的比例，作为企业研发支出金额的细分来源比例，同时将各比例与研发支出金额的贡献率相乘得到各部分的贡献率，具体各种资金来源对企业创新的贡献率如表 9-15 所示。

表 9-15 2015—2020 年中小板企业各种资金来源对企业创新的贡献率 （%）

年份	科研经费投入强度		吸收投资收到的资金		取得借款收到的资金		发行债券收到的资金	
	比率	增长率	贡献率	增长率	贡献率	增长率	贡献率	增长率
2015	3. 25		4. 07		15. 73		5. 98	
2016	3. 29	0. 95	5. 50	35. 09	15. 18	-3. 53	5. 37	-10. 20
2017	3. 26	-0. 67	3. 06	-44. 28	15. 23	0. 33	8. 20	52. 66
2018	3. 48	6. 65	1. 41	-53. 99	16. 47	8. 14	8. 18	-0. 20
2019	3. 56	2. 27	1. 00	-29. 38	13. 81	-16. 12	8. 16	-0. 27
2020	3. 57	0. 25	2. 32	133. 53	15. 07	9. 10	8. 37	2. 63

与上一节相同，本节将吸收投资收到的资金和发行债券收到的资金作为企业直接融资得到的资金，计算企业研发支出金额中直接融资所占比重；将取得借款收到的资金作为企业间接融资得到的资金，计算企业在研发支出金额中间接融资所占比重。2015—2020 年中小板企业直接融资（资本市场）和间接融资（银行借款）对企业创新的贡献率（见表 9-16）。

表 9-16 2015—2020 年中小板企业资本市场和银行借款对企业创新的贡献率（%）

年份	资本市场		银行借款	
	贡献率	增长率	贡献率	增长率
2015	10. 05		15. 73	
2016	10. 87	8. 14	15. 18	-3. 53
2017	11. 26	3. 63	15. 23	0. 33
2018	9. 59	-14. 83	16. 47	8. 14
2019	9. 15	-4. 54	13. 81	-16. 12
2020	10. 70	16. 86	15. 07	9. 10

由表 9-16 可知，中小板市场上的企业银行借款对创新的贡献率一直大于资本市场的贡献率，同时这两个贡献率变化较小。相较于主板市场，中小板市场发展较晚，资本市场对企业创新的贡献率偏小。同时，中小板市场的企业规模和市值较大，经营状况稳定，也能获得银行的资金支持，商业银行对中小板企业开放了特殊的借贷通道，使得中小板企业的银行借款对企业创新提供较大的贡献率。同时，在资本市场中，债券融资对企业

创新的贡献率逐渐超过股权融资。未来，中小板企业可以重点关注资本市场中的股权融资对创新的促进作用。

三、创业板市场

（一）描述统计分析

创业板的数据来源于深圳证券交易所创业板的998家企业，笔者选取了2015—2020年创业板各个企业的专利数、研发支出金额和研发人员数量等数据，将缺失数据的企业剔除，最终获得124家企业6年的数据，共739个面板数据值。2015—2020年创业板企业的描述统计结果如表9-17所示。

表9-17　2015—2020年创业板企业的描述统计

项目	均值	最小值	最大值	标准差	观察值
研发支出合计/万元	15260.97	1052.705	180628.7	16511.06	739
研发人员数量/人	644.9824	0	7929	913.5402	739
专利数/项	215.0717	1	2797	289.3130	739

由表9-17可知，创业板企业中研发支出的均值约为1.53亿元，其中研发支出最高的企业为欣旺达（股票代码：300207），研发支出为18.06亿元，最小的企业为潜能恒信（股票代码：300191），研发支出约1052.7万元；研发人员数量平均为645人，其中研发人员数量最多的企业为万邦达（股票代码：300055），研发人员为7929人，最少的为长盈精密（股票代码：300115），研发人员为0；专利数平均为215项，其中专利数量最多的企业为阳光电源（股票代码：300274），专利数量为2797项，最少的为华峰超纤（股票代码：300180），仅有1项专利。

就创业板企业研发支出而言，2015—2020年，潜能恒信（股票代码：300191）有5年都是研发支出最少的企业，而欣旺达从2017年开始连续4年都是研发支出最多的企业（见表9-18）。

表 9-18　2015—2020 年创业板企业研发支出描述统计

年份	研发支出				
	最小值	最大值	均值	最小值企业	最大值企业
2015	1112.6	28070.0	8010.0	力源信息（300184）	网宿科技（300017）
2016	1052.7	48347.9	10594.9	潜能恒信（300191）	长盈精密（300115）
2017	1674.1	64713.6	13851.0	潜能恒信（300191）	欣旺达（300207）
2018	1524.0	105993.1	16853.3	潜能恒信（300191）	欣旺达（300207）
2019	1356.7	152267.1	20033.1	潜能恒信（300191）	欣旺达（300207）
2020	1353.1	180628.7	22356.3	潜能恒信（300191）	欣旺达（300207）

就研发人员数量而言，2015—2020 年，研发人员数量最少的企业有 5 年为万邦达，但研发人员数量最多的企业一直为汉得信息（股票代码：300170）（见表 9-19）。

表 9-19　2015—2020 年创业板企业研发人员数量描述统计

年份	研发人员数量				
	最小值	最大值	均值	最小值企业	最大值企业
2015	0	3103	404.1	长盈精密（300115）	汉得信息（300170）
2016	17	4565	537.2	万邦达（300055）	汉得信息（300170）
2017	17	6336	647.4	万邦达（300055）	汉得信息（300170）
2018	21	7918	709.2	万邦达（300055）	汉得信息（300170）
2019	21	7929	768.5	万邦达（300055）	汉得信息（300170）
2020	20	7109	806.2	万邦达（300055）	汉得信息（300170）

在专利数量方面，2015—2020年，潜能恒信和汉得信息专利数长期保持较少的水平，分别各有2年为专利数最少的企业，飞天诚信（股票代码：300386）和阳光电源（股票代码：300274）一直为拥有专利数最多的企业（见表9-20）。从相关数据可以发现，汉得信息的研发人员虽然长期保持较高的数量，但是其专利数一直较低，这可能与研发支出未跟进有一定的关系。

表9-20 2015—2020年创业板企业专利数描述统计

年份	专利数				
	最小值	最大值	均值	最小值企业	最大值企业
2015	2	770	122.3	潜能恒信（300191）	飞天诚信（300386）
2016	4	984	155.6	汉得信息（300170）	飞天诚信（300386）
2017	4	1280	197.5	汉得信息（300170）	阳光电源（300274）
2018	5	1719	231.7	潜能恒信（300191）	阳光电源（300274）
2019	1	2125	261.2	华峰超纤（300180）	阳光电源（300274）
2020	3	2797	323.9	博晖创新（300318）	阳光电源（300274）

（二）实证分析

通过三种面板数据模型，得到检验系数如表9-21所示。

表9-21 2015—2020年创业板企业模型拟合效果

估计方法	单个系数的检验（p 值）			回归方程的检验	
	截距	α	β	R^2	F
混合效应	0.011	0.000	0.388	0.19	85.91
混合效应拟合模型	$\ln\hat{p}=-1.212+0.676\ln k-0.059\ln l$ $z=(-2.56)\ (8.64)\ (-0.86)$				
固定效应	0.934	0.000	0.115	0.17	74.29

续表

估计方法	单个系数的检验（p 值）			回归方程的检验	
	截距	α	β	R^2	F
固定效应拟合模型	$\ln\hat{p}=-0.032+0.418\ln k+0.143\ln l$ $z=(-0.08)\ (6.33)\ (1.58)$				
随机效应	0.787	0.000	0.190	0.18	174.71
随机效应拟合模型	$\ln\hat{p}=-0.101+0.454\ln k+0.101\ln l$ $z=(-0.27)\ (7.39)\ (1.31)$				

根据系数的检验 p 值可知，最适合创业板企业自主创新的面板模型是随机效应模型，其估计结果见式（9-7）：

$$\ln\hat{p}=-0.101+0.454\ln k+0.101\ln l \tag{9-7}$$

$$z=(-0.27)\ (7.39)\ (1.31)$$

$$n=738,\ R^2=0.18,\ F=174.71$$

从检验统计量来看，虽然 R^2 较小，但是具体到每个变量的系数 t 检验，在1%的显著性水平下，所有系数都是显著的。估计结果显示，企业研发支出金额的产出弹性为0.454，企业研发人员数量的产出弹性为0.101，这表明企业研发支出金额每增长1%，专利申请数将增长0.454%；企业研发人员数量每增长1%，专利申请数将增长0.101%，企业研发支出金额的产出弹性比企业研发人员数量的产出弹性高。与上一节相似，可以对创业板企业各要素对创新的贡献率进行测算，2016—2020年创业板企业各要素对企业创新的贡献率（见表9-22）。

表9-22　2016—2020年创业板企业各要素对企业创新的贡献率　（%）

	指标	2016—2020年平均增长率	各要素对自主创新的拉动比率	各要素对自主创新的贡献率
因素	研发人员	15.12	1.53	7.12
	研发支出	22.86	10.38	48.30
	其他因素	—	9.58	44.58
	合计	—	21.49	100.00
产出（专利申请数）		21.49	—	—

（三）资本市场支持企业自主创新的贡献率分析

为了考察资本市场对创业板企业创新的贡献率，与上文相同，笔者重点关注科研经费投入强度及科研经费来源等指标。2020 年，创业板企业科研经费投入强度（研发支出金额占企业全年销售收入）的比重为 4.92%，并且 2015 年至今平均下降了-0.50%。

同时，本节对企业研发支出金额的来源进行了细分。由于企业的研发支出金额来源没有具体的数据，笔者将企业筹资中吸收投资、借款、发行债券三个方面作为企业的研发资金来源，根据这三方面筹资占总筹资金额的比例，作为企业研发支出金额的细分来源比例，将各比例与研发支出金额的贡献率相乘得到各种资金来源对企业创新的贡献率（见表 9-23）。

表 9-23　2015—2020 年创业板企业各种资金来源对企业创新的贡献率　（%）

年份	科研经费投入强度		吸收投资收到的资金		取得借款收到的资金		发行债券收到的资金	
	比率	增长率	贡献率	增长率	贡献率	增长率	贡献率	增长率
2015	4.92		15.25		26.33		0.98	
2016	4.80	-2.50	17.66	15.80	22.81	-13.36	1.79	82.08
2017	4.71	-1.92	9.61	-45.57	29.21	28.07	3.14	76.11
2018	5.12	8.71	5.78	-39.83	33.24	13.79	1.30	-58.55
2019	5.30	3.63	5.63	-2.57	33.38	0.41	0.65	-50.47
2020	5.02	-5.41	10.23	81.68	27.63	-17.21	1.57	143.17

与上一节相同，本节将吸收投资收到的资金和发行债券收到的资金作为企业直接融资得到的资金，计算企业研发支出金额中直接融资所占比重；将取得借款收到的资金作为企业间接融资得到的资金，计算企业在研发支出金额中间接融资所占比重。2015—2020 年创业板企业直接融资（资本市场）和间接融资（银行借款）对企业创新的贡献率如表 9-24 所示。

表 9-24　2015—2020 年创业板企业资本市场和银行借款对企业创新的贡献率（%）

年份	资本市场		银行借款	
	贡献率	增长率	贡献率	增长率
2015	16. 23		26. 33	
2016	19. 44	19. 80	22. 81	-13. 36
2017	12. 75	-34. 40	29. 21	28. 07
2018	7. 08	-44. 45	33. 24	13. 79
2019	6. 28	-11. 38	33. 38	0. 41
2020	11. 80	88. 00	27. 63	-17. 21

由表 9-24 可知，创业板企业银行借款对创新的贡献率远大于资本市场的贡献率，资本市场对企业创新贡献率的增长率呈现先下降后上升的趋势。创业板市场属于场内交易市场，挂牌企业的规模较大、实力较强，可以获得银行资金的支持。同时，随着近年来创业板的分层改革、注册制改革的完成，创业板企业资本市场对企业创新的贡献率呈现出上升的趋势。

四、科创板市场

（一）描述统计分析

科创板的数据来源于上海证券交易所科创板的 325 家企业，由于科创板仅开市两年，数据量有限，本节选取了 2019 年科创板各企业的专利数、研发支出金额和研发人员数量等数据，将缺失数据的企业排除，最终获得 28 家企业 2019 年的数据，进行截面数据回归（见表 9-25）。

表 9-25　2019 年科创板企业描述统计

项目	均值	最小值	最大值	标准差	观察值
研发支出合计/万元	9210	989. 4	63651. 1	138818047. 8	28
研发人员数量/人	209. 18	21	708	172. 25	28
专利数/项	283. 68	24	892	211. 00	28

由表 9-25 可知，科创板企业中研发支出的均值约为 9210 万元。其中，研发支出最大的企业为神工股份（股票代码：688233），研发支出为

63651.1万元，最小的为百奥泰-U（股票代码：688177），研发支出为989.4万元；研发人员数量平均为209人，其中研发人员数量最多的企业为神工股份，研发人员为708人，最小的为百奥泰-U，研发人员为21人；专利数平均约为284项，其中专利数量最多的企业为神工股份，专利数量为892项，最少的企业为晶晨股份（股票代码：688099），专利数量为24项。

（二）实证分析

根据上文模型，回归得到科创板截面数据的回归模型为：

$$\ln \widehat{p} = -4.102 + 0.376\ln k + 0.534\ln l \tag{9-8}$$

$$t = (-2.97)\ (3.56)\ (4.19)$$

$$n = 28,\ R^2 = 0.8899,\ F = 101.01$$

从检验统计量来看，回归的 R^2 较大，同时，在1%的显著性水平下，所有系数都是显著的。估计结果显示，企业研发支出金额的产出弹性为0.376，企业研发人员数量的产出弹性为0.534，这表明企业研发支出金额每增长1%，专利申请数将增长0.376%；企业研发人员数量每增长1%，专利申请数将增长0.534%，企业研发支出金额的产出弹性比企业研发人员数量的产出弹性低。

（三）资本市场支持企业自主创新的贡献率分析

与上节相同，本节对企业研发支出金额的来源进行了细分，由于企业的研发支出金额来源没有具体的数据，本节将企业筹资中吸收投资、借款、发行债券三个方面作为企业的研发资金来源，根据这三方面筹资所占总筹资金额的比例，作为企业研发支出金额的细分来源比例，同时将各比例与研发支出金额的贡献率相乘得到各种资金来源对企业创新的贡献率（见表9-26）。

表9-26　2019—2020年科创板企业各种资金来源对企业创新的贡献率　（%）

年份	科研经费投入强度		吸收投资收到的资金		取得借款收到的资金		发行债券收到的资金	
	比率	增长率	贡献率	增长率	贡献率	增长率	贡献率	增长率
2019	7.24		33.71		3.74			
2020	10.40	43.62	28.94	-15.72	7.62	103.74	0.91	

与上一节相同，本节将吸收投资收到的资金和发行债券收到的资金作为企业直接融资得到的资金，计算企业研发支出金额中直接融资所占比重；将取得借款收到的资金作为企业间接融资得到的资金，计算企业在研发支出金额中间接融资所占比重。2019 年科创板企业直接融资（资本市场）和间接融资（银行借款）对企业创新的贡献率（见表 9-27）。

表 9-27　2019 年科创板企业资本市场和银行借款对企业创新的贡献率　（%）

年份	资本市场		银行借款	
	贡献率	增长率	贡献率	增长率
2019	33.71		3.74	
2020	29.85	-11.64	7.62	103.74

由表 9-27 可知，科创板企业直接融资提供的贡献率远大于间接融资，这主要是由于科创板挂牌的公司大多数为初创公司，需要大量资金，这类公司很难通过银行借款获取大量资金，需要通过资本市场对其未来发展的看好进行股权融资，因此，科创板企业直接融资对企业创新的贡献率较大。

第三节　总结与评价

通过上节的实证模型，计算出了我国资本市场的主板、中小板、创业板和科创板挂牌企业在各自样本期资本市场和银行借款对企业创新的贡献率，图 9-1 至图 9-3 分别列示了不同板块的企业总融资、资本市场和银行借款对企业创新的贡献率。

经过分析，可以得出以下结论：

首先，从总融资对企业创新的贡献率来看，创业板和科创板企业总融资对企业创新的支持力度大于主板和中小板企业，可见在投入单位资金的情况下，科创板和创业板企业可以获得更高的创新产出。这主要是以下两方面原因所致：第一，创业板和科创板挂牌的企业普遍为创新创业型企业，所处行业的性质决定了这类企业将进行更多的研发活动，从而带来更高的专利产出；第二，创业板和科创板普遍处于生命周期的成长期，企业还没有完全稳定，企业吸收的资金更多地用于研发创新活动，使企业更加成熟。

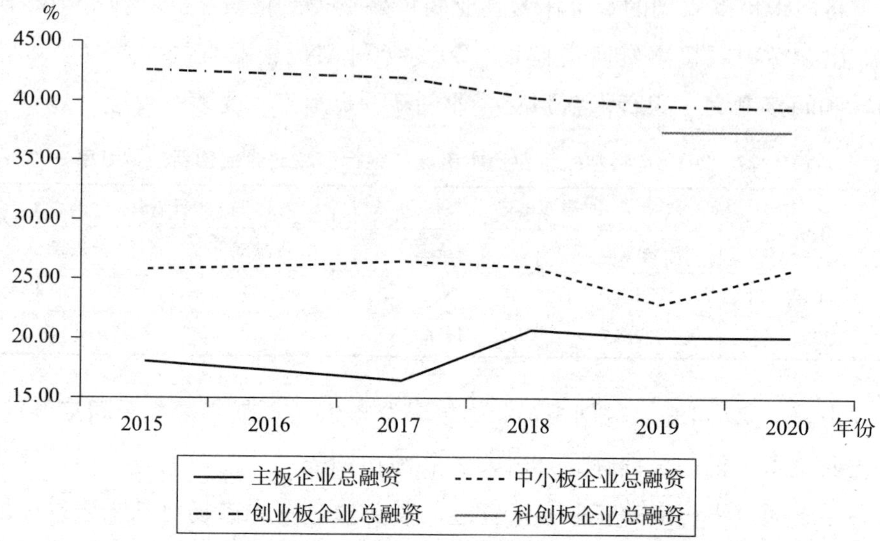

图 9-1　各板块企业总融资对企业创新的贡献率

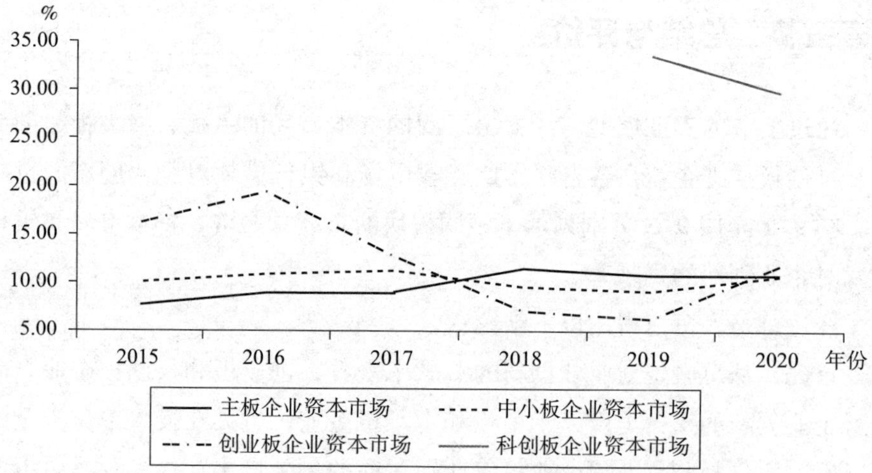

图 9-2　各板块企业资本市场对企业创新的贡献率

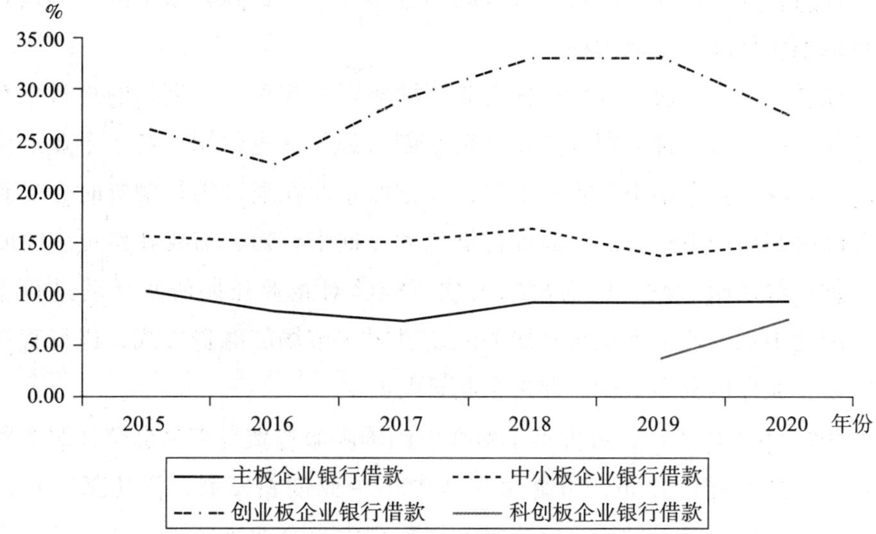

图 9-3　各板块企业银行借款对企业创新的贡献率

其次，从资本市场对企业创新的贡献率来看，科创板企业资本市场对企业创新的贡献率普遍大于其他板块的企业。出现这种现象的原因主要为：第一，主板和中小板挂牌的企业多为大型央企或者传统大型企业，由于良好的经营状况或者国家的信誉背书决定了这类企业可以获得较多的银行贷款，因而在这两个板块挂牌的企业资本市场对于企业创新的支持相对较低。第二，由科创板的定位决定。科创板的定位就是服务于创新型企业，为该类企业提供资金支持，加上创新型企业多处于企业生命周期中的成长阶段，银行贷款的支持力度较小，因而资本市场对其创新的贡献率较高。

再次，从银行借款对企业创新的贡献率来看，科创板企业银行借款对企业创新的贡献率最低，创业板企业银行借款对企业创新的贡献率最高，具体原因与上文所述相同。值得注意的是，从各个板块的纵向分析看，主板企业和中小板企业资本市场对企业创新的贡献率总体呈现稳中有升的趋势，科创板和创业板对企业创新的贡献率呈现下降趋势。这表明随着我国资本市场的发展，主板和中小板企业资本市场对企业创新的贡献率总体上升；而对于科创板和创业板企业而言，在板块建立初期，资本市场对企业创新普遍贡献率较高，但是随着时间的推移，这种贡献略微下降，不过总体贡献率还是高于主板市场。

最后，总的来说，各个板块企业两种融资方式对企业创新的贡献率存在差异，但是每一种融资方式对于企业创新都有促进作用，对于企业来说都必不可少。对于中小型企业来说，一方面企业在通过银行融资时会受到一定的限制和约束；另一方面银行借款大多期限较短，需要花费更多时间对借款进行期限管理，因为短期借款不能够对企业长期研发活动进行支持，因此中小企业未来更应多加关注通过资本市场的融资方式，进行直接融资为企业提供资金支持，促进企业研发创新。

2021 年 9 月 2 日，习近平主席在中国国际服务贸易交易会全球服务贸易峰会上的致辞中宣布，将继续支持中小企业创新发展，深化新三板改革，设立北京证券交易所，打造服务创新型中小企业主阵地。北京证券交易所牢牢坚持服务创新型中小企业的市场定位，尊重创新型中小企业发展规律和成长阶段，提升制度包容性和精准性。证监会认为，在未来北京证券交易所将实现“三个目标”：一是构建一套契合创新型中小企业特点的涵盖发行上市、交易、退市、持续监管、投资者适当性管理等基础制度安排，补齐多层次资本市场发展普惠金融的短板。二是畅通北京证券交易所在多层次资本市场的纽带作用，形成相互补充、相互促进的中小企业直接融资成长路径。三是培育一批专精特新“小巨人”企业，形成创新创业热情高涨、合格投资者踊跃参与、中介机构归位尽责的良性市场生态。

第十章

新时代多层次资本市场支持企业创新的展望

第一节 新时代多层次资本市场发展

党的十八大以来，以习近平同志为核心的党中央高度重视资本市场改革发展。习近平总书记对资本市场做出了一系列重要指示批示，深刻回答了新时代需要什么样的资本市场，怎样建设好资本市场的重大课题，赋予了资本市场新的定位和使命，为新时代资本市场改革发展指明了方向。2013 年 11 月，党的十八届三中全会通过了《中共中央关于全面深化改革若干重大问题的决定》，明确提出健全多层次资本市场体系，推进股票发行注册制改革，多渠道推动股权融资，发展并规范债券市场，提高直接融资比重。推动资本市场双向开放，有序提高跨境资本和金融交易可兑换程度。2014 年 5 月，国务院发布《关于进一步促进资本市场健康发展的若干意见》（以下简称“新国九条”），系统阐明了加快发展多层次资本市场对于健全社会主义市场体系、优化金融结构、防范金融风险的重要作用，就发展多层次资本市场、提高证券期货服务业竞争力、扩大资本市场开放、防范化解金融风险、营造资本市场良好发展环境等做出系统部署和全面安排。2015 年 11 月，《中共中央关于制定国民经济和社会发展第十三个五年规划的建议》明确提出，要积极培育公开透明、健康发展的资本市场，推进股票和债券发行交易制度改革，提高直接融资比重，推进资本市场对外开放。

习近平总书记深刻阐述了做好金融工作的重要性。2017 年 7 月，习近平总书记在第五次全国金融工作会议中强调，要紧紧围绕服务实体经济、放开金融风险、深化金融改革三项任务，完善金融市场体系，把发展直接融资放在重要位置，形成融资功能完备、基础制度扎实、市场监管有效、投资者合法权益得到有效保护的多层次资本市场体系。2017 年 10 月，党的十九大报告指出，要“深化金融体制改革，增强金融服务实体经济能力，提高直接融资比重，促进多层次资本市场健康发展”，对进一步推进资本市场发展改革进行了战略部署。深化资本市场改革，成为金融供给侧结构性改革的重中之重。2018 年 1 月，习近平主席在首届中国国际进口博览会开幕式上的讲话中指出，将在上海证券交易所设立科创板并试点注册制，支持上海国际金融中心和科技创新中心建设，不断完善资本市场基础制度。这标志着注册制改革进入启动实施的阶段，在我国资本市场发展史上具有里程碑意义。

2018 年 12 月的中央经济工作会议首次提出，“资本市场在金融运行中具有牵一发而动全身的作用，要通过深化改革，打造一个规范、透明、开放、有活力、有韧性的资本市场”，明确了新时代资本市场的定位和战略意义。2019 年 10 月，党的十九届四中全会通过了《中共中央关于坚持和完善中国特色社会主义制度推进国家治理体系和治理能力现代化若干重大问题的决定》，明确指出，加强资本市场基础制度建设，健全具有高度适应性、竞争力、普惠性的现代金融体系。发展资本市场已成为新时代推进国家治理体系和治理能力现代化的重要内容。近年来，按照党中央、国务院的决策部署，国务院金融稳定发展委员会多次就资本市场改革发展稳定提出明确要求，强调要进一步深化资本市场改革，坚持市场化、法制化、国际化方向，加快完善资本市场基础制度，发挥好资本市场枢纽作用，增强资本市场的活力、韧性和服务能力，使其真正成为促进经济高质量发展的“助推器”。2020 年 10 月，党的十九届五中全会通过了《中共中央关于制定国民经济和社会发展第十四个五年规划和二〇三五年远景目标的建议》，为开启全面建设社会主义现代化国家新征程指明了方向、提供了科学有力的指导。其中，明确提出“全面实行股票发行注册制，建立常态化退市机制，提高直接融资比重”，对“十四五”时期资本市场改革发展稳定提出了明确目标和具体要求。2020 年 12 月举行的中央经济工作会议强调，要健全金融机构治理。促进资本市场健康发展，提高上市公司质量，打击各种逃废债行为。这是以习近平同志为核心的党中央在新形势、新阶段、新格局下做出的重大决策部署，为推动资本市场更充分发挥枢纽作用，加快形成资本市场服务经济社会高质量发展的制度、机制和体系提供了根本遵循。

在多层次资本市场持续深化改革与发展的过程中，首先要提升效率，这是增强资本市场服务实体经济能力的核心要义。“金融要把为实体经济服务作为出发点和落脚点，全面提升服务效率和水平，把更多金融资源配置到经济社会发展的重点领域和薄弱环节，更好满足人民群众和实体经济多样化的金融需求。”① 提升效率水平，必须充分发挥市场在资源配置中的决定性作用。党的十九大党章修正案在总纲部分中国共产党领导人民发展社会主义市场经济自然段，将“发挥市场在资源配置中的基础性作用”修改为“发挥市场在资源配置中的决定性作用，更好发挥政府作用”。这样的修改，有利于在全党、全社会树立好政府和市场关系的正确观念。市场决定资源配置是市场经济的一般规律，也是市场经济的本质要求。提升金融资源配置效率，需要完善市场化的资金价格形成机制，还要畅通资金进入实体经济的渠道，大力发展直接融资，打通社会资金向实体经济的直接融资渠道。提升效率还需要更好地发挥政府作用，解决经济和社会发展中的不平衡问题，充分调动金融资源，加大对重大战略、重大规划和重大项目以及先进制造业、小微企业、“三农”、乡村振兴、绿色发展等国民经济重点领域和薄弱环节的投入，克服单纯依靠市场的局限性，更好地支持实体经济健康发展。

其次要优化结构，这是增强资本市场服务实体经济能力的关键举措。目前，我国经济社会进入转变发展方式、优化经济结构、转换增长动力的攻关期，经济发展将更多依靠创新驱动，传统以银行间接融资为主的融资供给难以适应融资需求的新变化，需要全方位多层次的金融市场体系提供多元化的融资服务。要补齐资本市场短板，围绕提高对经济结构的适应性，优化资本市场结构，针对直接融资不足的问题，大力发展资本市场，提高股权融资比重，完善资本市场基础制度，以注册制改革带动资本市场

---

① 习近平在全国金融工作会议上强调　服务实体经济防控金融风险深化金融改革　促进经济和金融良性循环健康发展［N］. 人民日报，2017-07-16.

全面深化改革，尽快形成融资功能完备、基础制度完善、监管有效的多层次资本市场体系。

第二节　多层次资本市场与企业创新

党的十八大以来，创新作为促进经济高质量发展的重要推动力，其重要性被提升到前所未有的高度。资本市场是资源配置的重要平台，在支持企业创新、推动经济可持续高质量发展过程中承担着不可忽视的作用。

2013 年 11 月，中国共产党第十八届中央委员会第三次全体会议提出，要完善金融市场体系，深化科技体制改革。会议审议通过了《中共中央关于全面深化改革若干重大问题的决定》，该决定提出了新时代资本市场进一步深化改革的基本要求：完善金融市场体系。健全多层次资本市场体系，推进股票发行注册制改革，多渠道推动股权融资，发展并规范债券市场，提高直接融资比重。鼓励金融创新，丰富金融市场层次和产品。

2015 年 10 月，中国共产党第十八届中央委员会第五次全体会议审议通过《中共中央关于制定国民经济和社会发展第十三个五年规划的建议》。该建议指出，要加快金融体制改革，提高金融服务实体经济效率。在资本市场方面，要通过积极培育公开透明、健康发展的资本市场，推进股票和债券发行交易制度改革，提高直接融资比重，降低杠杆率。建议对金融支持创新提出了明确要求，要开发符合创新需求的金融服务，推进高收益债券及股债相结合的融资方式。从国际经验来看，通过资本市场的直接融资具有灵活、高效的特点，能够较好地匹配企业的融资需求，可以与间接融资形成协同，更好地支持企业创新发展。高收益债券、风险投资、股债结合的混合型融资都曾经在相关国家高科技产业腾飞的过程中发挥过积极作用。结合我国新时代社会主义市场经济发展阶段，发挥资本市场的相对优势，开发符合企业创新现实需求的金融产品和服务，是资本市场支持创新的重要内容。

2017 年 10 月 18 日，在中国共产党第十九次全国代表大会上，习近平总书记作了题为《决胜全面建成小康社会　夺取新时代中国特色社会主义伟大胜利》的报告。报告再次强调，要深化金融体制改革，增强金融服务实体经济能力，提高直接融资比重，促进多层次资本市场健康发展。

2020年10月，中国共产党第十九届中央委员会第五次全体会议审议通过了《中共中央关于制定国民经济和社会发展第十四个五年规划和二〇三五年远景目标的建议》。根据这一规划，“十四五”期间我国资本市场要全面实行股票发行注册制，建立常态化退市机制，提高直接融资比重。关于创新，规划提出，要完善金融支持创新体系，营造崇尚创新的社会氛围，健全科技伦理体系。金融支持创新体系已经成为建设创新型国家的重要支撑。

伴随着我国经济结构的转型升级，有效提高直接融资比重、充分发挥多层次资本市场的作用，从供给侧解决目前金融体系与经济发展不匹配的问题，已经成为共识。从党的十八大以来的政策演进过程来看，未来资本市场应通过健全市场体系、完善制度建设、丰富产品和服务，加强对企业创新的支持：①健全多层次资本市场体系，推进股票发行注册制改革，提高直接融资比重；②加强资本市场基础制度建设，健全具有高度适应性、竞争力、普惠性的现代金融体系，有效防范化解金融风险；③完善金融支持创新体系，促进新技术产业化规模化应用。

第三节　构建资本市场支持企业创新的完备体系

2021年5月28日，两院院士大会中国科协第十次全国代表大会在北京召开。习近平总书记发表重要讲话强调，坚持把科技自立自强作为国家发展的战略支撑，立足新发展阶段、贯彻新发展理念、构建新发展格局、推动高质量发展，面向世界科技前沿、面向经济主战场、面向国家重大需求、面向人民生命健康，深入实施科教兴国战略、人才强国战略、创新驱动发展战略，把握大势、抢占先机，直面问题、迎难而上，完善国家创新体系，加快建设科技强国，实现高水平科技自立自强。

资本市场在支持和促进企业创新方面发挥着重要作用，是构建国家创新体系不可缺少的要素。

一、资本市场支持企业创新的目标和方向

总体而言，资本市场应继续深化供给侧结构性改革，满足不同企业的融资需求，使各种规模、各种类型的企业都能拥有足够的资金进行研发投入和技术创新，从而提高创新投入的积极性。多层次资本市场应提升其运行的效率，同时提升其促进创新的效率。要在供给侧结构性改革的思路下，围绕多层次资本市场继续深化的基本要求，以继续深化注册制改革为基础，推进资本市场系列关键制度的改革。通过全面深化多层次资本市场改革，优化多层次资本市场结构、提升资本市场促进企业创新的效率。

资本市场需要以服务实体经济和改善人民生活为根本目标，实体经济转型需要创新推动，资本市场可以通过鼓励企业创新推动经济增长。在未来，多层次资本市场要继续全面深化改革，通过各个板块的不断完善，支持各种规模企业的创新活动。同时，要重点关注资本市场支持企业创新的机制和效率，拓宽资本市场促进企业创新的渠道，提升资本市场支持企业创新和服务实体经济的效率。

二、资本市场支持企业创新的政策重点

我国多层次资本市场自上而下依次由主板、创业板、科创板、全国中小企业股份转让系统（又称“新三板”）以及区域股权交易中心构成。其中主板、创业板、科创板上市的公司于沪深证券交易所交易；2021 年 9 月 2 日，习近平主席在 2021 年中国国际服务贸易交易会全球服务贸易峰会上宣布建立的北京证券交易所主要服务于“新三板”的中小企业，与沪深交易所的定位有所不同；区域股权交易中心为未能在交易所上市的、处于成长阶段的中小微企业提供融资平台。各个板块互为补充，满足资本市场上企业的多样化融资需求。历年来国家出台了各项促进我国多层次资本市场发展的政策：科创板的设立、创业板注册制改革、新三板分层改革的完成、北京证券交易所的诞生、区域性股权市场的设立和发展，每一项政策都不断推动我国多层次资本市场体系逐渐完善，为企业创新提供了资金支持。

（一）科创板设立和注册制推行对企业创新的支持

为促进高新技术产业和战略性新兴产业发展，进一步落实创新驱动发展战略，推动社会经济高质量发展，我国于2019年建立科创板。科创板主要服务于符合国家战略、突破关键核心技术、市场认可度高的科技创新企业，重点支持新一代信息技术、高端装备、新材料、新能源、节能环保以及生物医药等高新技术产业和战略性新兴产业。科创板制定了更具包容性的上市条件，相比于主板市场对企业盈利指标的要求，科创板更加注重企业科技创新能力，允许尚未盈利或存在累计未弥补亏损的企业在科创板上市，综合考虑了预计市值、收入、净利润、研发投入、现金流等多元因素。通过改革增强资本市场对科创企业的包容性，允许未盈利企业、同股不同权企业、红筹企业发行上市，有利于进一步畅通科技、资本和实体经济的循环机制，加速科技成果向现实生产力转化，引领经济发展向创新驱动转型。

（二）创业板注册制改革对企业创新的支持

创业板的注册制改革，降低了企业上市门槛，有利于推动企业创新。2020年4月27日，中央全面深化改革委员会第十三次会议审议通过《创业板改革并试点注册制总体实施方案》，确定深入贯彻创新驱动发展战略，适应发展更多依靠创新、创造、创意的大趋势，主要服务成长型创新创业企业，支持传统产业与新技术、新产业、新业态、新模式深度融合，与科创板等其他板块形成各有侧重、互相补充的适度竞争格局。2020年8月24日，创业板改革并试点注册制正式落地，首批18家企业按注册制规则上市交易，资本市场存量改革取得重大进展。

（三）新三板的发展对企业创新的支持

新三板的改革和发展，为专精特新“小巨人”企业提供资金支持。2021年7月19日，工信部公布《关于第三批专精特新“小巨人”企业名单的公示》，2930家企业中424家已在或曾在新三板挂牌，包括存量精选层7家、创新层78家、基础层147家，22家已在沪深上市和170家已摘牌公司。自2018年专精特新“小巨人”企业培育行动启动以来，累计有

4921 家企业获评为“小巨人”，营收 5000 万元以下“小巨人”企业集中在“新三板”。新三板培育“小巨人”企业功能突出。目前，232 家存量“小巨人”挂牌公司中，超七成分布在战略新兴产业、先进制造业，面对新冠肺炎疫情带来的严峻考验和复杂多变的国内外环境，整体业绩延续高质量增长态势。

（四）北京证券交易所对企业创新的支持

2021 年 9 月 2 日，习近平主席在 2021 年中国国际服务贸易交易会全球服务贸易峰会上的致辞中宣布，将继续支持中小企业创新发展，深化新三板改革，设立北京证券交易所，打造服务创新型中小企业主阵地。北京证券交易所的定位是打造服务创新型中小企业主阵地，与沪深交易所的定位有所不同。设立北京证券交易所，形成北京证券交易所与沪深交易所、区域性股权市场错位发展和互联互通的格局，中国资本市场的多层次市场结构将进一步完善。深化新三板改革，设立北京证券交易所，是实施国家创新驱动发展战略、持续培育发展新动能的重要举措，也是深化金融供给侧结构性改革、完善多层次资本市场体系的重要内容，对于更好地发挥资本市场功能作用、促进科技与资本融合、支持中小企业创新发展具有重要意义。

（五）区域性股权市场对企业创新的支持

2015 年 9 月 7 日，中共中央办公厅、国务院办公厅印发《关于在部分区域系统推进全面创新改革试验的总体方案》，确立 8 个先试先行区域。此后，上海、安徽、四川根据国务院授权自主探索，相继推出了“科技创新板”“科技金融板”“创新创业板”等科创相关板块，在推动区域性股权市场与科技型企业对接等方面取得了初步成效。2018 年 12 月 5 日，李克强总理主持召开国务院常务会议，决定再推广一批促进创新的改革举措，更大激发创新创造活力，其中包括将原先在上海、安徽、四川等个别区域性股权市场设置科技创新专板的改革举措推广到京津冀、上海、广东、安徽、四川、湖北武汉、陕西西安、辽宁沈阳等 8 个先试先行区域。2019 年 1 月 8 日，国务院办公厅印发《关于推广第二批支持创新相关改革举措的通知》。该通知进一步明确了在区域性股权市场推广科技创新专板，由中国证监会负责指导。根据科技型中小企业的特点，在区域性股权市场推出“科技创新板”，提供挂牌展示、托管交易、投融资服务、培训辅导等服务，开拓融资渠道，缓解科技型中小企业融资难问题。2021 年 7 月 22 日，《中共中央 国务院关于新时代推动中部地区高质量发展的意见》指出，要积极培育区域性股权交易市场，支持鼓励类产业企业上市融资，支持符合条件的企业通过债券市场直接融资，引导各类金融机构加强对中部地区的支持，加大对重点领域和薄弱环节信贷支持力度，提升金融服务质效，增强金融普惠性。

（六）私募股权市场对企业创新的支持

作为多层次资本市场的重要组成部分，私募股权基金在支持创业创新、推进供给侧结构性改革、提高直接融资比例方面都发挥了重要作用。私募股权市场的发展需要综合政府和市场两方面力量。一方面，多层次资本市场中区域性股权市场是为所在省级行政区域内企业提供股权、债券的转让和融资服务的私募市场，是多层次资本市场体系的重要组成部分。另一方面，政策对私募股权市场的支持和监督作用，使得私募股权能够充分调动各种资源，促进以企业为主体的创新行为。2013 年 6 月，新修订的《证券投资基金法》实施，将私募证券投资基金纳入监管，不断规范私募股权市场，有益于其长期稳定发展。2020 年 9 月 25 日，《合格境外机构投资者和人民币合格境外机构投资者境内证券期货投资管理办法》发布，同时发布了有关配套规则，进一步扩大了 QFII 和 RQFII 的投资范围，开放股转系统、私募股权基金、期货期权市场，债券市场，交易所融资融券业务，进一步扩大了外资的可投资品种，促进了私募股权市场的发展。

三、资本市场促进企业创新的机制

2020 年 10 月 26 日，党的十九届五中全会召开，会议制定并通过了国民经济和社会发展的“十四五”规划和 2035 年远景目标。“十四五”规划为我国多层次资本市场的未来发展指明了方向。我国“十四五”规划指出，“十四五”期间要全面实行股票发行注册制，建立常态化退市机制，提高直接融资比重，体现了国家在未来发展资本市场的规划。在这个进程中，了解资本市场促进企业创新的机制，对于提升资本市场支持创新的效率以及监管部门制定资本市场发展政策都具有重要意义。在我国，资本市场促进企业创新的机制主要包括缓解企业融资约束、增加企业用于创新投资的储蓄量、减少公司的财务风险、改善公司内部治理、激发企业家精神、引进国外先进的技术和经验等六个方面。

第一，资本市场可以拓宽企业的融资渠道，使企业可以通过发行股票或债券进行直接融资，有利于缓解企业特别是中小企业的融资约束，使企业可以获得更多用以研发创新活动的资金，扩大了企业的研发创新规模。未来资本市场应提高直接融资比重，强化资本市场枢纽功能。我国当下处于依靠创新驱动的经济增长的阶段，直接融资相对于间接融资能够更好地支持企业创新。资本市场是直接融资的重要渠道，是连接实体经济、金融、科技的重要枢纽，也是连接筹资者、投资者、中介机构等各级各类市场主体的重要枢纽。因此，要强化资本市场的融资功能，同时也要完善其投资、风险管理、资源配置等全面的功能，提升资本市场服务实体经济的能力。

第二，资本市场可以增加企业用于创新投资的储蓄量，促进企业创新。一方面，资本市场可以为企业提供更多用于研发投入的资金，在一定程度上增加了企业的创新活动；另一方面，资本市场也为各类金融机构提供了资金来源，支持国有大型商业银行股份制改革、引入战略投资者和上市融资，及时补充了银行体系的资本金，从而扩大了金融机构对创新型企业贷款的规模，增加了企业的创新活动。

第三，资本市场发展可以减少企业财务风险。资本市场可以为企业提供股票融资和债券融资两种新的融资方式。相较于传统的银行信贷融资，债券融资虽然有还本付息的压力，但是一般融资年限较长，同时随着企业债券发行注册制的实行，审批手续简单，在一定程度上降低了企业的财务风险；股票融资没有还本付息的压力，不会给企业带来财务风险，可以为企业创新活动提供一个好的外部环境。因此，资本市场可以通过引入债券融资和股票融资两种新的融资方式，降低企业的财务风险，增加企业的创新活动。

第四，资本市场可以改善公司治理，促进企业创新。为了激励管理层，股东一般通过定向增发或者其他方式给予经理人股权激励，从而缓解公司的第一类代理问题。当经理人拿到公司股权后，其收入将与公司经营业绩挂钩，因而不会做出为了个人私利而损害公司利益的逆向选择和道德风险行动。这时，公司的创新活动会较股权激励之前增加。另外，资本市场可以通过股票公开发行，引入更多中小股东，从而分散大股东控制权，有利于减少公司的第二类委托—代理问题。《中华人民共和国证券法》第九十条规定："上市公司董事会、独立董事、持有百分之一以上有表决权股份的股东或者依据法律、行政法规或者国务院证券监督管理机构的规定设立的投资者保护机构，可以作为征集人，自行或者委托证券公司、证券服务机构，公开请求上市公司股东委托其代为出席股东大会，并代为行使提案权、表决权等股东权利。""征集投票权"条款体现了法律对于企业中小投资者权利的保护。因此，资本市场可以通过引入更多的中小投资者，稀释控股股东权利，通过行使"征集投票权"减少公司的第二类代理问题，进而促进企业创新活动。

第五，资本市场可以通过激发企业家精神带来企业创新活动的增加。当前，新一轮科技和产业变革正在重构全球创新版图和全球经济结构，以现代信息技术、人工智能等为引领的数字经济不断改造经济发展模式，数字化将进一步降低供需对接成本，优化传统制造方式，引起生产、流通、分配和就业等各领域的连锁反应。在当前的政策背景及国际大环境下，多层次资本市场带来的资金可以激发企业家的创业精神，激励企业进行创新活动。因为一方面通过研发创新取得的成果可以降低企业生产成本，为企业带来利益；另一方面，研发创新无论成功与否，都会得到国家的政策扶持，同时也顺应了全球的科技和产业革命的趋势。

第六，资本市场的发展和完善伴随着资本市场的开放，资本市场开放可以吸引更多的外国企业进入国内资本市场，参与国内企业的经营和决策，这将为国内企业带来国外先进的技术和管理经验，在一定程度上促进了企业自身的创新。近年来，随着我国资本市场沪港通、深港通、沪伦通等互联互通机制的实行，QFII、RQFII 投资额度的逐步取消，外国投资者有更多机会参与我国资本市场，进行资产配置。在这个过程中，企业可以通过学习国外企业先进的技术和管理经验，用于企业自身的研发创新活动，因而企业的创新活动会随之增加。

参考文献

[1] AKÇOMAK I S, TER WEEL B. Social capital, innovation and growth: Evidence from Europe [J]. European Economic Review, 2009, 53 (5): 544-567.

[2] BENCIVENGA V R, SMITH B D. Financial intermediation and endogenous growth [J]. The review of economic studies, 1991, 58 (2): 195-209.

[3] BERGER A N, HUNTER W C, TIMME S G. The efficiency of financial institutions: A review and preview of research past, present and future [J]. Journal of Banking&Finance, 1993, 17 (2-3): 221-249.

[4] BERNSTEIN S. Does going public affect innovation? [J]. The Journal of finance, 2015, 70 (4): 1365-1403.

[5] BROWN J R, FAZZARI S M, PETERSEN B C. Financing innovation and growth: Cash flow, external equity, and the 1990s R&D boom [J]. The Journal of Finance, 2009, 64 (1): 151-185.

[6] BROWN J R, MARTINSSON G, PETERSEN B C. Do financing constraints matter for R&D? New tests and evidence [J]. Iowa State University, Working Paper, 2010.

[7] BROWN J R, MARTINSSON G, PETERSEN B C. Law, stock markets, and innovation [J]. The Journal of Finance, 2013, 68 (4): 1517-1549.

[8] BROWN J R, MARTINSSON G, PETERSEN B C. Stock markets, credit markets, and technology-led growth [J]. Journal of Financial Intermediation, 2017, 32: 45-59.

[9] BUSHEE B J. The influence of institutional investors on myopic R&D investment behavior [J]. Accounting review, 1998: 305-333.

[10] CARLIN W, MAYER C. Finance, investment, and growth [J].

Journal of financial Economics, 2003, 69 (1): 191-226.

[11] CASELLI S, GATTI S, PERRINI F. Are venture capitalists a catalyst for innovation? [J]. European Financial Management, 2009, 15 (1): 92-111.

[12] CHOWDHURY R H, MAUNG M. Financial market development and the effectiveness of R&D investment: Evidence from developed and emerging countries [J]. Research in International Business and Finance, 2012, 26 (2): 258-272.

[13] CLARYSSE B, KNOCKAERT M, WRIGHT M. Benchmarking UK venture capital to the US and Israel: what lessons can be learned [J]. Report for British Private Equity and Venture Capital Association, 2009.

[14] DE LONG J B, SHLEIFER A, SUMMERS L H, ET AL. The size and incidence of the losses from noise trading [J]. The Journal of Finance, 1989, 44 (3): 681-696.

[15] DEVEREUX M B, SMITH G W. International risk sharing and economic growth [J]. International Economic Review, 1994: 535-550.

[16] FAGERBERG J, SRHOLEC M, KNELL M. The competitiveness of nations: Why some countries prosper while others fall behind [J]. World development, 2007, 35 (10): 1595-1620.

[17] FRANCIS B, MANI S B, SHARMA Z, ET AL. The impact of organization capital on firm innovation [J]. Journal of Financial Stability, 2021 (53): 100829.

[18] GHAZINOORY S, HASHEMI Z. Do tax incentives and direct funding enhance innovation input and output in high-tech firms? [J]. The Journal of High Technology Management Research, 2021, 32 (1): 100394.

[19] GOLDSMITH R W. Financial structure and development [R]. 1969.

[20] GREENWOOD J, JOVANOVIC B. Financial development, growth, and the distribution of income [J]. Journal of political Economy, 1990, 98 (5, Part 1): 1076-1107.

[21] GREENWOOD J, SMITH B D. Financial markets in development, and the development of financial markets [J]. Journal of Economic dynamics

and control, 1997, 21 (1): 145-181.

[22] GURLEY J G, SHAW E S. Financial aspects of economic development [J]. The American Economic Review, 1955, 45 (4): 515-538.

[23] HADLOCK C J, PIERCE J R. New Evidence on Measuring Financial Constraints: Moving Beyond the KZ Index [J]. Review of Financial Studies, 2010, 23 (5): 1909 -1940.

[24] HALL B H, LERNER J. The financing of R&D and innovation [M] //Handbook of the Economics of Innovation. North-Holland, 2010 (1): 609-639.

[25] HALL B H. The financing of research and development [J]. Oxford review of economic policy, 2002, 18 (1): 35-51.

[26] HE H, LI H, ZHANG J. Does the Stock Market Boost Firm Innovation?: Evidence from Chinese Firms [M]. International Monetary Fund, 2017.

[27] HICKS U K. Economic and financial problems of metropolitan areas [J]. Zeitschrift für Nationalökonomie, 1969, 29 (1-2): 1-18.

[28] HSU P H, TIAN X, XU Y. Financial development and innovation: Cross-country evidence [J]. Journal of financial economics, 2014, 112 (1): 116-135.

[29] ILYINA A, SAMANIEGO R M. A multi-industry model of growth with financing constraints [J]. IMF Working Papers, 2009: 1-52.

[30] JAPPELLI T, PAGANO M. Saving, growth, and liquidity constraints [J]. The Quarterly Journal of Economics, 1994, 109 (1): 83-109.

[31] JOSE M, SHARMA R. Effectiveness of fiscal incentives for innovation: Evidence from meta regression analysis [J]. Journal of Public Affairs, 2021, 21 (1): e2146.

[32] KANNIAINEN V, KEUSCHNIGG C. Start-up investment with scarce venture capital support [J]. Journal of Banking & Finance, 2004, 28 (8): 1935-1959.

[33] KELLY J S, ARROW K J. An Interview with Kenneth J. Arrow [J]. Social Choice and Welfare, 1987: 43-62.

［34］ KELLY R, KIM H. Venture capital as a catalyst for commercialization and high growth ［J］. The Journal of Technology Transfer, 2018, 43 (6): 1466-1492.

［35］ KING R G, LEVINE R. Finance and growth: Schumpeter might be right ［J］. The quarterly journal of economics, 1993, 108 (3): 717-737.

［36］ KING R G, LEVINE R. Finance, entrepreneurship and growth ［J］. Journal of Monetary economics, 1993, 32 (3): 513-542.

［37］ KLAUSNER M, OHLROGGE M, RUAN E. A sober look at SPACs ［J］. Available at SSRN, 2020, 3720919.

［38］ KOGAN L, PAPANIKOLAOU D, SERU A, ET AL. Technological innovation, resource allocation, and growth ［J］. The Quarterly Journal of Economics, 2017, 132 (2): 665-712.

［39］ LAHR H, MINA A. Venture capital investments and the technological performance of portfolio firms ［J］. Research Policy, 2016, 45 (1): 303-318.

［40］ LERNER J, WATSON B. The public venture capital challenge: the Australian case ［J］. Venture Capital, 2008, 10 (1): 1-20.

［41］ LERNER J. The government as venture capitalist: the long - run impact of the SBIR program ［J］. The Journal of Private Equity, 2000, 3 (2): 55-78.

［42］ LEVINE R. Stock markets, growth, and tax policy ［J］. The journal of Finance, 1991, 46 (4): 1445-1465.

［43］ MCKINNON R I. Money and capital in economic development ［M］. Brookings Institution Press, 2010.

［44］ MORALES M F. Financial intermediation in a model of growth through creative destruction ［J］. Macroeconomic Dynamics, 2003, 7 (3): 363-393.

［45］ NAM J, OTTOO R E, THORNTON JR J H. The effect of managerial incentives to bear risk on corporate capital structure and R&D investment ［J］. Financial Review, 2003, 38 (1): 77-101.

［46］ ODEI S A, STEJSKAL J, PROKOP V. Revisiting the Factors Driving Firms' Innovation Pe5rformances: the Case of Visegrad Countries ［J］. Journal of the Knowledge Economy, 2021, 12 (3): 1331-1344.

[47] OSTINELLI D. Financial markets, innovation, and acquisitions [D]. University of Zurich, 2016.

[48] PAIK Y, WOO H. The effects of corporate venture capital, founder incumbency, and their interaction on entrepreneurial firms' R&D investment strategies [J]. Organization Science, 2017, 28 (4): 670-689.

[49] PENEDER MICHAEL. The impact of venture capital on innovation behavior and firm growth [J]. Venture Capital, 2010, (4): 193-223.

[50] ROSSI F, CEBULA R J. Ownership structure and R&D: an empirical analysis of Italian listed companies [J]. PSL Quarterly Review, 2015, 68 (275).

[51] SCHUMPETER J. The theory of economic development. harvard economic studies. vol. xlvi [J]. The theory of economic development. Harvard Economic Studies. Vol. XLVI, 1911.

[52] SHAW E S. Financial deepening in economic development [J]. 1973.

[53] SORENSON O, AUDIA P G. The social structure of entrepreneurial activity: Geographic concentration of footwear production in the United States, 1940—1989 [J]. american Journal of Sociology, 2000, 106 (2): 424-462.

[54] STIGLITZ J E, WEISS A. Credit rationing in markets with imperfect information [J]. The American economic review, 1981, 71 (3): 393-410.

[55] TIMMONS J A, BYGRAVE W D. Venture capital´s role in financing innovation for economic growth [J]. Journal of Business venturing, 1986, 1 (2): 161-176.

[56] WURGLER J. Financial markets and the allocation of capital [J]. Journal of financial economics, 2000, 58 (1-2): 187-214.

[57] 白俊红，王林东．创新驱动是否促进了经济增长质量的提升? [J]. 科学学研究，2016，34 (11): 1725-1735.

[58] 白钦先，张志文．金融发展与经济增长：中国的经验研究 [J]. 南方经济，2008 (9): 17-32+16.

[59] 柏燕秋．日本政府支持风险投资的政策与措施 [J]. 全球科技经济瞭望．2016

［60］边燕杰，丘海雄．企业的社会资本及其功效［J］．中国社会科学，2000（2）：87-99.

［61］蔡警涛．股权激励对上市公司研发强度的影响——基于所有制与股权集中度的调节作用［J］．江苏商论，2021（5）：74-78.

［62］蔡竞，董艳．银行业竞争与企业创新——来自中国工业企业的经验证据［J］．金融研究，2016（11）：96-111.

［63］曹志艳．农业产业投资基金运作与管理研究［D］．陕西：西北农林科技大学，2014.

［64］陈菲琼，孟巧爽，李飞．产业投资基金对产业结构调整的影响路径研究［J］．科学研究，2015（4）：522-529.

［65］陈国进，林辉．金融制度结构与经济增长［J］．南开经济研究，2002（3）：17-21.

［66］陈建青，扬甦华．创新、经济增长与制度变迁的互依性［J］．南开经济研究，2004（4）：28-30，51.

［67］陈磊．产业投资基金的积极作用［J］．中国金融，2017（24）：53-54.

［68］陈柳，刘志彪．本土创新能力、FDI 技术外溢与经济增长［J］．南开经济研究，2006（3）：90-101.

［69］陈思，何文龙，张然．风险投资与企业创新：影响和潜在机制［J］．管理世界，2017（1）：158-169.

［70］陈兴．股权集中度与民营企业的信贷可得性——基于世界银行中国企业调查的微观证据［J］．财经问题研究，2017，405（8）：37-44.

［71］陈燕．美国、日本资本市场功能分析［J］．亚太经济．2005（6）：51-53.

［72］程翠凤．高管激励、股权集中度与企业研发创新战略——基于制造业上市公司面板数据调节效应的实证［J］．华东经济管理，2018，32（11）：118-125.

［73］戴正宗．产业基金给集成电路带来蝶变效应［N］．中国财经报，2016-03-13（006）.

［74］邓乐平，孙从海．科技创新与资本市场——理论与经验的考察

[J]. 金融研究，2001（9）：74-84.

[75] 翟淑萍，顾群．金融发展、融资约束缓解与高新技术企业研发投资效率研究［J]. 经济经纬，2013（2）：138-143.

[76] 丁可．日本经验：珍视中小企业的创新推动力［J]. 中国投资（中英文），2020（Z5）：26-27.

[77] 丁云龙，李玉刚．从技术创新角度看产业结构升级模式［J]. 哈尔滨工业大学学报（社会科学版），2001（1）：78-81.

[78] 董利红，严太华，邹庆．制度质量、技术创新的挤出效应与资源诅咒—基于我国省际面板数据的实证分析［J]. 科研管理，2015，36（2）：88-95.

[79] 董楠楠，钟昌标．美国和日本支持国内企业创新政策的比较与启示［J]. 经济社会体制比较，2015（3）：198-207.

[80] 段鸿斌，杨光．股票市场与经济增长：基于中国的经验分析［J]. 中央财经大学学报，2009（12）：31-36.

[81] 樊春良．建立全球领先的科学技术创新体系——美国成为世界科技强国之路［J]. 中国科学院院刊，2018，33（5）：509-519.

[82] 樊春良．科技傲视全球 美国是怎样做到的［J]. 科学大观园，2019（12）：32-35.

[83] 范伟杰．美国和日本中小企业融资方式差异比较及启示［J]. 商，2015（43）：169.

[84] 方晓霞．日本九州半导体产业集群的发展与借鉴［J]. 中国经贸导刊（中），2020（6）：41-43.

[85] 冯根福，温军．中国上市公司治理与企业技术创新关系的实证分析［J]. 中国工业经济，2008（7）：91-101.

[86] 高源．日本中小企业融资分析［D]. 长春：吉林大学，2016.

[87] 葛鹏飞，黄秀路，韩先锋．创新驱动与“一带一路”绿色全要素生产率提升——基于新经济增长模型的异质性创新分析［J]. 经济科学，2018（1）：37-51.

[88] 公衍照．技术创新的金融支持体系研究［J]. 科技管理研究，

2009，29（8）：397-399.

［89］辜胜阻，王敏．支持创新型国家建设的财税政策体系研究［J］．财政研究，2012，（10）：19-22.

［90］郭研，郭迪，姜坤．市场失灵、政府干预与创新激励——对科技型中小企业创新基金的实证检验［J］．经济科学，2016（3）：114-128.

［91］韩廷春．金融发展与经济增长：基于中国的实证分析［J］．经济科学，2001（3）：31-40.

［92］贺青，葛翔宇．政府投入、技术创新与经济增长的实证研究［J］．统计与决策，2014（18）：128-130.

［93］胡恒强，范从来，杜晴．融资结构、融资约束与企业创新投入［J］．中国经济问题，2020，318（1）：27-41.

［94］纪菁．我国产业基金运作模式研究［D］．北京：首都经济贸易大学，2015.

［95］纪玉山，吴勇民．科技创新促进经济增长的微观机理与政策选择［J］．经济社会体制比较，2007（5）：40-46.

［96］贾俊生，伦晓波，林树．金融发展、微观企业创新产出与经济增长——基于上市公司专利视角的实证分析［J］．金融研究，2017（1）：99-113.

［97］江轩宇，贾婧，刘琪．债务结构优化与企业创新——基于企业债券融资视角的研究［J］．金融研究，2021，490（4）：131-149.

［98］姜达洋．战略性新兴产业扶持政策的理论与实践溯源［J］．山东财政学院学报，2011（3）：63-67.

［99］解维敏，方红星．金融发展、融资约束与企业研发投入［J］．金融研究，2011（5）：171-183.

［100］金珊珊，雷鸣．日本科技创新金融支持体系的发展模式及启示［J］．长春大学学报，2013，23（9）：1098-1101.

［101］鞠晓生，卢荻，虞义华．融资约束、营运资本管理与企业创新可持续性［J］．经济研究，2013，48（1）：4-16.

［102］鞠晓生．中国上市企业创新投资的融资来源与平滑机制［J］.

世界经济，2013，36（4）：138-159.

［103］孔凡保．金融体系与经济增长关系研究综述［J］．经济学动态，2003（10）：78-82.

［104］李波，朱太辉．银行价格竞争、融资约束与企业研发——基于“中介效应”模型的实证研究［J］．金融研究，2020，481（7）：134-152.

［105］李广众，陈平．金融中介发展与经济增长：多变量 VAR 系统研究［J］．管理世界，2002（3）：52-59.

［106］李广众．银行、股票市场与长期经济增长：中国的经验研究与国际比较［J］．世界经济，2002（9）：57-62.

［107］李虹含．东京机构债券市场的发展与启示［J］．清华金融评论，2020（9）：101-104

［108］李洪江．日本风险投资的新变化及对我国的启示［J］．理论探讨，2008（5）：104-106.

［109］李后建，刘思亚．银行信贷、所有权性质与企业创新［J］．科学学研究，2015，33（7）：1089-1099.

［110］李汇东，唐跃军，左晶晶．用自己的钱还是用别人的钱创新？——基于中国上市公司融资结构与公司创新的研究［J］．金融研究，2013（2）：170-183.

［111］李汇东，唐跃军，左晶晶．用自己的钱还是用别人的钱创新——基于上市公司融资结构与公司创新的研究［J］．金融研究，2013，392（2）：170-183.

［112］李经路．股权集中度对研发强度的影响：数理分析与数据检验——对 2007—2014 年 A 股上市公司的观察［J］．暨南学报（哲学社会科学版），2017，39（6）：22-38，129-130.

［113］李莉，黄培峰，崔静．股权激励及其集中度对研发支出的影响——基于信息技术行业高管激励与核心技术人员激励的差异视角［J］．技术经济与管理研究，2020，283（2）：18-22.

［114］李尚敏．政府补助、研发投入与企业绩效的实证研究——基于创业板上市公司经验数据［D］．杭州：浙江财经大学，2015.

［115］李胜坤，张安琪．公司治理、技术创新与企业绩效——基于河南省上市公司数据的实证研究［J］．会计之友，2016，552（24）：99-103.

［116］李士华．美国小企业融资体系对中国科技金融的借鉴［J］．湖北经济学院学报，2014，12（6）：28-32.

［117］李姝，翟士运，古朴．非控股股东参与决策的积极性与企业技术创新［J］．中国工业经济，2018，364（7）：155-173.

［118］李松梁，侍荻．日本债券市场开放：历程、特点与启示［J］．债券，2018（10）：57-62.

［119］李燕菲．技术创新对日本经济增长质量的影响研究［D］．保定：河北大学．2020.

［120］李悦．产业技术进步与金融的市场化趋势——基于银行与市场功能比较的分析［J］．财经科学，2008（2）：25-32.

［121］李泽禛．日本创业板上市公司的成长性分析：以 JASDAQ 和 Mothers 市场的服务业公司为例［J］．商贸纵横，2016（17）：142-143.

［122］李真，李茂林，黄正阳．研发融资约束、融资结构偏向性与制造业企业创新［J］．中国经济问题，2020（6）：121-133.

［123］李正全，邢会强，张晓春，张河生，惠宇．多层次资本市场建设比较研究［J］．金融服务法评论，2019，10（1）：17-74.

［124］梁鹏，陈甬军．JASDAQ 市场研究及启示［J］．管理现代化，2011（3）：62-64.

［125］梁鹏．日本风险投资案例研究：以集富风险投资公司为例［J］．科技进步与对策，2009，26（15）：12-15.

［126］廖士光，缪斯斯，张晓斐，史婧祎．纽交所和纳斯达克上市制度变迁及启示［J］．证券市场导报，2018（1）：13-20.

［127］林志帆，刘诗源．税收负担与企业研发创新——来自世界银行中国企业调查数据的经验证据［J］．财政研究，2017（2）：98-112.

［128］凌瑞浩．SPAC 热潮会否席卷亚洲［N］．国际金融报，2021-06-14（003）.

［129］刘传宇．研发补助对民营企业财务业绩的影响［J］．山西财经

大学学报，2015（8）：114-124.

［130］刘芳菲．从美、日债券市场发展历程看债券市场发展的一般规律［J］．债券．2021（5）：81-85.

［131］刘光明．政府产业投资基金：组织形式、作用机制与发展绩效［J］．财政研究，2019（7）：71-75.

［132］刘和东，施建军．大学技术转移与中国经济增长关系的实证研究［J］．科技管理研究，2009，29（7）：244-246.

［133］刘建江，刘怀德．股市对经济增长的贡献：美国案例［J］．世界经济，2000（6）：22-30.

［134］刘健钧．建立我国创业投资政策扶持机制的政策探讨［J］．宏观经济管理，2007（8）：30-32.

［135］刘亮．欧美垃圾债券兴衰对我国的启示［J］．武汉金融，2012（7）：38-39，55.

［136］刘平，陈建勋．日本新一轮科技创新战略："新层次日本创造"与"社会 5.0"［J］．现代日本经济，2017（5）：1-8.

［137］刘伟，王汝芳．中国资本市场效率实证分析——直接融资与间接融资效率比较［J］．金融研究，2006（1）：64-73.

［138］龙子午，王祖昕．股权集中度、R&D 投入与企业财务绩效［J］．财会通讯，2020，840（4）：41-44.

［139］卢万青，陈宋利．美国日本创新型企业金融体系建设及对我国的启示［J］．齐齐哈尔大学学报（哲学社会科学版），2016（9）：51-55.

［140］卢智健．创业投资机构活动对科技风险企业绩效的作用机制研究［D］．杭州：浙江大学，2012.

［141］陆静．金融发展与经济增长关系的理论与实证研究——基于中国省际面板数据的协整分析［J］．中国管理科学，2012，20（1）：177-184.

［142］陆旸，董忱忱．股权集中度对企业财务绩效的影响研究——基于研发投入和企业社会责任的调节中介效应［J］．中国商论，2021（17）：151-156.

［143］马光荣，刘明，杨恩艳．银行授信、信贷紧缩与企业研发

[J]. 金融研究，2014（7）：76-93.

[144] 马婧好. 专家：SPAC 模式是否适用各地市场仍需谨慎考虑[N]. 上海证券报，2021-09-09（001）.

[145] 马娟. 国外对中小企业科技创新的金融支持及经验总结[J]. 中国市场，2017（8）：113-114.

[146] 马莉苗. 我国产业基金运作模式研究[D]. 北京：中央民族大学，2008.

[147] 马嫣然，蔡建峰，王森. 风险投资背景、持股比例对初创企业技术创新产出的影响——研发投入的中介效应[J]. 科技进步与对策，2018，35（15）：1-8.

[148] 毛其淋，许家云. 政府补贴对企业新产品创新的影响——基于补贴强度"适度区间"的视角[J]. 中国工业经济，2015（6）：94-107.

[149] 娜仁，曹风娟. 融资约束与企业创新的关系研究：基于股权结构的调节效应[J]. 金融理论与实践，2017，457（8）：47-52.

[150] 庞晓波，赵玉龙. 我国金融发展与经济增长的弱相关性及其启示[J]. 数量经济技术经济研究，2003（9）：47-51.

[151] 彭勇. 股权结构、风险投资介入与企业绩效[J]. 财会通讯，2021，875（15）：65-69.

[152] 平力群. 探析日本经济波动的制度因素——基于国家创新体系的视角[J]. 日本学刊，2021（3）：21-53，157，160.

[153] 秦德兴. 作为电动车募资救星的 SPAC[J]. 经营者（汽车商业评论），2020（9）：46-48.

[154] 秦兴俊，王柏杰. 股权结构、公司治理与企业技术创新能力[J]. 财经问题研究，2018，416（7）：86-93.

[155] 上海证券交易所资本市场研究所. 资本市场与企业创新——理论与国际经验[M]. 上海：格致出版社，2020.

[156] 沈毅，张清正. 研发补贴、股权集中度与企业研发投入[J]. 预测，2020，39（3）：42-49.

[157] 孙婷，温军，秦建群. 金融中介发展、政府干预与企业技术创

新——来自我国转轨经济的经验证据［J］. 科技进步与对策，2011，28（20）：75-79.

［158］孙婷，温军. 金融中介发展、企业异质性与技术创新［J］. 西安交通大学学报（社会科学版），2012，32（1）：23-28.

［159］孙早，肖利平. 融资结构与企业自主创新——来自中国战略性新兴产业A股上市公司的经验证据［J］. 经济理论与经济管理，2016，303（3）：45-58.

［160］谭雅玲. 美国经济增长动因与股市成长风险分析［J］. 世界经济，1999（9）：45-49.

［161］唐清泉，巫岑. 银行业结构与企业创新活动的融资约束［J］. 金融研究，2015（7）：116-134.

［162］王博. 战后日本技术创新与经济增长研究［D］. 长春：吉林大学，2020.

［163］王德祥，李昕. 政府补贴、政治关联与企业创新投入［J］. 财政研究，2017（8）：79-89.

［164］王红霞，高山行. 基于资源利用的企业R&D投入与创新产出关系的实证研究［J］. 科学学研究，2008（26）：567-572.

［165］王健，张卓. 战略性新兴产业发展效率测度与金融支持［J］. 中南财经政法大学学报，2014（1）：76-81.

［166］王军. 资本市场发展与经济增长关系的理论与实证研究［J］. 经济评论，2002（6）：89-93.

［167］王俊俊. 基金参与治理的路径对企业技术创新的影响［D］. 天津：天津科技大学，2019.

［168］王巍，陶长高. 中国资本市场发展与经济增长：理论与实证分析［J］. 经济问题，2010（8）：17-21.

［169］王伟. 日本资本市场的投资者适当性制度［M］//中国证券业协会，上海证券交易所，深圳证券交易所，中国证券登记结算有限责任公司，中国证券投资者保护基金有限责任公司. 创新与发展：中国证券业2012年论文集，2012：6.

［170］王玺，张嘉怡．促进企业研发创新的税收政策探析［J］．税务研究，2015（1）：28-33.

［171］王宇峰，左征婷，杨帆．机构投资者与上市公司研发投入关系的实证研究［J］．中南财经政法大学学报，2012（5）：102-107.

［172］王玉霞，孙治一．公司治理对创新策略的影响——基于 R&D 支出异质性的实证研究［J］．财经问题研究，2018，421（12）：113-121.

［173］王召．日本和韩国债券市场发展对中小企业融资的意义［J］．中国发展观察，2005（3）：27-31

［174］魏燕，蒲佐毅．产业结构升级与金融支持相互作用的机理分析［J］．经济论坛，2015（2）：68-71.

［175］温忠麟，叶宝娟．中介效应分析：方法和模型发展［J］．心理科学进展，2014（22）：731-745.

［176］文杰．美国和日本科技金融发展经验及启示［J］．财经界，2018（31）：69-72.

［177］吴敏．风行一时的美国垃圾债券［J］．金融博览（财富），2019（7）：76-77.

［178］吴晓求．中国资本市场研究报告［M］．北京：中国人民大学出版社：2017：495.

［179］吴友群，赵京波，王立勇．产学研合作的经济绩效研究及其解释［J］．科研管理，2014，35（7）：147-153.

［180］夏冠军，陆根尧．资本市场促进了高新技术企业研发投入吗——基于中国上市公司动态面板数据的证据［J］．科学学研究，2012，30（9）：1370-1377.

［181］夏芸，唐清泉．我国高科技企业的股权激励与研发支出分析［J］．证券市场导报，2008（10）：29-34.

［182］向园园．日本科技创新类产业政策的演变及对中国的启示［D］．重庆：西南政法大学．2019.

［183］谢亚轩，林澍．日本债券市场开放的经验［J］．中国金融，2019（9）：40-42.

[184] 徐飞．银行信贷与企业创新困境 [J]. 中国工业经济，2019 (1)：119-136.

[185] 徐晓兰．建议设立战略性新兴产业投资基金 [J]. 中国科技产业，2010 (7)：61.

[186] 许胜江．垃圾债券：一种有前景的商业冒险金融工具 [J]. 吉首大学学报（社会科学版），2003 (3)：85-88.

[187] 严成樑，胡志国．创新驱动、税收扭曲与长期经济增长 [J]. 经济研究，2013 (12)：55-67.

[188] 严成樑，朱明亮．我国 R&D 投入对经济增长的影响及其传导机制分析 [J]. 产业经济评论，2016 (1)：20-29.

[189] 严太华，魏荣华．中国金融发展与经济增长的控制因果关系研究 [J]. 经济评论，2009 (3)：53-60.

[190] 杨莉莉，邵帅，曹建华．资源产业依赖对中国省域经济增长的影响及其传导机制研究——基于空间面板模型的实证考察 [J]. 财经研究，2014，40 (3)：4-16.

[191] 杨林，李思赟．政府引导基金促进战略性新兴产业发展运作机制的研究综述 [J]. 公共财政研究，2015 (6)：87-94.

[192] 姚耀军．金融中介发展与技术进步——来自中国省级面板数据的证据 [J]. 财贸经济，2010 (4)：26-31.

[193] 易信，刘凤良．金融发展、技术创新与产业结构转型——多部门内生增长理论分析框架 [J]. 管理世界，2015 (10)：24-39，90.

[194] 殷燎原．美日多层次资本市场促进产业升级功效研究 [D]. 上海：上海交通大学，2015.

[195] 殷醒民，谢洁．中国股票市场与经济增长关系的实证研究 [J]. 复旦学报（社会科学版），2001 (4)：96-102.

[196] 余明桂，钟慧洁，范蕊．民营化、融资约束与企业创新——来自中国工业企业的证据 [J]. 金融研究，2019，466 (4)：75-91.

[197] 张佳睿．美国风险投资与技术进步、新兴产业发展的关系研究 [D]. 长春：吉林大学，2014.

[198] 张佳睿. 美国风险投资支持科技企业发展的经验及启示 [J]. 现代经济探讨，2014（3）：84-87.

[199] 张杰，郑文平，新夫. 中国的银行管制放松、结构性竞争和企业创新 [J]. 中国工业经济，2017（10）：118-136.

[200] 张劲帆，李汉涯，何晖. 企业上市与企业创新——基于中国企业专利申请的研究 [J]. 金融研究，2017，443（5）：160-175.

[201] 张军，金煜. 中国的金融深化和生产率关系的再检测：1987—2001 [J]. 经济研究，2005（11）：34-45.

[202] 张留禄. 货币市场与资本市场互动对经济发展的影响 [J]. 郑州大学学报（哲学社会科学版），2005（3）：76-79.

[203] 张梅. 中国金融发展的产业升级效应研究 [D]. 上海：复旦大学，2006.

[204] 张梦帆. 日本中小型医药企业创新路径——基于 Gene Techno Science 制药公司 [J]. 现代商贸工业，2018，39（34）：36-37.

[205] 张明喜，徐镱菲. 发行高新技术企业高收益债券的探讨 [J]. 南方金融，2012（5）：70-72.

[206] 张强. 产业投资基金在半导体行业中的应用 [D]. 上海：上海师范大学，2017.

[207] 张锐. 华尔街新宠 SPAC 吸引力在哪 [N]. 国际金融报，2021-03-22（003）.

[208] 张锐. 美国股市 SPAC 的创新运作与价值评判 [J]. 对外经贸实务，2021（5）：14-18.

[209] 张晓帆. 莫门图斯将借壳上市，其他航天创企或效仿 [J]. 中国航天，2020（11）：67-68.

[210] 张璇，李子健，李春涛. 银行业竞争、融资约束与企业创新——中国工业企业的经验证据 [J]. 金融研究，2019（10）：98-116.

[211] 张一林，龚强，荣昭. 技术创新、股权融资与金融结构转型 [J]. 管理世界，2016，278（11）：65-80.

[212] 张玉娟，汤湘希. 股权结构、高管激励与企业创新——基于不

同产权性质 A 股上市公司的数据［J］. 山西财经大学学报，2018，40（9）：76-93.

［213］张准．美国镀金时代经济发展研究［D］. 成都：四川大学，2009

［214］张宗新．融资制度：一个国际比较的分析框架［J］. 世界经济，2001（9）：52-57.

［215］赵成国．政府创业投资引导基金运作管理模式研究［J］. 上海金融，2008（4）：35-39.

［216］赵新华，李晓欢．科技进步与产业结构优化升级互动关系的实证研究［J］. 科技与经济，2009，22（4）：12-16.

［217］赵勇，雷达．金融发展与经济增长：生产率促进抑或资本形成［J］. 世界经济，2010，33（2）：37-50.

［218］郑江淮，袁国良，胡志乾．中国转型期股票市场发展与经济增长关系的实证研究［J］. 管理世界，2000（6）：15-24.

［219］郑联盛．国外战略新兴产业投资基金的经验分析与启示［J］. 新金融，2014（8）：58-61.

［220］郑琳琳．三大技术创新主体科技成果与经济增长关系研究——基于国家创新体系与 VAR 模型的实证分析［J］. 科技进步与对策，2016，33（2）：32-39.

［221］中国证券监督管理委员会．中国资本市场三十年［M］. 北京：中国金融出版社，2021.

［222］钟腾，汪昌云．金融发展与企业创新产出——基于不同融资模式对比视角［J］. 金融研究，2017（12）：127-142.

［223］周方召，符建华，仲深．股票市场发展、银行信贷规模与产业结构升级——来自中国省级层面面板数据的证据［J］. 投资研究，2013，32（4）：100-110.

［224］周方召，符建华，仲深．外部融资、企业规模与上市公司技术创新［J］. 科研管理，2014，35（3）：116-122.

［225］周好文，钟永红．中国金融中介发展与地区经济增长：多变量

VAR 系统分析［J］. 金融研究，2004（6）：130-137.

［226］周全．科技型小微企业金融支持研究：基于日韩经验的视角［J］. 国际商务财会，2014（8）：66-70.

［227］朱欢．我国金融发展对企业技术创新作用效果的实证分析［J］. 科技管理研究，2010，30（14）：26-30.

［228］朱建程．政府引导设立产业投资基金是实施供给侧改革的有效手段［J］. 经济研究参考，2016（51）：53-55.

［229］朱文清．浅谈美国第一次工业革命的优越条件［J］. 历史学习，2002（2）：15.

［230］朱勇，张宗益．技术创新对经济增长影响的地区差异研究［J］. 中国软科学，2005（11）：92-98.

［231］庄毓敏，储青青，马勇．金融发展、企业创新与经济增长［J］. 金融研究，2020，478（4）：11-30.

索　引